中国证券市场的跳跃风险研究

赵 华 著

科学出版社

北 京

内 容 简 介

本书是一本系统论述中国证券市场跳跃风险的著作,主要研究单一资产的跳跃风险以及多资产的共跳和特质性跳跃的风险。第一章为导论;第二章比较了跳跃识别方法;第三章和第四章分别讨论了中国股票市场和债券市场的跳跃风险;第五章分析了跳跃在波动率预测中的作用;第六章探讨了跳跃对资产定价的影响;第七章研究了期货和现货共跳时的套期保值;第八章研究了中国股票市场的跳跃贝塔;第九章研究了股票市场和债券市场、股票现货市场和股票期货市场之间的共跳行为;第十章分析了中国股票市场的系统性和特质性跳跃的尾部依存结构。

本书既能为相关领域从事教学和科研的教师和研究人员提供有益的借鉴,又可以作为政府监管部门和金融从业人员进行风险管理与投资实践的参考资料。

图书在版编目(CIP)数据

中国证券市场的跳跃风险研究 / 赵华著. -- 北京:科学出版社,
2025. 6. -- ISBN 978-7-03-078971-6
Ⅰ. F832.51
中国国家版本馆 CIP 数据核字第 2024LX2055 号

责任编辑:邓　娟/责任校对:贾娜娜
责任印制:张　伟/封面设计:有道文化

科学出版社 出版
北京东黄城根北街 16 号
邮政编码:100717
http://www.sciencep.com

北京华宇信诺印刷有限公司印刷
科学出版社发行　各地新华书店经销
*

2025 年 6 月第 一 版　开本:720×1000　B5
2025 年 6 月第一次印刷　印张:14
字数:280 000

定价:156.00 元
(如有印装质量问题,我社负责调换)

前　言

　　跳跃即资产价格的非连续变动，它是金融资产价格变动的基本特征。近年来，随着金融高频交易数据的方便获得，金融资产价格的跳跃性研究已经成为国际金融计量学领域中非常重要的前沿方向。本书是第一本系统论述中国证券市场跳跃风险的著作，它以金融经济学中的连续时间跳跃扩散理论为指导，以证券市场金融高频数据为载体，借鉴、构建和提出现代金融计量学模型和方法，研究股票市场、债券市场资产价格跳跃的风险特征，探讨单一资产跳跃的来源，探究多资产价格系统性跳跃和特质性跳跃的依存结构，构建基于跳跃的投资组合，完善跳跃套期保值策略。

　　本书主要内容分为两大部分：第一部分是研究单一资产的跳跃风险；第二部分是研究多资产的共跳和特质性跳跃风险。第一部分从单一资产角度出发，介绍了资产跳跃识别的主要方法，比较了它们的应用场合，讨论了中国股票市场、债券市场跳跃的日内特征，分析了中国股票市场、债券市场的跳跃与宏观信息发布的关系，研究了跳跃在股票市场波动率预测中的作用，探究了跳跃作为定价因子的可能性和显著性。第二部分从多资产角度出发，研究了跳跃发生时的期货套期保值行为；讨论了个股和市场共跳时跳跃贝塔在构建投资组合中的实践作用；分析了中国股票市场和债券市场、股票现货和期货市场共跳时的表现特征，共跳在波动率预测中的作用以及共跳与宏观信息发布的关系；探讨了系统性跳跃和特质性跳跃在尾部依存关系中的作用和意义。

　　本书特色体现在四个方面。第一，传统和前沿相结合。资产价格连续扩散过程属于传统金融经济学研究领域，而高频跳跃是当前国际金融计量学领域的前沿问题，研究的多个模型是从连续扩散过程扩展到跳跃扩散过程，如从 VECM-MGARCH（vector error correction model-multivariate generalized autoregressive conditional heteroskedasticity，向量误差修正模型-多元广义自回归条件异方差）模型到 VECM-ARJI-MGARCH（vector error correction model-autoregressive jump intensity-multivariate generalized autoregressive conditional heteroskedasticity，向量误差修正模型-自回归跳跃强度-多元广义自回归条件异方差）模型。第二，高频数据和低频数据相结合。高频数据和低频数据具有不同的信息价值，本书以高频数据为主、低频数据为辅进行研究，二者相互联系、相互印证。其中，本书分析高频收益率、总跳跃、系统性跳跃、特质性跳跃的依存结构时应用高频数据，探究尾部依存关系来源时则通过高频数据剥离跳跃成分得到低频数据，从而分析跳跃在多资产依存结构和非对称关系中的作用。第三，宏观和微观相结合。本书分析股价高频跳跃特征以微观为主，分析高频跳跃、共跳的原因则使用了 GDP 等九个宏观经济信息发布数据。第四，理论与实践相结合。本书以跳跃扩散理论为指导，研究了尾部风险管理、投资组合、资产定价、套期保值等许多具有重要实践价值的问题。

在研究价值方面，股票资产价格的连续变化由扩散过程来描述，而资产价格跳跃具有与资产价格连续变化不同的含义，本书基于股票市场指数和个股高频交易数据研究了多市场、不同规模股票跳跃的差异性，系统性跳跃、特质性跳跃的尾部风险和依存结构，跳跃在资产定价中的作用以及考虑跳跃的套期保值等问题；多视角地研究了中国股票市场资产价格跳跃性，完善了连续时间金融的跳跃扩散理论，并就如何管理跳跃风险、减少甚至规避跳跃特别是虚假信息所引起的跳跃带来的风险进行理论思考，为政府监管部门和投资者提供新的建议和理论依据。在应用价值方面，将以往强调资产价格连续扩散情况下的研究扩展到连续时间下的金融跳跃扩散领域，在股市的稳定和监管、尾部风险管理、投资组合管理、资产定价、套期保值方面具有重要的实践应用价值。

本书在写作过程中，得到国内外许多学者和朋友的帮助和支持，在此表示衷心的感谢。本书的出版得到了国家自然科学基金项目（编号：71871194）和中央高校基本科研业务费专项资金项目（编号：20720151251）的资助。感谢美国杜克大学的 William Henry Glasson（威廉•亨利•格拉森）特聘教授 George Tauchen（乔治•陶钦），正是受到他的热情邀请，我才有机会在世界金融计量学的殿堂——杜克大学进行跳跃领域的学习和研究。感谢一些论文合作研究者和课题讨论者，他们是 Hao Wang（王浩）、Sophia Zhengzi Li（李正子）、麻露、崔婧、秦可佶、乐梦琦、徐涛、唐菲婕、朱芸等，本书的一些内容来自论文合作成果或者课题讨论成果。感谢科学出版社多位编辑的热情支持，她们为本书的顺利出版付出了许多心血。

限于水平，书中难免存在缺点和不足，欢迎各位专家和学者批评指正。

赵 华

2024 年 5 月

于厦门大学经济楼

目　　录

第一章　导论 ……………………………………………………………… 1
第一节　研究背景与意义 ……………………………………………… 1
第二节　研究结构和内容 ……………………………………………… 2
第三节　主要贡献和特色 ……………………………………………… 10

第二章　跳跃识别方法 …………………………………………………… 13
第一节　从布朗运动到 Lévy 过程 …………………………………… 13
第二节　资产价格跳跃的识别方法 …………………………………… 14
第三节　本章小结 ……………………………………………………… 21

第三章　股票市场的跳跃研究 …………………………………………… 22
第一节　股票市场跳跃概述 …………………………………………… 22
第二节　宏观信息发布 ………………………………………………… 23
第三节　股票市场高频跳跃特征分析 ………………………………… 29
第四节　宏观信息对股价跳跃的影响 ………………………………… 37
第五节　宏观信息对股价跳跃幅度的影响 …………………………… 46
第六节　本章小结 ……………………………………………………… 52

第四章　债券市场的跳跃研究 …………………………………………… 55
第一节　从股票市场跳跃到债券市场跳跃 …………………………… 55
第二节　债券市场高频跳跃特征 ……………………………………… 56
第三节　宏观信息对债券市场跳跃的影响 …………………………… 61
第四节　宏观信息对债券市场跳跃幅度的影响 ……………………… 65
第五节　本章小结 ……………………………………………………… 70

第五章　基于已实现极差方差的跳跃研究 ……………………………… 72
第一节　从已实现波动到已实现极差方差 …………………………… 72
第二节　基于已实现极差方差的跳跃理论 …………………………… 73
第三节　跳跃对波动率影响的模型构建 ……………………………… 75
第四节　跳跃对波动率影响的实证分析 ……………………………… 77
第五节　本章小结 ……………………………………………………… 86

第六章　跳跃与资产定价 ………………………………………………… 88
第一节　资产价格的跳跃行为 ………………………………………… 88
第二节　跳跃与资产定价的理论模型 ………………………………… 90

第三节　跳跃与资产定价的实证模型…………………………………91
　　第四节　跳跃与资产定价的实证分析…………………………………95
　　第五节　跳跃对资产价格影响的深入分析……………………………103
　　第六节　本章小结………………………………………………………114
第七章　资产价格跳跃时的套期保值研究…………………………………117
　　第一节　套期保值比概述………………………………………………117
　　第二节　套期保值理论…………………………………………………119
　　第三节　研究方法………………………………………………………122
　　第四节　传统套期保值模型与 VECM-ARJI-MGARCH 模型的构建………126
　　第五节　本章小结………………………………………………………135
第八章　股票市场的跳跃贝塔：模型与无模型………………………………136
　　第一节　系统性跳跃风险………………………………………………136
　　第二节　模型和无模型跳跃贝塔的估计方法…………………………138
　　第三节　跳跃贝塔的特征分析…………………………………………141
　　第四节　基于跳跃贝塔的投资决策分析………………………………145
　　第五节　本章小结………………………………………………………150
第九章　资产价格的共跳研究………………………………………………152
　　第一节　多资产价格的共跳概述………………………………………152
　　第二节　共跳识别方法与蒙特卡罗模拟………………………………154
　　第三节　股票市场和债券市场的共跳研究……………………………158
　　第四节　股票现货市场和股票期货市场的共跳研究…………………168
　　第五节　本章小结………………………………………………………178
第十章　系统性、特质性跳跃与尾部依存关系……………………………181
　　第一节　尾部风险与跳跃………………………………………………181
　　第二节　研究方法………………………………………………………182
　　第三节　跳跃尾部依存性的特征………………………………………185
　　第四节　跳跃尾部依存性的应用………………………………………192
　　第五节　稳健性分析……………………………………………………198
　　第六节　本章小结………………………………………………………205
参考文献…………………………………………………………………………207

第一章 导 论

第一节 研究背景与意义

跳跃即资产价格的非连续变动，它是金融资产价格变动的基本特征（Aït-Sahalia，2004）。自 Merton（1976）研究股票市场资产价格的跳跃以来，跳跃就受到国际学术界的高度关注。近年来，随着金融高频交易数据的方便获得，金融资产价格的跳跃性研究已经成为国际金融计量学领域中非常重要的前沿方向。

从金融经济学理论来看，早期的连续时间扩散过程能够较好地解决衍生产品定价和套期保值问题，因此它在金融经济研究中起到了十分重要的作用。由于计算机技术的快速发展，人们可以得到许多金融资产的高频数据，甚至是每笔成交的数据，这样可以十分方便地观察资产价格在较短时间间隔中的变化情况，从而易于捕捉到资产价格在短时间内的跳跃性，因此，近年来已有越来越多的学者将连续时间扩散模型扩展为跳跃扩散模型，研究连续时间金融框架下资产收益率的非连续性建模，即资产价格的跳跃性。金融资产价格变化包括连续变化和非连续的跳跃，资产价格连续变化由扩散过程来描述，而资产价格跳跃在衍生产品定价、风险度量和管理、组合资产管理等方面具有与资产价格连续变化不同的含义。

从中国资本市场发展实践来看，新兴加转轨特征的中国股票市场经过 30 余年的发展，逐步壮大成一个与整个经济发展紧密相连、为资金所有者提供投资渠道、为资金需求者提供融资渠道的重要市场，它在国民经济运行中地位日益突出，在宏观经济政策的制定过程中也越来越受重视。但不可否认，受中国经济与制度的特殊环境影响，中国股票市场仍然不太成熟，展现出一些不太合理的特点，主要有：股票价格波动性较高，大涨大跌、普涨普跌现象经常出现；投机倾向明显，换手率较高，重视资本利得收益，对长期投资重视不够；中小投资者较多，"羊群效应"泛滥；机构投资者散户化，机构稳定市场功能欠缺；"政策市"突出，政策变量始终是影响股票市场的重要系统性风险源；市场脆弱性明显，抵御国际金融市场冲击能力较低等。正处于快速发展过程中的新兴的中国股票市场对外部信息冲击的解读效率相对较低，投资者也较为激进。当外部信息冲击股票市场时，正常消息引起资产价格的平滑变化，而超预期的意外信息对价格的冲击超出了边际影响，资产价格常常出现显著的变化，从而表现出非连续的跳跃特征。中国股票市场会由于上述特点产生较多的突发信息，从而表现出多跳跃性，导致股票市场的风险突然变大，产生跳跃风险。

从金融数据来看，金融研究所用到的数据有低频和高频之分，低频数据通常指年、季、月、周、日等相对宏观的数据，而高频数据通常以时、分、秒作为计量基础。在资产定价、风险管理等实务以及研究活动中，传统方法多使用低频数据，但随着计算机技术的快速发展，高频数据获取的成本及难度大幅降低，日内数据甚至分钟数据、分笔数据也已经被研究人员采用。通常来说，数据频率越高，市场信息包含得就越多，信息价值也越大，反之，数据频率越低，数据信息越少，信息价值也越小。但数据频率过高也会引起噪声的增加，而噪声对准确把握资产价格的变动规律会产生干扰，因此选择合适的数据频率对研究至关重要。一般来说，对股票价格信息的捕捉越多，越有利于发现股票价格的深层次信息，揭示市场微观结构的本质，从而进行资产定价、资产组合管理以及风险管理。所以，在研究股票价格行为时，高频数据相对于低频数据拥有更高的信息价值，也日益受到研究人员的重视。

因此，本书将基于证券市场高频和低频交易数据，多视角地研究中国证券市场资产价格的跳跃风险，这既完善了连续时间下金融的跳跃扩散理论，又丰富了国际金融计量领域跳跃风险研究的实践应用。本书不仅讨论单一资产的跳跃风险，还研究多资产共跳、特质性跳跃的风险。同时，本书基于证券市场资产价格的高频跳跃，分析其风险来源，探究跳跃背后的经济原因，比较系统性跳跃、特质性跳跃的风险，研究跳跃的依存结构以及股指期货的套期保值，这有利于形成稳定证券市场发展的政策体系、正确度量和有效管理投资组合风险、完善套期保值策略、准确度量资产价格的尾部风险。

第二节 研究结构和内容

中国证券市场的跳跃风险研究结构分为两大组成部分，如图 1.1 所示。第一部分集中于单一资产（股票、债券）的研究，从日内和和日间两个方面比较了跳跃识别方法，讨论了它们的应用场合，研究了股票市场和债券市场的跳跃特征，探究了两大市场跳跃的原因以及宏观信息发布与跳跃幅度的关系，并且，基于已实现极差方差研究跳跃对短期、中期和长期波动率的重要影响，通过中国股市高频数据研究了跳跃、正跳和负跳在资产定价中的作用。第二部分将中国证券市场跳跃风险的研究从单一资产的个体跳跃扩展到多种资产之间的共跳。该部分探索了共跳对期货现货套期保值的影响，比较了股票和市场共跳时的模型跳跃贝塔和无模型跳跃贝塔以及它们在投资组合的作用，实证分析了股票和债券、期货和现货共跳的特征、共跳和宏观信息发布的关系以及共跳对协方差和方差预测的作用，研究了共跳和特质性跳跃在尾部风险管理中的非对称性及跳跃尾部依存性的应用。

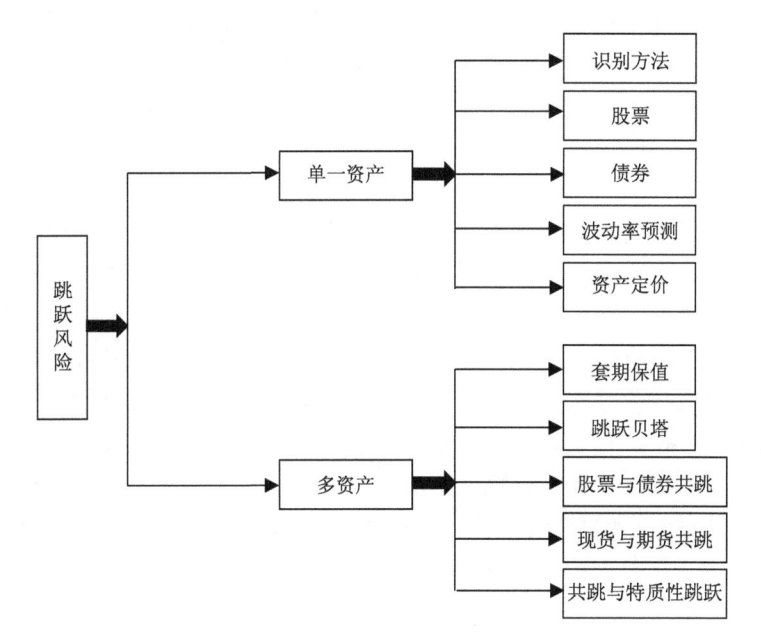

```
                          ┌─ 识别方法
                          ├─ 股票
              ┌─ 单一资产 ─┼─ 债券
              │           ├─ 波动率预测
              │           └─ 资产定价
   跳跃风险 ──┤
              │           ┌─ 套期保值
              │           ├─ 跳跃贝塔
              └─ 多资产 ──┼─ 股票与债券共跳
                          ├─ 现货与期货共跳
                          └─ 共跳与特质性跳跃
```

图 1.1 研究结构

  本书共分为十章。第一章为导论,介绍了中国证券市场跳跃风险的研究背景、研究意义,本书的研究结构和内容以及主要贡献和特色。

  第二章回顾了股价行为发展历程和文献中的跳跃识别方法。股价行为从连续扩散过程、跳跃扩散过程发展为更加一般化的 Lévy 过程[①],并且它们分别反映资产价格变动的不同特征。与股价跳跃行为联系紧密的是跳跃识别方法,本书从日内跳跃检验和日间跳跃检验角度介绍了 Andersen 等(2007c)、Lee 和 Mykland(2008)、Bollerslev 等(2013)的日内跳跃检验方法,Barndorff-Nielsen 和 Shephard(2006)、Aït-Sahalia 和 Jacod(2009)、Jiang 和 Oomen(2008)、Andersen 等(2012)基于最小 RV 和中位数 RV 的检验以及 Corsi 等(2010)、Podolskij 和 Ziggel(2010)的日间跳跃检验方法的基本原理,给出了不同跳跃检验的统计量及其分布,讨论了不同跳跃检验的特点,为跳跃检验方法的选择提供了信息和依据。

  第三章选取了国内生产总值(GDP)、货币供应量(M2)、消费者价格指数(CPI)、生产者价格指数(PPI)、采购经理指数(PMI)、固定资产投资同比增速(FI)、工业增加值同比增速(IVA)、贸易差额(TB)、社会消费品零售总额增速

[①] Lévy 过程是为了纪念法国数学家 Paul Lévy(保罗·莱维)(1886~1971 年)而被命名,该过程早期被称为独立平稳增量过程,20 世纪 80 年代和 90 年代开始被称为 Lévy 过程。

（CG）九个宏观经济指标的发布数据研究宏观信息冲击，分析了宏观经济指标预期值无偏性的特征，这是计算意外冲击的前提要求。而高频数据面临取样的问题，数据频率越低，丢失的信息就越多，理论上为了充分挖掘高频数据中的信息，应该使用最高频率的数据进行研究，但频率越高，意味着噪声越多，因此频率的选择需要在高频率和低噪声之间权衡。通过波动率特征图分析中国股市大盘股（以沪深 300 指数为代表）、中盘股（以中证 500 指数为代表）和小盘股（以中证 1000 指数为代表）的波动特征，确定了中国股市高频数据的最优抽样频率是 5 分钟。通过分析发现，中国股市高频跳跃具有三个特征：①聚集性，大的跳跃后面伴随着大幅跳跃，小的跳跃后面伴随着小幅跳跃，呈现出时变的现象；②非对称性，在某些时间周期中跳跃总的影响是正向的，在另一些时间周期中跳跃总的影响为负；③跳跃幅度与股市状态有关，在大牛市和大熊市期间，投资行为更加活跃、交易更为频繁、跳跃幅度较大。跳跃日内特征显示，股市上午开盘的 5 分钟内跳跃强度最大，收盘最后 5 分钟跳跃强度有小高峰；对比正向跳跃强度和负向跳跃强度，股市开盘时正向跳跃强度高于负向跳跃强度，午市收盘和尾市收盘时正向跳跃强度增加、负向跳跃强度没有明显变化。通过分析上证 50 指数、中证 500 指数和中证 1000 指数的跳跃特征发现，大盘股跳跃概率最高，为 1.963%，中盘股和小盘股的跳跃概率为 1.643% 和 1.661%。对于宏观信息发布和股市跳跃的关系，近 1/5 的交易日有宏观信息发布，而信息日发生跳跃的概率高达 63.365%；如果跳跃发生，出现宏观信息发布事件的可能性是 11.859%。九个宏观经济指标中，在除国内生产总值（GDP）外的八个宏观经济指标发布时，意外冲击对股价跳跃具有显著的影响。股市跳跃对固定资产投资同比增速（FI）和工业增加值同比增速（IVA）的信息发布提前做出反应。另外，生产者价格指数（PPI）对股市跳跃存在同期和滞后影响，其余五个宏观经济指标货币供应量（M2）、消费者价格指数（CPI）、采购经理指数（PMI）、贸易差额（TB）和社会消费品零售总额增速（CG）发布时对股市跳跃产生领先和滞后的显著影响。市场对不同宏观信息冲击的调整速度存在差异：短期 10 分钟之内能够对信息冲击完全反应，长期需要 60 分钟才能完全反应。

债券市场跳跃十分频繁，跳跃风险是债券市场波动的重要组成部分，研究债券市场的跳跃性质以及影响因素，有利于对债券市场价格走势进行分析预测，有助于提高债券投资收益以及有效地管理债券市场风险。第四章研究了债券市场的跳跃性。波动率特征图表明，中国债券市场的高频数据最优采样频率为 10 分钟，这不同于中国股票市场。债券市场的跳跃频率要远远大于股票市场，其比股票市场的跳跃现象更加频繁。对比正负跳跃，我国债券市场更容易出现正向跳跃，但负向跳跃的均值（绝对值）和标准差略大于正向跳跃，正跳的跳跃幅度大于负跳的跳跃幅度。中国债券市场有三个阶段跳跃得比较频繁：早晨市场开盘时、午间休息后下午开盘时以及下午市场收盘时。如果从宏观信息发布前后 1 个小时发生跳跃的概率角度来看,宏观信息日导致债券市场价格跳跃的概率普遍为 90%以上。影响债券市场价格跳跃幅度的宏观信息变量主要有:PMI、CPI、PPI、GDP、IVA 和 M2。PPI、GDP 和 M2 对债券跳跃幅度既具有领先影响,又具有滞后影响,CPI 具有领先和同期的影响,PMI 仅具有领先影响,IVA 仅在信息发布的同期瞬时影响债券的跳跃幅度。将影响债券跳跃的冲击区分为正向冲击和负向冲击后,高于预期值的宏观信息冲击的影响系数为正,低于预期值的宏观信息冲击的影响系数为负,因而正向、负向冲击均会导致跳跃幅度提高;并且,区分正向冲击和负向冲击后,对债券指数价格跳跃幅度影响显著的变量有所增加,一些宏观经济指标对债券跳跃显著影响的系数增加;正向冲击对债券指数跳跃的影响要大于负向冲击,债券市场对 PMI、PPI、CPI 和 M2 的非预期信息更为敏感。

已实现方差容易受到市场微观噪声的影响,可能导致已实现波动不是真实波动的一致性估计量,第五章基于更为稳健的统计量研究股票市场的跳跃性特征。以已实现极差方差理论为基础,利用中国股票市场的 1 分钟高频交易数据,对中国股票市场的价格跳跃行为及对股票波动率的影响进行研究。首先,利用已实现极差方差理论将日内已实现极差跳跃性方差从日总方差中分离出来,其次,在此基础上构建月已实现极差跳跃指标以及包含连续成分和跳跃成分的杠杆异质性自回归模型,分不同期限全面地分析中国股市的跳跃性和杠杆效应,深入分析已实现极差跳跃对股票波动率的影响。研究发现,连续性波动能够较好地解释未来股市波动,其中,短期连续性波动对短期股市波动的影响大于长期连续性波动,长期股市的波动主要受长期连续性波动的影响,短期连续性波动对长期股市波动的影响较小。跳跃对中国股市波动存在显著的正向影响,但不同期限的跳跃对股市波动影响不同,短期跳跃对股市波动具有显著的影响,长期跳跃对股市波动的影响并不显著;短期跳跃对短期、中期、长期股市波动的影响大小不同,短期股市波动受短期跳跃的影响最大,长期股市波动受短期跳跃的影响最小。包含连续成分和跳跃成分的杠杆异质性自回归模型具有较好的预测能力,且杠杆效应有助于提高对股市波动的解释力。该章研究还发现,中国股市存在显著的杠杆效应,杠杆效应对短期、中期、长期股市波动的影响不同,其中,短期负收益率显著地影响短期、中期和长期股市波动,并对短期股市波动影响较大、对中期股市波动影响较小、对长期股市波动的影响最小。

当外部信息特别是超预期的异常信息冲击股票市场时,股票市场常常出现大幅度变化,从而表现出非连续的跳跃特征。这种跳跃不同于扩散过程所描述的资产价格连续变化,其在资产定价、组合资产管理等方面具有与资产价格连续变化不同的含义。如果说中国股市资产价格受到由布朗运动驱动的扩散风险和泊松过程驱动的跳跃风险的影响,那么仅仅考虑连续价格变动的资产定价模型并不充分,它无法解释资产价格非连续的跳跃,因而也不能充分解释资产价格的变动。在随机贴现因子框架下,股票价格和随机贴现因子服从相关的跳跃扩散过程,股票收益率受到由布朗运动驱动的扩散风险和泊松过程驱动的跳跃风险的影响,当系统性跳跃出现时,第六章推导出跳跃对资产定价影响的理论模型。通过对中国股市个股高频数据的实证分析发现,中国股票市场以正向跳跃为主,但中国股票市场的跳跃性在各个时期的表现并不相同。从 2007 年初至 2008 年底美国次贷危机期间,中国股票市场的跳跃性由整体的正跳跃转向负跳跃;从 2008 年底至 2009 年初,股票市场从负跳跃到正跳跃有一个急剧的转变;2009 年以后,股票市场以正跳跃为主,并持续到 2015 年中期;2016 年之后,股市进入强监管时期,加上股指期货市场限制措施的出台导致期货市场成交量巨幅下降,整个市场的波动变小,从而跳跃幅度变小。单排序分析表明,随着跳跃由小到大排列,组合收益率由高到低排序,高-低组合年收益率为 8.16%;在双排序分析中,首先,基于控制变量将股票分类,形成各期末的价值加权五分位投资组合,其次,根据跳跃变量,将基于控制变量排序分组的五分位投资组合再细分为五分位组,构造出 5×5 投资组合,分别控制公司规模、动量指标、非流动性指标、协偏度和协峰度后,发现跳跃与未来收益率之间存在显著的负相关关系,所有价差投资组合(高-低跳跃投资组合)收益率绝对值范围为每月 0.332%~0.846%。Fama-MacBeth 回归显示,股价跳跃幅度对股票的超额收益率的平均影响为-0.199,且在 0.01 的显著性水平下统计显著,显示当月股价跳跃对下月股票收益率具有预测力,并产生显著的负向影响。将股价跳跃分解为正、负跳跃后,股价跳跃对股票收益率的影响变大,模型的预测能力提高。当期股价正跳对下期股票收益率的影响大幅度增加,而负跳没有显著影响。当期正跳跃对下期股票超额收益率具有显著的负向影响,正跳跃发生时,下期股票超额收益率将会下降。采用不同的抽样频率(10 分钟和 15 分钟)、不同的显著性水平、不同的跳跃测度方法(基于已实现极差方差)提取跳跃,并将股票区分为沪市股票和深市股票、排除 30%壳资源股票、排除金融类上市公司、区分国有和非国有上市公司后,深入分析跳跃对资产收益率的影响,研究揭示,正跳显著影响下期股票收益率,影响方向为负,且在许多情形下跳跃对资产定价的解释力提高。

当期货、现货市场由于突然的异常消息的影响而发生非连续的共跳时,期货和现货的关系、波动、跳跃大小均会发生变化,这种变化导致套期保值比在资产价格跳跃时产生变化,而这种非连续的跳跃又不同于扩散框架下资产价格连续变化。第七章将资产价格的连续扩散过程扩展到跳跃扩散过程,构建 VECM-ARJI-MGARCH 模型,综合分析股指期货和现货的协整关系、时变跳跃强度和常跳跃强度下的共跳性以及时变波动率特征,进而计算资产价格跳跃时的动态套期保值比,分析期现共跳时的套期保值绩效。研究揭示,VECM-ARJI-MGARCH 模型综合地分析了股指期货和现货的协整关系、时变方差协方差性特征以及时变跳跃性,拟合效果优于没有考虑跳跃成分的 VECM-MGARCH 模型,但并没有显著改变 VECM-MGARCH 模型的条件均值和条件方差方程估计结果。股指期货和现货市场具有显著的共跳性,跳跃幅度的标准差和跳跃强度显著异于零,时变跳跃强度受到滞后期跳跃强度的显著影响,跳跃强度表现出较高的持续性特征。常跳跃强度的 VECM-ARJI-MGARCH 模型的套期保值比均值最大,时变跳跃强度的 VECM-ARJI-MGARCH 模型的变化范围最大,动态套期保值比均呈现负偏、尖峰分布特征。动态套期保值比的套期保值绩效总体优于静态套期保值比,包含跳跃成分的 VECM-ARJI-MGARCH 模型套期保值绩效优于 VECM-MGARCH 模型,时变跳跃强度的 VECM-ARJI-MGARCH 模型的样本外套期保值绩效最好。

  金融市场上经常会发生大规模的资产价格跳跃,同涨同跌现象明显,相对于连续资产价格变动,这种系统性跳跃风险具有瞬时性与高强度的特征。特别大的跳跃风险尽管不经常出现,但是一旦发生会对金融市场造成严重的冲击,产生较大的市场风险,投资者也可能遭受巨大的损失。跳跃贝塔是衡量资产价格跳跃风险的重要变量,第八章利用中国股市的高频数据研究跳跃贝塔及其在投资组合中的作用。该章采用跳跃回归模型估计出模型跳跃贝塔变量,与无模型跳跃贝塔进行了对比,拓展了该领域的研究成果;考虑到市场正向变动与负向变动的非对称问题,在进一步的研究中根据市场跳跃的方向对跳跃回归模型进行了扩展,分别构建了正跳回归模型和负跳回归模型,以探讨个股跳跃对市场正向跳跃和负向跳跃的不同敏感程度;比较了模型跳跃贝塔、正跳贝塔、负跳贝塔和无模型跳跃贝塔在投资组合中的不同作用,这具有一定的实践意义。研究发现,跳跃回归模型表现出较好的拟合效果,市场的跳跃行为对个股具有显著的影响,验证了中国股票市场上存在系统性跳跃风险。模型跳跃贝塔与市场状态之间具有一定的关联:当市场比较平稳时,模型跳跃贝塔的变动幅度较小,其突变主要发生在市场的上涨期与下跌期。基于正跳贝塔排序的组合收益率随着股票组合的正跳贝塔由大变小,各组合收益率的值不断增加,高、低分组的组合收益率相差 0.72%,而基于负跳贝塔排序的组合收益率不具有单调性,高、低分组的组合收益率差仅为 0.32%,正跳贝塔更能够体现出股票组合的差异性。跳跃贝塔值与组合未来收益率呈现负相关的关系,系统性跳跃风险较小的组合倾向于获得更高的收益,这表明市场上存在跳跃贝塔异象。根据模型跳跃贝塔构建的对冲组合可以获得显著为正的经 Fama-Frech 三因子模型调整后的超额收益,加入交易成本后,对冲策略表现优于市场,相对于市场的超额收益率为 74.59%。基于回归模型的股市跳跃贝塔优于无模型跳跃贝塔。在表现特征方面,无模型跳跃贝塔普遍更大,大约是模型跳跃贝塔的 1.5 倍,波动较大,且呈现无规律性变化。在构建投资组合方面,模型跳跃贝塔对股票的区分能力更强,基于模型跳跃贝塔分组的股票组合收益率随着贝塔增大，组合收益率单调下降，而基于无模型跳跃贝塔分组的组合收益率不具有单调性。在对冲投资策略方面，相对于Fama-Frech三因子模型，基于模型跳跃贝塔构建的投资组合获得显著的阿尔法，基于无模型跳跃贝塔构建的投资组合不存在显著的阿尔法。

共跳是多个资产或者多个市场的共同跳跃。研究金融市场之间的共跳，既可以为投资者进行资产配置、为规避风险提供理论指导，也可以帮助监管者以及政策制定者了解金融市场间联动关系的现状、评价政策的效果，为进一步深化市场改革提供思路。研究共跳与宏观经济信息的关系有助于我们了解各金融市场波动风险的来源以及传播途径，从而有助于建立金融风险预警机制和制定风险管理政策。因此，第九章研究了股票市场和债券市场、股票现货市场和股票期货市场之间的共跳行为。通过对参数跳跃扩散模型和基于真实数据多次抽样的非参数模型进行蒙特卡罗模拟发现，已探测共跳的相关系数始终与真实共跳相关系数基本保持一致，该章共跳识别方法能够在可靠地识别共跳的同时不损害共跳的重要性质，从而可以有效地识别出共跳。股票市场和债券市场的共跳强度在一天中不同阶段的表现特征并不相同。最大的共跳强度发生在开盘阶段，随后共跳强度逐渐下降，但在午间收盘前共跳强度又再次增大，最后收盘前的共跳强度略高于下午其他时间。债券市场发生跳跃的概率远远高于股票市场的跳跃概率，为股市跳跃的四倍以上。股票市场的跳跃存在周内效应，其中，周一发生跳跃的可能性最大、周二最小。在债券市场跳跃的周内效应中周三跳跃概率最大、周一最小。从跳跃幅度来看，股票市场的跳跃幅度为债券市场的20多倍。通过匹配股债共跳和宏观信息发布可以发现，两个市场的共跳更容易发生在信息日。经济指标国内生产总值（GDP）、货币供应量（M2）、消费者价格指数（CPI）、生产者价格指数（PPI）、采购经理指数（PMI）、固定资产投资同比增速（FI）、工业增加值同比增速（IVA）、贸易差额（TB）和社会消费品零售总额增速（CG）对共跳的发生存在显著的领先或者滞后影响，其中，九个宏观指标对股债共跳均具有领先影响，影响最多能提前55分钟，对共跳具有滞后影响的为CPI、PPI、CG、TB和M2。宏观经济指标CPI和PPI对共跳的领先效应的影响系数多为正值，而对股债共跳的滞后效应的影响系数多为负值。反映经济增长驱动因素的指标CG和FI以及反映经济总量的指标GDP和IVA发布时，它们对股债共跳的提前影响均为正，宏观经济指标M2、CG和TB对股债共跳滞后效应的影响为正。当宏观信息指标发布时，可能同时发布多个宏观指标，当CPI发布时，PPI同时发布的次数占CPI发布总次数的比重为82.692%；当GDP发布时，IVA、CG和FI同时发布的比重都为90%以上。考虑同步信息变量时，宏观经济指标对股债共跳影响的显著性基本相同，总体结论基本保持一致。股票现货市场和期货市场的跳跃比较频繁，期货和现货分别呈现2.275%和1.899%的跳跃概率。期现共跳的比例为0.986%，期现市场周一发生跳跃的概率最高。当期货、现货市场发生跳跃时，有 40%~50%的概率发生共跳。通过构建模型研究期现共跳对协方差与方差的影响，研究揭示，从多变量资产的收益率中提取共跳是非常重要的，共跳不仅影响多变量资产的协方差，还在单一资产的已实现方差预测中起到作用。PPI 的发布对期现共跳产生滞后和同期的影响，CPI 发布对期现共跳产生领先的影响，PMI 和 GDP 的发布对共跳产生滞后影响，而 FI 和 IVA 的发布对共跳具有领先影响。CG、TB 和 M2 不仅对股票现货市场和期货市场的共跳产生滞后影响，还存在领先影响。

金融危机、新冠疫情、局部战争等事件使极端尾部事件的研究成为金融经济学的重要和热点问题，资本市场的尾部事件对市场波动、投资组合风险、经济波动的影响使它们显得特别重要。第十章使用中国股市沪深 300 指数及其成份股中 2007~2023 年的高频交易数据，分析了中国股市的系统性跳跃和特质性跳跃的特征、尾部特征及影响因素，并深入研究了跳跃尾部依存性对投资组合风险价值（value at risk，VaR）和期望损失（expected shortfall，ES）以及对冲基金尾部中性检验的影响。该章通过市场和个股的高频数据分析了股票市场价格跳跃的依存结构特征，采用非参数模型拟合资产价格跳跃双变量的边际分布，以 Pickands 依存函数、Davis 和 Mikosch（2009）的 extremogram 方法等五种方法拟合双变量资产价格跳跃的依存结构，分析高频收益率、总跳跃、系统性跳跃、特质性跳跃的尾部依存特征，并通过原始日收益率、跳跃调整的日收益率探究跳跃在多资产依存结构以及非对称依存关系中的作用。通过分析个股的系统性跳跃和特质性跳跃发生的次数及频率得出，系统性跳跃和特质性跳跃发生的频率一般为 0.31%和 2.09%。股票高频收益率的右尾部依存系数和左尾部依存系数存在非对称性，左尾部依存系数的均值为 0.259，远高于右尾部依存系数的均值 0.185，左尾部依存系数与右尾部依存系数的差值范围为–0.023~0.182。不同于发达国家如美国的股市（右尾部依存系数均大于左尾部依存系数），中国股市的尾部依存性呈现出非对称性（左尾部依存性要强于右尾部依存性），尤其是对于跳跃尾部依存性。中国股市日内收益率的不同成分在导致尾部依存性等方面的作用是不同的，系统性跳跃明显引致了最大的尾部依存性。美国股市日数据左尾部依存性要大于右尾部依存性，而通过日内数据发现对于原始数据和跳跃数据均是右尾部依存性要大于左尾部依存性。中国市场在反方向上存在异常显著的非对称性，即左尾部依存性要强于右尾部依存性，结合中国市场显著的高波动性特征，这说明在日内数据水平上中国市场比美国市场更具风险性、特质性跳跃更具非对称性、系统性跳跃在引致非对称性方面发挥的作用较小。中国股市日数据去跳调整（从每日数据中去除跳跃成分）后的研究发现，日数据的尾部依存性有显著下降，跳跃对中国市场的尾部依存性有显著的解释能力，尽管日内跳跃仅占 2%的观测量，却解释了大约 17%的日数据左尾部依存性。跳跃不但引起较强的尾部依存性，而且导致了较强的非对称性。对从原始数据中分离跳跃的研究具有重要的经济意义，忽略跳跃的尾部依存性可能会低估风险，从而会得到关于投资组合中性分析的错误结论。忽略或低估跳跃尾部依存性会导致对风险测度的估计结果失真，这种失真的程度随着资产持有期和尾部事件概率的变化而变化。当共跳存在时，市场的不利冲击不能通过同样的策略进行对冲。若投资者仅关注低频数据而忽视跳跃存在，他也将无法考虑到跳跃尾部依存性风险。

第三节 主要贡献和特色

本书以金融经济学中的连续时间跳跃扩散理论为指导，以证券市场金融高频数据为载体，借鉴、构建和提出现代金融计量学模型和方法，研究股票市场和债券市场资产价格跳跃的风险特征，讨论跳跃在波动率预测和资产定价中的作用，分析比较单一资产的跳跃风险，探究多资产（股票和债券、现货和期货）价格共跳的风险特征、来源和作用，完善多资产跳跃套期保值策略，研究跳跃贝塔在投资组合管理中的作用，探讨系统性跳跃和特质性跳跃在尾部风险管理中的表现特征和不同作用。

第一，本书采用日内高频跳跃识别方法对中国证券市场的日内跳跃特征进行分析，研究定期发布的宏观经济信息对资产价格跳跃的影响。基于非参数跳跃识别方法消除了日内效应的影响，避免了遗漏或高估跳跃，不仅识别出了跳跃的存在性，还指出了跳跃发生的时刻、幅度等跳跃特征，全面地分析了中国证券市场价格跳跃的行为特征和日内变化特征。不仅将宏观信息冲击划分为预期和非预期成分，量化了意外冲击的大小，而且实证分析了资产价格跳跃概率和跳跃幅度与定期发布的宏观经济信息的意外冲击之间的关系，并从对称性和非对称性两个方面详细研究这一影响机制。

第二，基于更为稳健的统计量研究股票市场的跳跃性特征。金融高频时间序列数据总会出现微观结构噪声，而这种噪声会污染到高频金融资产价格，可能导致已实现波动不是真实波动的一致性估计量。已实现极差方差统计量利用整个价格过程中的极差，能够揭示出更多的有用信息，已实现极差方差在有效性方面约为已实现方差的五倍。本书分不同期限全面地研究了中国股市的跳跃性和杠杆效应。跳跃性和杠杆效应作为股票市场的两个重要特性，它们在衍生产品定价、风险管理和投资组合中具有重要的含义，本书将中国股市波动分为短期、中期和长期波动，进而分析短期、中期、长期跳跃性对它们的不同影响，还研究了杠杆效应在三种类型波动预测中的重要作用。

第三，以连续时间跳跃扩散过程为出发点，研究新兴的中国股市跳跃在资产定价中的重要作用。基于2007～2023年的中国沪深股市所有上市公司高频交易数据，利用非参数跳跃识别方法提取反映股票价格非连续变动的跳跃指标，分析中国股市的股价跳跃幅度与资产定价的关系，并进一步将股价跳跃分解为正、负跳跃，深入研究不同方向的股价跳跃对股票收益率的影响，比较中国股票市场两种跳跃对股票收益率的影响方向和影响大小。将股票区分为沪市股票和深市股票、排除30%壳资源股票、排除金融类上市公司、区分国有和非国有上市公司后，讨论跳跃影响资产收益率的稳健性。

第四，金融资产价格包括连续部分和非连续的跳跃部分，资产价格的连续变化由扩散过程来描述，当期货、现货市场由于突然的异常消息的影响而发生非连续的共跳时，期货和现货的关系和波动大小均会发生变化，这可能对期货和现货的协方差以及期货的方差产生影响，这种影响导致套期保值比在资产价格跳跃时产生变化，而这种非连续的跳跃又不同于连续扩散框架下的资产价格连续变化，因而在对冲现货市场波动风险的时候，仅仅考虑资产价格连续部分的套期保值是不充分的，综合考虑资产价格连续部分和跳跃部分的套期保值有利于更全面地捕捉基差风险，降低套期保值风险，从而更有效地规避现货价格波动的风险。本书构建了 VECM-ARJI-MGARCH 模型，全面涵盖股指期货和现货的协整关系、时变跳跃强度和常跳跃强度下的共跳性以及时变波动率特征，在此基础上计算资产价格共跳时的动态套期保值比，分析期现共跳时的套期保值绩效。

第五，利用中国股市的高频数据研究跳跃贝塔及其在投资组合中的作用。本书采用跳跃回归模型估计出模型跳跃贝塔变量，与无模型跳跃贝塔进行了对比，并考虑到市场正向变动与负向变动的非对称问题，根据市场跳跃的方向对跳跃回归模型进行了扩展，构建了正跳回归模型和负跳回归模型，以探讨个股跳跃对市场正向跳跃和负向跳跃的不同敏感程度。通过比较模型跳跃贝塔、正跳贝塔、负跳贝塔和无模型跳跃贝塔在投资组合中的不同作用，揭示跳跃在投资组合管理中的重要作用，为机构投资者构建量化投资组合提供参考。

第六，股票和债券作为证券市场最主要的投资产品能够为投资者带来丰富的投资收益，但在出现股债双牛或者股债双熊的情况中，投资权重在二者之间的再平衡能够降低风险的作用有限，这时候就体现出衍生产品市场的作用，比如股指期货和债券期货。衍生产品不仅能够增强资本市场的避险功能，还能完善资本市场的结构和交易机制。当衍生产品市场出现跳跃时，期货和现货之间的对冲将不再是完美对冲，研究二者之间的共跳特征及作用，对于理解衍生产品市场的变动特征，探索期现之间的变动规律具有重要的理论和现实意义。本书将讨论股票市场和债券市场以及现货市场和期货市场的共跳特征、共跳强度的规律性、共跳产生的原因、共跳在波动率预测和协方差预测中的作用。

第七，尾部风险在投资、风险管理和经济波动领域具有重要作用。许多文献已经提供了具有说服力的证据证明了尾部事件的存在性及对金融市场的重要影响。全球金融危机、欧洲主权债务危机、新冠疫情等事件的发生又一次激起了诸多学者对尾部风险的研究兴趣。本书将跳跃分为系统性跳跃和特质性跳跃，比较两种跳跃风险的不同特征，探讨它们的依存结构差异，研究中国股票市场的跳跃尾部依存结构问题，讨论系统性跳跃和特质性跳跃在投资组合风险评估和对冲基金尾部中性检验中的作用。

相对于传统金融经济学研究的资产价格连续扩散过程，本书的研究将连续扩散过程扩展到跳跃扩散过程，研究日间跳跃和日内高频跳跃的风险特征和作用。由于高频数据和低频数据具有不同的信息价值，本书以高频数据为主、低频数据为辅进行结合研究。比如，使用高频数据研究高频收益率、总跳跃、系统性跳跃、特质性跳跃的依存结构，通过高频数据剥离跳跃成分得到低频日数据，进而探究尾部依存关系的特征。本书从微观视角研究股价高频跳跃特征，通过 GDP 等九个宏观经济信息发布变量从宏观视角分析了跳跃和共跳产生的原因。本书的研究既从理论层次探讨了中国证券市场的跳跃风险，又从实践层次研究了尾部风险管理、投资组合、资产定价、套期保值等许多具有重要实践意义的问题。这些构成了本书的研究特色。

第二章 跳跃识别方法

第一节 从布朗运动到 Lévy 过程

股价行为过程可以追溯至 20 世纪初法国数学家 Bachelier（巴舍利耶）的博士论文《投机理论》，其中，他首次用布朗运动来描述股价的随机波动。半个多世纪后，Samuelson（1965）采用几何布朗运动对股价行为建模，之后，Black 和 Scholes（1973）、Merton（1973）基于股价服从几何布朗运动的假设，得到了欧式期权定价公式，这被誉为是继 1952 年 Markowitz（马科维茨）证券组合理论之后的"第二次华尔街革命"。此后，金融衍生品蓬勃发展，连续时间金融成为现代金融学的中心。

虽然期权定价模型在金融领域产生了重大影响，但越来越多的实证研究证明它存在不少缺陷，如无法解释波动率微笑（volatility smile）、价格序列"尖峰厚尾"的分布特征等。Mandelbrot（1963）的实证研究首次对价格收益的正态分布提出了疑问。Press（1967）最早将价格序列描述成布朗运动与泊松过程的线性组合，这可以看作后来的跳跃-扩散模型的雏形。Merton（1976）在对期权定价的过程中加入了跳跃过程，将股票价格的动态变化分解为两个部分：一是价格的正常波动，单位时间内这类信息对股票价格的冲击所引起的边际变化可以通过标准几何布朗运动来刻画，从而具有了连续的样本路径；二是价格的异常波动，关于股票重要信息的到来，使其对价格的冲击超出了边际影响，这部分由跳跃过程来反映。另一个对几何布朗运动的拓展方向是引入随机波动率（stochastic volatility, SV）。Heston（1993）考虑了 SV 模型，Bates（1996）、Scott（1997）研究了考虑 SV 和跳跃过程的期权定价模型，该模型在刻画收益率"尖峰厚尾"的特征方面有所改善，但在捕捉短期的收益率统计特征这一方面仍显不足。Bakshi 等（1997）采二者之长，对此类模型进行了很好的总结。

以上研究均基于连续时间框架，而 Jorion（1988）为了研究外汇市场和股票市场的跳跃行为，在离散时间框架下建立了混合的 ARCH（autoregressive conditional heteroskedasticity，自回归条件异方差）跳跃模型，它既能描述波动的连续时变特征，又对资产价格的大幅跳跃具有解释能力。在最初的研究中假设跳跃强度为常数，且跳跃的发生相互独立，在随后的研究中逐步放宽了模型假设，从而得到了与市场更加吻合的实证效果。一是允许各期的跳跃强度不同分布，如

Chernov 等（1999）、Yu 和 Daal（2005）的研究，或者假设跳跃强度是时变的，如 Das（2002）的研究。二是放宽了跳跃发生相互独立的假设，假设跳跃发生的次数也存在类似波动率集聚的 ARCH 效应，如 Chan 和 Maheu（2002）的研究。

从20世纪80年代后期开始，Lévy 过程被引入数理金融领域，它是一般化的跳跃扩散过程。Lévy 过程的一大优势就是对于任意时间间隔 Δt，可用任意无限可分函数描述其相应增量的分布，因而可以很好地捕捉收益率的一些统计特征；并且基于 Lévy 过程的随机微分方程可以相对容易地得到解析解或者数值解，这在衍生品定价中非常有用。Lévy 过程可以用来构建许多随机过程，这些随机过程可以是连续的、偶然不连续的、纯不连续的样本路径。Lévy 过程中传统的例子包括带有漂移的布朗运动（即仅仅连续的 Lévy 过程）、泊松过程、复合泊松过程、跳跃扩散过程和柯西过程。总之，Lévy 过程是一个更加一般化的随机过程，为我们建立新的资产价格动态模型提供了更加灵活的选择，特别是其中针对价格行为中跳跃成分的描述（王春峰等，2008）。Carr 等（2002）利用广义方差-Gamma 模型很好地拟合了资产收益的跳跃扩散特征，Eraker 等（2003）建立的双跳跃模型在收益和波动两个过程中同时包括随机波动、杠杆效应以及复合泊松跳跃成分，这可以捕捉到许多重要的市场行为。

第二节　资产价格跳跃的识别方法

本节主要介绍识别资产价格跳跃的常用的检验方法。先简要介绍所有检验方法的理论分析框架。假设对数价格过程 p_t 通常服从如下的跳跃扩散过程：

$$\mathrm{d}p_t = \mu_t \mathrm{d}t + \sigma_t \mathrm{d}W_t + \mathrm{d}J_t \tag{2.1}$$

其中，μ_t 为漂移项；σ_t 为扩散参数；W_t 为时间 t 的布朗运动；J_t 为时间 t 的跳跃过程，定义为 $J_t = \sum_{j=1}^{N_t} c_{t_j}$，$c_{t_j}$ 为 t_j 时刻跳跃的幅度，N_t 为有限活动的简单计数过程。

在时间 t（通常为一个交易日）的某个时点价格过程的二次变差（quadratic variation，QV）可以被定义为

$$QV_t = \int_0^t \sigma_s^2 \mathrm{d}s + \sum_{j=1}^{N_t} c_{t_j}^2 \tag{2.2}$$

其中，$\int_0^t \sigma_s^2 \mathrm{d}s$ 被称为积分方差（integrated variance，IV）。因此，QV_t 由扩散过程和跳跃过程两部分组成，这两部分具有不同的性质，应当分别进行分析和建模。IV 的特点是具有持久性，占 QV 的大部分，而跳跃是突发的，常常是不可

预测的。

高频金融计量经济领域的文献中已经提出多种可以估计价格过程中 QV 和 IV 的估计量，这些估计量大多数是基于相等时间间隔的数据得出的。因此，对于每一交易日时间被划分为 n 个长度为 Δ_n 的相等子区间，第 t 天的第 j 个日内交易收益率 r_{t_j} 被定义为

$$r_{t_j} = p_{t_j} - p_{t_{j-1}} \tag{2.3}$$

根据高频收益率可以计算样本每天的已实现方差（realized variance，RV）和双幂变差（bipower variation，BV），其定义如下：

$$RV_t = \sum_{j=1}^{n} r_{t_j}^2$$

$$BV_t = \mu_1^{-2} \sum_{j=2}^{n} |r_{t_j}| \, |r_{t_{j-1}}| \tag{2.4}$$

其中，$\mu_1 = \sqrt{2/\pi}$。当 $n \to \infty$，在弱一致性条件下，BV 的一致估计量是总变差中的连续价格变动，即 IV，而 RV 的一致估计量为 QV：

$$RV_t \to QV_t = \int_0^t \sigma_s^2 ds + \sum_{j=1}^{N_t} c_{t_j}^2$$

$$BV_t \to IV_t = \int_0^t \sigma_s^2 ds \tag{2.5}$$

除 BV 以外，还可以使用许多估计量来估计 IV，如多幂次变差、门限估计量、中位数值和最小值已实现方差。所有这些估计量对于极限处的跳跃是稳健的。大多数跳跃检验程序是比较由扩散部分和跳跃部分组成的 RV 和跳跃稳健估计量，检验二者的差别是否统计显著。

迄今为止，文献中已经有多种跳跃识别方法，本书将检验分为日内跳跃检验和日间跳跃检验来阐述。日内跳跃检验是检验日内某一时期或时刻资产价格是不是连续的，备择假设为资产价格发生跳跃，如 Andersen 等（2007c）（ABD）、Lee 和 Mykland（2008）（LM）以及 Bollerslev 等（2013）（BTL）均为这类检验；日间跳跃检验是检验某一确定周期如某一交易日资产价格是不是连续的，备择假设为资产价格是非连续的，即至少发生一次跳跃，如 Barndorff-Nielsen 和 Shephard（2006）（BNS）、Aït-Sahalia 和 Jacod（2009）（AJ）、Jiang 和 Oomen（2008）（JO）的检验等。

一、日内跳跃识别

日内跳跃检验不仅能够识别出跳跃发生的准确时间，还能够找出每天跳跃发生的次数。ABD 检验、LM 检验和 BTL 检验是将标准化日内收益率与门限值进行

比较来确定是否发生跳跃，原假设是在 t_j 时刻没有发生跳跃。运用 ABD 检验和 LM 检验的第一步是计算对跳跃稳健的（局部）波动率的估计值，然后通过估计值标准化日内收益率。

（一）ABD 检验

给定 t_j 时刻的日内收益率 r_{t_j} 以及波动率的估计值 BV_t，定义如下的统计量：

$$z_{t_j} = \frac{r_{t_j}}{\sqrt{n^{-1}BV_t}} \tag{2.6}$$

Andersen 等（2007c）研究指出，由于 z_{t_j} 为渐进正态分布，可以通过将其与正态分布的临界值比较来识别跳跃。

（二）LM 检验[①]

常用的正态分布的95%和99%分位数太过宽松，会导致对原假设的过度拒绝。为了克服这一限制，Lee 和 Mykland（2008）提出使用检验统计量最大值的极限分布的临界值。当 $\delta \to 0$ 时，这一最大值趋近于 Gumbel（冈贝尔）变量：

$$\frac{\max(\frac{|r_{t_j}|}{\sqrt{\hat{V}_{t_j}}}) - C_n}{S_n} \xrightarrow{L} \xi, \ P(\xi) = \exp(-e^{-x}) \tag{2.7}$$

其中，$C_n = \frac{(2\log n)^{1/2}}{\mu_1} - \frac{\log \pi + \log(\log n)}{2\mu_1(2\log n)^{1/2}}$；$S_n = \frac{1}{\mu_1(2\log n)^{1/2}}$；$\hat{V}_{t_j}$ 为局部方差估计值。

LM 检验将标准化的最大的 $\frac{|r_{t_j}|}{\sqrt{\hat{V}_{t_j}}}$ 与 Gumbel 分布的临界值进行比较。Lee 和 Mykland（2008）建议基于 t_j 时刻之前的 K 个观测值计算 $\hat{V}_{t_j}$。他们证明 K 的取值取决于取样频率并且建议取 $K = \sqrt{252 \times n}$，其中 252 为 1（财务）年内的交易天数。由于中国股市的假期多于美国市场，平均每年的交易天数为 242 天，因此，识别中国股市跳跃时可以考虑 K 取值为 $\sqrt{242 \times n}$。

（三）BTL 检验

Bollerslev 等（2013）提出的价格跳跃识别方法的优点是它不仅能够检测出跳跃的存在性，而且能够找出跳跃发生的时点、甄别跳跃的大小，并且在估

[①] 之后，Lee 和 Mykland（2012）考虑了微观结构噪声，对 LM 检验进行了修正。

计时考虑到了日内效应。在 RV 测度的基础上估计波动率日内模式（TOD）。

$$\text{TOD}_j = \frac{n\sum_{t=1}^{T}|r_{t_j}|^2 I(|r_{t_j}| \leqslant \gamma\sqrt{\text{BV}_t \wedge \text{RV}_t}\, n^{-\varpi})}{\sum_{s=1}^{nT}|r_s|^2 I(|r_s| \leqslant \gamma\sqrt{\text{BV}_{[s/n]} \wedge \text{RV}_{[s/n]}}\, n^{-\varpi})}, \quad t_j = (t-1)n + j \quad (2.8)$$

其中，$j = 1, 2, \cdots, n$；$\gamma > 0$，$\varpi \in (0, 0.5)$，γ、ϖ 都为常数；$I(\cdot)$ 为一个指示函数；r_s 为高频收益率。TOD_j 中的收益率由 γ 和 ϖ 截尾，有效地消除了跳跃，因此 TOD_j 度量了每日不同时段的扩散变差与当日平均变差的比率。一般来说，$\gamma = 2.5$，$\varpi = 0.49$，这意味着当所有高频数据中收益率超过了其对应的 SV 局部估计值 2.5 个标准差时，就确认发生了价格跳跃。美国股票市场 TOD_j 大体上呈现出我们熟知的"U"形模式，即每天开盘和收盘时波动率较高，它是每天交易时间 j 的函数。

构建截断方法可以直接识别每个资产的高频价格跳跃，跳跃时刻为

$$\hat{\Gamma}_{[0,T]} = \{\tau \in [0, nT] : |r_\tau| \geqslant \alpha_\tau n^{-\varpi}\}$$
$$\alpha_\tau = \gamma\sqrt{(\text{BV}_{[\tau/n]} \wedge \text{RV}_{[\tau/n]}) \times \text{TOD}_{\tau - [\tau/n]n}}, \quad \tau = 1, 2, \cdots, nT \quad (2.9)$$

该方法根据波动率日内模式以及每天 SV 的估计值分离出资产价格变动中的跳跃成分，因此从收益率中分离出连续成分和跳跃成分时，BTL 检验考虑到了波动率的日内变动模式。资产价格第 t 日 j 时刻的高频跳跃定义为

$$J_{t_j} = r_s I\left(|r_s| \geqslant \gamma\sqrt{(\text{BV}_{[\tau/n]} \wedge \text{RV}_{[\tau/n]}) \times \text{TOD}_{\tau - [\tau/n]n}}\, n^{-\varpi}\right), \quad s = 1, 2, \cdots, nT \quad (2.10)$$

其中，$t = [s/n]$；$j = s - tn$。

二、日间跳跃识别

（一）BNS 检验

Barndorff-Nielsen 和 Shephard（2004）提出了跳跃稳健估计量，即 BV_t。BNS 检验将 RV_t（作为 QV 估计量）和 BV_t 进行比较来确定某一时间间隔内（通常是一个交易日内）跳跃是否存在。Huang 和 Tauchen（2005）对 BNS 检验进行了蒙特卡罗模拟研究，并给出了 BNS 检验的比率形式。比率形式的跳跃检验统计量定义为

$$\frac{1 - \dfrac{\text{BV}_t}{\text{RV}_t}}{\sqrt{(\mu_1^{-4} + 2\mu_1^{-2} - 5)n^{-1} \max\left(1, \dfrac{\text{TQ}_t}{\text{BV}_t^2}\right)}} \quad (2.11)$$

其中，$\mu_1=\sqrt{2/\pi}$，该统计量服从标准正态分布；TQ 为已实现三次幂变差，三次幂变差是 $\int_0^t \sigma_u^4 du$ 的一致估计量，被定义为

$$TQ_t = \mu_{4/3}^{-3} \left(\frac{n^2}{n-2} \right) \sum_{j=3}^{n} |r_{t,j-2}|^{4/3} |r_{t,j-1}|^{4/3} |r_{t,j}|^{4/3} \tag{2.12}$$

其中，$\mu_{4/3} = E(|U|)^{4/3}$，U 为标准正态分布变量。

（二）AJ 检验[①]

考虑 P 次幂变差：

$$B(P, \Delta_n)_t = \sum_{j=1}^{n} |r_{t_j}|^P \tag{2.13}$$

其中，$\Delta_n = \frac{1}{n}$，为交易日 n 等分的时间间隔；$P > 0$。Aït-Sahalia 和 Jacod（2009）发现在没有跳跃的情况下，对于不同的时间间隔抽样 Δ_n 和 $k\Delta_n$ 计算得到的两个幂变差的比率发生收敛，即

$$\widehat{S(P, k, \Delta_n)}_t = \frac{B(P, k\Delta_n)_t}{B(P, \Delta_n)_t} \xrightarrow{\Delta_n \to 0} k^{P/2-1} \tag{2.14}$$

其中，$P > 2$，$k \geq 2$。Aït-Sahalia 和 Jacod（2009）定义的检验统计量为运用于不存在跳跃的原假设：

$$\frac{\widehat{S(P, k, \Delta_n)}_t - k^{P/2-1}}{\sqrt{M(P, k) \dfrac{A(2P)_t}{A(P)_t}}} \tag{2.15}$$

该统计量的原假设是不存在跳跃，服从标准正态分布。$A(l) = \int_0^t |\sigma_s|^l ds$（$l = P, 2P$），可以使用多次幂变差和门限估计量（Mancini，2009）估计 $A(l)$；$M(P, k) = \dfrac{1}{\mu_P^2} \left(k^{P-2}(1+k) \mu_{2P} + k^{P-2}(k-1) \mu_P^2 - 2k^{P/2-1} \mu_{k,P} \right)$，其中 $\mu_l = E|U|^l$（$l = P, 2P$），$\mu_{k,P} = E(|U|^P |U + \sqrt{k-1} V|)$，$U$ 和 V 为独立同分布的标准正态分布变量。

（三）JO 检验

方差互换是由金融资产和（或）衍生品组成的工具，用于对冲工具波动风险。

[①] Aït-Sahalia 等（2012）考虑了微观结构噪声，通过平滑的对数价格变化计算幂变差，进行跳跃检验。

方差互换的收益可以通过在"对数合约"中持有空头头寸来复制以及标的资产的多头头寸，多头头寸连续再平衡。这种复制策略的回报为算术收益率和连续复利收益率的累计差，等于没有价格跳跃时 IV 的一半。当存在跳跃时，复制误差完全由已实现跳跃决定。JO 检验探索算术收益率和对数收益率之间的差异，其计算公式如下

$$\mathrm{SwV}_t = 2\sum_{j=1}^{n}(R_{t_j} - r_{t_j}) \quad (2.16)$$

其中，R_{t_j} 是简单收益率，定义为 $P_{t_j}/P_{t_{j-1}} - 1$（P_{t_j} 是第 t 天第 j 个资产价格）；r_{t_j} 的定义同式（2.3）。

当没有跳跃时，SwV_t 和 RV_t 没有差别；当出现跳跃时，$\mathrm{SwV}_t - \mathrm{RV}_t$ 以指数形式捕捉跳跃，因此当跳跃发生时，方差互换和 RV_t 之差变得非常大，从而能够识别出跳跃。

$$p\lim_{\Delta_n \to 0}(\mathrm{SwV}_t - \mathrm{RV}_t) = \begin{cases} 0, & \text{无跳跃发生在} [0,t] \\ 2\int_0^t (\exp(J_u) - J_u - 1)\mathrm{d}q_u - \int_0^t J_u^2 \mathrm{d}q_u, & \text{跳跃发生在} [0,t] \end{cases}$$

(2.17)

Jiang 和 Oomen（2008）定义检验统计量为

$$\frac{n\mathrm{BV}_t}{\sqrt{\Omega_{\mathrm{SwV}}}}\left(1 - \frac{\mathrm{RV}_t}{\mathrm{SwV}_t}\right) \quad (2.18)$$

其中，Ω_{SwV} 的估计量为 $\widehat{\Omega}_{\mathrm{SwV}} = 3.05 \dfrac{n^3}{n-3}\sum_{j=1}^{n}\prod_{k=0}^{3}|r_{t_{j-k}}|^{3/2}$，JO 检验的统计量服从标准正态分布。

（四）Min 和 Med 检验

Andersen 等（2012）提出在出现跳跃时使用近邻截断估计积分波动率。Min、Med 检验与 BNS 检验的思想类似，即比较跳跃稳健估计量和 RV_t。最小已实现方差（MinRV_t）和中位数已实现方差（MedRV_t）可用于估计存在跳跃时的 IV：

$$\mathrm{MinRV}_t = \frac{\pi}{\pi-2}\frac{n}{n-1}\sum_{j=2}^{n}\min\left(|r_{t_j}|,|r_{t_{j-1}}|\right)^2$$

$$\mathrm{MedRV}_t = \frac{\pi}{6-4\sqrt{3}+\pi}\frac{n}{n-2}\sum_{j=3}^{n}\mathrm{med}\left(|r_{t_j}|,|r_{t_{j-1}}|,|r_{t_{j-2}}|\right)^2$$

(2.19)

Andersen 等（2012）根据 MinRV_t 和 MedRV_t 构造下面两个检验统计量：

$$\frac{1-\dfrac{\mathrm{MinRV}_t}{\mathrm{RV}_t}}{\sqrt{1.81n^{-1}\max\left(1,\dfrac{\mathrm{MinRQ}_t}{\mathrm{MinRV}_t^2}\right)}}$$

$$\frac{1-\dfrac{\mathrm{MedRV}_t}{\mathrm{RV}_t}}{\sqrt{0.96n^{-1}\max\left(1,\dfrac{\mathrm{MedRQ}_t}{\mathrm{MedRV}_t^2}\right)}} \tag{2.20}$$

式（2.20）中的两个统计量均服从标准正态分布（Δ 趋于零时），其中，估计积分四次幂的最小已实现四次幂 MinRQ_t 和中位数已实现四次幂 MedRQ_t 为

$$\mathrm{MinRQ}_t = \frac{\pi n}{3\pi-8}\frac{n}{n-1}\sum_{j=2}^{n}\min\left(|r_{t_j}|,|r_{t_{j-1}}|\right)^4$$

$$\mathrm{MedRQ}_t = \frac{3\pi n}{9\pi+72-52\sqrt{3}}\frac{n}{n-2}\sum_{j=3}^{n}\mathrm{med}\left(|r_{t_j}|,|r_{t_{j-1}}|,|r_{t_{j-2}}|\right)^4 \tag{2.21}$$

（五）CPR 检验

Corsi 等（2010）的研究也是基于 RV_t 和跳跃稳健估计量的比较。然而，他们采用了修正的已实现 BV 作为 BV_t 的一种替代，这个稳健估计量基于 BV_t 但丢弃了跳跃成分，通过一定的门限截断收益率。CPR 检验统计量为

$$\frac{1-\dfrac{\mathrm{CTBV}_t}{\mathrm{RV}_t}}{\sqrt{\left(\dfrac{\pi^2}{4}+\pi-5\right)n^{-1}\max\left(1,\dfrac{\mathrm{CTTriPV}_t}{\mathrm{CTBV}_t^2}\right)}} \tag{2.22}$$

其中，CTBV_t 及 $\mathrm{CTTriPV}_t$ 分别为修正的已实现 BV_t 和三次幂变差，分别定义为

$$\mathrm{CTBV}_t = \frac{\pi}{2}\left(\frac{n}{n-1}\right)\sum_{j=2}^{n}\tau_{1,t_j}\tau_{1,t_{j-1}}$$

$$\mathrm{CTTriPV}_t = \mu_{4/3}^{-3}\left(\frac{n^2}{n-2}\right)\sum_{j=3}^{n}\tau_{4/3,t_j}\tau_{4/3,t_{j-1}}\tau_{4/3,t_{j-2}} \tag{2.23}$$

其中，$\mu_{4/3} = E(|U|)^{4/3}$，$U \sim N(0,1)$；$\tau_{1,t_j} = \begin{cases}|r_{t_j}|, & r_{t_j}^2 < v_{t_j} \\ 1.094 v_{t_j}^{1/2}, & r_{t_j}^2 > v_{t_j}\end{cases}$，$\tau_{4/3,t_j} = \begin{cases}|r_{t_j}|^{4/3}, & r_{t_j}^2 < v_{t_j} \\ 1.129 v_{t_j}^{2/3}, & r_{t_j}^2 > v_{t_j}\end{cases}$，门限值 $v_{t_j} = c_v^2 \hat{V}_{t_j}$，$c_v^2$ 为一个无标度常数，$\hat{V}_{t_j}$ 为局部方差估

计量。Corsi 等（2010）建议 $c_\upsilon = 3$。

（六）PZ 检验

正如 BNS 检验、Min 和 Med 检验、CPR 检验一样，Podolskij 和 Ziggel（2010）基于已实现的 P 次幂变差和跳跃稳健估计量的比较，将检验统计量定义为已实现的 P 次幂变差估计量和门限估计量之差，其中，门限估计量中加入了一些外部正的独立同分布随机变量 η_j。

检验统计量定义为

$$\frac{n^{\frac{P-1}{2}}\sum_{j=1}^{n}|r_{t_j}|^P\left(1-\eta_j I_{\{|r_{t_j}|\leqslant\sqrt{\upsilon_{t_j}(\Delta_n)^\omega}\}}\right)}{\sqrt{\operatorname{Var}[\eta_j]n^{\frac{P}{2}-1}\sum_{j=1}^{n}|r_{t_j}|^{2P}I_{\{|r_{t_j}|\leqslant\sqrt{\upsilon_{t_j}(\Delta_n)^\omega}\}}}} \tag{2.24}$$

其中，$\operatorname{Var}[\eta_j]<\infty$，为变量 η_j 的方差，且 $E[\eta_j]=1$；υ_{t_j} 为截断水平，定义如 CPR 检验；$0<\omega<1$ 为截断幂；$I_{\{\bullet\}}$ 为指示函数；$P\geqslant 2$。PZ 检验统计量渐近服从标准正态分布。

第三节　本　章　小　结

本意总结了文献中的跳跃检验方法，在实证分析中使用哪种检验方法需要根据研究的目的进行抉择。虽然 Maneesoonthorn 等（2020）、Dumitru 和 Urga（2012）在不同的试验场景下检验了各种跳跃检验统计量的功效和水平，但没有哪种检验统计量能够一致性优于其他检验统计量。在不同的股票抽样间隔（如 5 秒、30 秒、1 分钟和 5 分钟）、不同微观结构噪声大小、不同跳跃强度和跳跃幅度等情形下，各种检验统计量表现出不同的特征。相对而言，Dumitru 和 Urga（2012）认为，ABD 检验和 LM 检验总体上表现较好，但在极端波动状态下它们的检验水平变得非常高。Maneesoonthorn 等（2020）发现，AJ 检验总体上具有最低的检验功效和较低的检验水平。

各种跳跃检验统计量在不同场景下具有不同的检验功效和检验水平，它们还可以从应用场合进行区分。日内跳跃检验只能够使用 ABD 检验、LM 检验和 BTL 检验中的一种，而日间跳跃检验包括了本章所列示的所有跳跃检验统计量（日内跳跃检验也可以进行日间跳跃分析）。

第三章 股票市场的跳跃研究

第一节 股票市场跳跃概述

自 Merton（1976）研究股票市场资产价格的跳跃以来，跳跃就受到国际学术界的高度关注。近年来，随着高频交易数据的方便获得，金融资产价格的跳跃性研究已经成为金融经济学领域中非常重要的前沿方向。一般认为，资产价格及收益率的波动性具有"时间连续性"，但大量的典型事实表明股价遵循几何布朗运动的假设可能并不准确（Aït-Sahalia，2004）。跳跃即资产价格的非连续变化，它是金融资产价格变动的基本特征（Merton，1976）。金融资产价格变化包括连续变化和非连续的跳跃，资产价格连续变化由扩散过程来描述，而资产价格跳跃在衍生产品定价、风险度量和管理、组合资产管理等方面具有与资产价格连续变化不同的含义。

将资产价格分为连续部分和跳跃部分以后，近年来的研究焦点集中于宏观信息和资产价格跳跃的关系。Maheu 和 McCurdy（2004）将市场消息分为两部分——正常消息与异常消息，前者引起资产价格的平滑变化，后者引起资产价格跳跃，二者共同决定了资产收益率的分布。对日间数据来说，一些资产价格运动看上去几乎一样，但基于高频数据更能捕捉到跳跃，相应的研究也变得更加丰富。Johannes（2004）指出跳跃有三种来源，一是关于当前经济状态的宏观信息发布；二是美国联邦储备系统的货币政策；三是美国或其他重要国家的政治经济事件。Johannes（2004）进一步指出，信息发布并不意味着就伴随跳跃，只有当公布的信息中含有未预期的成分时，跳跃才会发生。因此，不是信息本身，而是非预期的成分，才是跳跃的关键。这与 Evans（2011）对美国期货市场日内跳跃的研究结论是一致的，他指出，在价格跳跃中大概 1/3 对应着美国宏观信息发布，信息发布的事件本身使跳跃幅度增大，而非预期部分则解释了大部分跳跃的发生。Miao 等（2014）探讨了宏观经济新闻对标准普尔 500 指数期货价格不连续性的影响，结果证明宏观新闻与价格跳跃之间存在密切关联。Andersen 等（2007b）使用高频期货数据集描述了美国、德国和英国的股票、债券和外汇市场对实时美国宏观经济新闻的反应，研究发现新闻会产生条件均值跳跃；高频股票、债券和汇率动态与基本面相关，根据经济周期的不同阶段，股票市场对新闻的反应也不同。

当金融市场对宏观经济信息做出反应以后，学者比较感兴趣的是金融市场对宏观信息做出反应的速度，如 Balduzzi 等（2001）指出，债券市场对信息的价格调整通常发生在信息公布的 1 分钟内；波动率和交易量在公布点后显著并持续加大，交易价差扩大并在 5～15 分钟后恢复正常值。Rangel（2011）的结果显示，大多数指标的冲击力持续时间并不长，信息日对跳跃强度的影响较小，不过该文献的研究是基于低频的日数据。

与国外学者丰富的研究相比，国内对跳跃的研究还相对薄弱，主要关注跳跃过程的特征及跳跃对资产价格和波动性预测的影响（王春峰等，2008）。此外，陈浪南和孙坚强（2010）基于低频日数据，使用跳跃 GARCH（generalized autoregressive conditional heteroskedasticity，广义自回归条件异方差）模型研究了股市的跳跃性，研究发现，条件波动率与跳跃行为之间存在回馈效应。对跳跃的研究同时延伸到了期货市场，一些学者对期货市场的跳跃特点及期货市场的跳跃与现货市场的关系进行了探讨。例如，赵华和王一鸣（2011）发现股指期货和商品期货价格也存在跳跃性，跳跃强度不仅具有时变性，而且会对现货收益率和波动性产生影响；类似地，刘庆富和许友传（2011）的研究指出，国内外期货市场的跳跃存在显著的跳跃溢出概率与跳跃溢出强度。此外，已有少量研究逐渐关注跳跃所反映出的信息内涵。赵华和黄梨梨（2012）研究了存款准备金和利率政策对中国股市连续性波动和跳跃性波动的不同影响，但这些信息冲击均发生在股市交易时期之外。

不难发现，当前国内学者主要关注中国股市的跳跃性及其对资产价格和波动性预测方面的影响。事实上，股票交易期间之外的政策或者信息冲击影响着股市的开盘价格变化，而股票价格的日内跳跃性更多受到股市交易期间宏观信息的冲击，而不同类型的宏观信息对股价跳跃的影响可能并不相同。因此，本章采用 Bollerslev 等（2013）的跳跃识别方法对中国股市的日内跳跃特征进行分析，研究定期发布的宏观经济信息对股市跳跃的影响。本章基于高频数据全面地分析了中国股市价格跳跃的行为特征和日内变化特征，基于 Bollerslev 等（2013）的非参数跳跃识别方法消除了日内效应的影响，避免遗漏或高估跳跃，不仅识别出跳跃的存在性，还指出了跳跃发生的时刻、幅度等跳跃特征；不仅将宏观信息冲击划分为预期和非预期成分，量化了意外冲击的大小，而且实证分析了中国股市价格跳跃与定期发布的宏观经济信息的意外冲击之间的关系，并详细研究这一影响机制。

第二节　宏观信息发布

一、宏观信息发布数据

研究宏观经济信息对股票市场价格跳跃的影响，应该先寻找一个最能够代表宏观经济发展的指标体系。国内外对相关问题的研究为本节选取宏观经济指标提供了很好的借鉴，根据数据的可获得性，选取国内生产总值（GDP）、货币供应量（M2）、消费者价格指数（CPI）、生产者价格指数（PPI）、采购经理指数（PMI）、固定资产投资同比增速（FI）、工业增加值同比增速（IVA）、贸易差额（TB）、社会消费品零售总额增速（CG）的发布数据作为研究对象，时间区间是2005年4月8日至2022年12月31日。除了这九个经济指标之外，样本期间还发布了全社会用电量、新增人民币贷款等指标，但近几年这些指标的发布时间已经在股市交易时间之外，所以本书选择的宏观发布数据没有包括这些指标。2010年以前的数据来源于Action Economics，2010年之后的数据来源Wind（万得）。

在处理宏观经济信息数据的过程中，有以下几点值得说明。中国物流与采购联合会发布的PMI即中国官方PMI，相关工作起步较晚。因此，PMI样本中2005年4月至2009年8月的数据来自法国里昂证券和NTC Economics[①]，2009年9月至2013年12月采用汇丰发布的PMI，由于汇丰PMI停止发布，2014年1月至2021年12月采用财新PMI，2022年以来中国官方PMI发布时间早于财新PMI，且发布时间在交易期间，所以2022年以后采用中国官方PMI。

近几年来，国家统计局及相关部门一直高度重视统计数据发布工作，努力提高统计服务水平，不断改进统计发布流程及方式。上述经济指标除M2由中国人民银行发布、贸易类指标由商务部发布外，其他宏观经济信息数据由国家统计局发布。从2005年起，国家统计局的数据发布方式经历了如下几个阶段：①2009年8月以前，月度发布的各项指标自每月11日起，每个工作日在官方网站陆续发布，遇法定节假日顺延。②2009年8月以后，国家统计局开始举办月度新闻发布会，这是在应对国际金融危机期间，为了帮助公众更好地理解统计指标，更加全面地把握经济形势而采取的重大举措。但是，由于月度发布会是集中发布，发布会的组织需要一定的时间，因此一定程度上延长了数据生产到发布的时间间隔，增加了数据发布前被泄露的风险。为进一步提高统计数据发布的及时性，更好地满足社会各界对主要统计数据的需求，国家统计局决定自2011年7月起调整统计数据发布方式，提前数据发布时间。③2011年7月以后，各项指标的发布时间相对固定，并排除了假日因素，遇周六、周日照常发布。月度统计数据由以前的新闻发布会集中发布改为网络分项发布，季度和年度数据采取新闻发布会和网络发布相结合的方式。发布的主要指标内容更加丰富、细化，尤其是增加了指标调查制度和方法的注释说明等内容，有助于公众正确使用统计数据。近年来，国家统计局在网站上通过发布预告提示宏观经济指标发布日期和发布时间，这有助于提

---

① NTC Economics总部位于英国伦敦，是全球宏观信息指标和广泛应用的PMI的提供商，2008年被Markit收购。

升投资者对宏观指标的关注度，提高宏观经济数据的作用，使宏观经济指标起到指示器的作用。

表 3.1 列出了本节所分析的九个宏观经济指标的发布频率和发布时间，TB 和 M2 的发布时间比较分散，其他七个宏观指标的发布时间比较固定，如 PMI 指标 2022 年的发布时间均为 9:30，但由于样本时间跨度较大，会有多个发布时间。

表 3.1　宏观经济指标发布列表

指标名称	变量名	发布频率	发布时间
采购经理指数	PMI	月度	9:30/9:45/10:30
工业增加值同比增速	IVA	月度	9:30/10:00/10:15/10:30/13:30/15:00
固定资产投资同比增速	FI	月度	9:30/10:00/10:30/13:30/15:00
社会消费品零售总额增速	CG	月度	9:30/10:00/10:10/10:30/13:30/15:00
消费者价格指数	CPI	月度	9:30/10:00/10:10/10:30/13:30
生产者价格指数	PPI	月度	9:30/10:00/10:30/13:30
贸易差额	TB	月度	9:30/10:00/10:05/10:15/10:25/10:30/10:35/10:40/10:45/10:50/10:55/11:00/11:05/11:10/11:15/11:20/11:25/11:30/11:40/11:45/12:00/12:15/12:40/14:30/14:45/15:00
货币供应量	M2	月度	10:00/10:05/10:10/10:15/10:30/11:00/11:30/13:00/14:00/14:35/15:00
国内生产总值	GDP	季度	9:30/10:00/10:30/15:00

正如 Johannes（2004）所指出的那样，只有当公布的信息中含有未预期的成分时，才会发生跳跃。那么，不是信息本身，而是非预期的成分才是跳跃的关键。如 Balduzzi 等（2001）、Andersen 和 Bollerslev（1998）、Lahaye 等（2011）以及 Huang（2018）的研究所述，本节采用如下方法定义"意外"冲击：

$$N_t^j = \frac{A_t^j - E_t^j}{\hat{\sigma}_j} \tag{3.1}$$

其中，t 为时刻；j 为宏观经济指标的编号；A_t^j 为宏观经济指标 j 在 t 时刻所公布的实际值；E_t^j 为其对应的预期值；$\hat{\sigma}_j$ 为指标 j 预期误差的标准差；N_t^j 为宏观经济指标 j 在 t 时刻的"意外"冲击。标准化消除了量纲的影响，因此能够比较不同信息冲击的影响。在筛选有效观测值时，基于市场噪声的考虑，本节采取如下原则：只有在交易期间发布的宏观经济指标才被视作有效观测值。

宏观指标预期值来自市场上金融机构、经济研究中心等的预测值的中位数。同样的研究见 Edison（1997）、McQueen 和 Roley（1993）、Andersen 和 Bollerslev

（1998）、Lahaye 等（2011）的文献。当预期值缺失时，本节假定市场对下期的预期值等于本期的实际值。传统的 Naive（朴素）方法将本期的实际通货膨胀率作为消费者对下一期的预期通货膨胀率，这种处理方法在宏观经济学的研究中应用很普遍。在预期值研究方面，Pearce 和 Roley（1985）研究了货币供给、工业增加值、失业率、PPI 这几个指标，发现只有工业增加值的预测值存在显著的偏差。若以均方误差为标准，机构预测值中位数比自回归模型更准确。Andersen 和 Bollerslev（1998）、Balduzzi 等（2001）指出预期值并不显著静态，它能够包含信息即时发布前的所有信息，因而是无偏的。

二、宏观信息指标预期值的无偏性检验

为了分析宏观信息指标意外冲击计算的合理性，对宏观信息指标预期值的无偏性进行检验，检验将各金融机构预期的宏观信息指标均值作为宏观信息指标预期值是否满足无偏性的模型是

$$\text{Index}_t - \text{Index}_{t-1} = f_0 + f_1 \left(\text{Index}_t^e - \text{Index}_{t-1} \right) + \varepsilon_t \quad (3.2)$$

其中，Index_t 为第 t 期发布的宏观信息指标；Index_{t-1} 为第 $t-1$ 期发布的宏观信息指标；Index_t^e 为金融机构第 t 期预期的宏观信息指标均值；ε_t 为误差项。如果无偏性成立，那么 $f_0 = 0$ 且 $f_1 = 1$ 的原假设在一定显著性水平下不能被拒绝。由于宏观指标中 PMI 没有预期值，所以这里对其余八个发布的宏观信息指标进行无偏性检验，得到检验结果如表 3.2 所示。

表 3.2 宏观信息指标预期值的无偏性检验

指标	f_0	f_1	$\bar{R}^2$	F 统计量	P 值
CPI	−0.022 （0.018）	1.206*** （0.042）	0.790	12.57	0.000
PPI	−0.057 （0.329）	1.188 （0.539）	0.356	0.08	0.928
CG	0.218** （0.101）	1.016 （0.177）	0.010	2.63	0.080
FI	0.213 （0.208）	0.229*** （0.229）	0.001	8.26	0.001
TB	0.019 （1.014）	1.063 （0.244）	0.140	0.03	0.968
GDP	0.080 （0.055）	1.061*** （0.021）	0.974	5.15	0.008

续表

指标	f_0	f_1	$\bar{R}^2$	F 统计量	P 值
IVA	−0.077 (0.182)	0.949 (0.109)	0.585	0.17	0.843
M2	0.221* (0.123)	1.311* (0.181)	0.471	2.24	0.115

注：圆括号内为系数估计标准误，F 统计量检验 $f_0 = 0$ 且 $f_1 = 1$ 的联合假设，P 值为 F 统计量相应的概率值；其中第三列检验 $f_1 = 1$

*、**、***分别表示在 0.1、0.05、0.01 的水平下统计显著

检验结果显示，CPI、GDP、FI 拒绝 $f_1 = 1$ 的个体检验和 $f_0 = 0$ 且 $f_1 = 1$ 的联合检验，说明这三个指标没有通过无偏检验。在 0.05 的显著性水平下，PPI、TB、CG、IVA 和 M2 指标的发布预期值无法拒绝 $f_1 = 1$ 的个体检验和 $f_0 = 0$ 且 $f_1 = 1$ 的联合检验，因此金融机构对这些指标的预期值满足无偏性。综合来看，多数宏观经济指标的预期值是无偏的，因此可以使用这些预期值计算意外冲击。

由于并不是宏观信息本身或者其预期值对市场造成冲击，而是实际公布的信息与预期值的差异对市场造成影响，所以一般做法是将宏观信息实际值与预期值的差，也就是意外冲击进行标准化，以消除量纲的影响。

三、宏观信息冲击的特征

表 3.3 展示了九个宏观经济指标意外冲击的基本统计分析，第二列为样本期观测值个数，虽然许多指标如 CPI 和 PPI 等为月度发布，但这些指标有时发布在交易时期之外，而这部分数据并没有包括在研究中，所以观测值个数略有差异。意外冲击绝对值较大的三个指标是 M2、PPI 和 CPI，是货币供给和通货膨胀方面的指标，意外冲击绝对值较小的指标是 FI、TB 和 IVA。意外冲击绝对值波动较大的指标为 CG、FI、IVA 和 TB 四个指标，说明消费、投资、工业产出和贸易等经济增长的指标实际值和预期值的差异比较大。表 3.3 意外冲击的均值表明，超预期的宏观经济指标主要来自 GDP、M2 和 TB，其他经济指标的实际值平均低于预期值。

图 3.1 展示了九个宏观经济指标的时序变化，可以观察到宏观经济意外冲击的一些特点。①突发的经济事件意外冲击波动较大，如在 2020 年新冠疫情下 PMI、PPI、CG、FI、TB、GDP、IVA 这些指标大大低于预期值，表现为较大的负向意外冲击。②疫情发生后，由于国家采取一些应对疫情和促进经济增长的政策，PMI、TB 和 IVA 又大大超出投资者的预期，表现较大的正向意外冲击。③宏观经济指标在经济正常波动时期，意外冲击正、负上下波动，有时高于预期，有时低于预期，实际值和预期值的差和当时经济金融发展状况密切相关。比如，2009 年上半

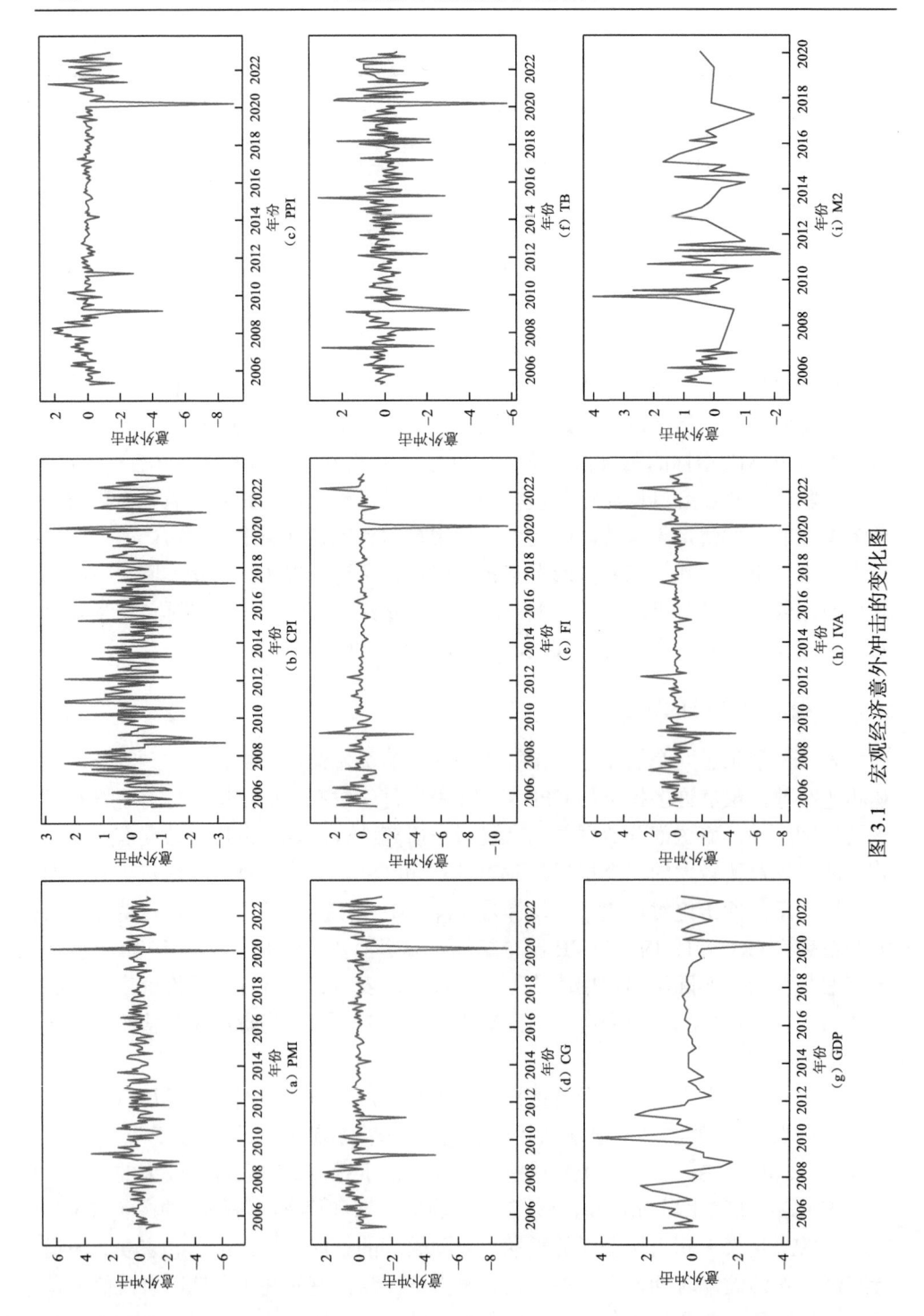

图 3.1 宏观经济意外冲击的变化图

年，M2 意外冲击大于零，说明货币供给量超出预期。这主要是为应对 2008 年国际金融危机，国家推出了应对国际金融危机的一揽子计划，导致自 2009 年 2 月以来，M2 的同比增速持续超过 20%，远超正常水平。

表 3.3 宏观信息冲击的描述性统计

指标	观测值个数	最小值	最大值	均值	绝对值的均值	绝对值的标准差
PMI	213	−7.049	6.396	−0.023	0.617	0.786
PPI	214	−5.104	3.317	−0.062	0.675	0.739
CPI	224	−4.188	5.983	−0.031	0.663	0.748
CG	206	−10.286	2.652	−0.094	0.434	0.905
FI	201	−12.017	3.389	−0.044	0.343	0.940
TB	210	−9.023	8.704	0.028	0.383	0.995
GDP	76	−4.165	4.688	0.168	0.592	0.821
IVA	202	−9.014	7.148	−0.036	0.409	0.913
M2	70	−1.850	4.572	0.240	0.715	0.734

第三节 股票市场高频跳跃特征分析

一、数据选取与采样频率

沪深 300 指数覆盖了沪深市场 60%左右的市值，成份股为市场中代表性好、流动性高、交易活跃的主流投资股票，能够反映市场主流投资的收益情况，因此本书选择沪深 300 指数高频数据作为主要研究对象，用来代表中国股市的日内变化特征，采样时间为 2005 年 4 月 8 日到 2022 年 12 月 31 日。数据来源于 CSMAR（China stock market & accounting research，中国经济金融研究）高频数据库。高频数据面临取样的问题，当数据频率越低，丢失的信息就越多，理论上为了充分挖掘高频数据中的信息，应该使用最高频率的数据进行研究，但频率越高意味着噪声越多，因此频率的选择需要在高频率和低噪声之间权衡。本节采用比较流行的波动率特征图确定最优抽样频率（Andersen et al.，2000）。波动率特征图是平均已实现波动率对抽样时间间隔的图形，它是测量微观结构噪声影响的一种简便方法。当没有摩擦和收益率动态依存关系时，已实现波动率是相同总变差的一致估计量，因此，当微观结构噪声的影响停止时，波动率特征图就表现为水平形式。

图 3.2 表明，沪深 300 指数的高频数据在 1 分钟间隔中的平均已实现波动率最小，随着抽样间隔逐步增加，样本平均已实现波动率逐步增大，当取样间隔为 5 分钟时，平均已实现波动率已变得稳定，因此本节选取沪深 300 指数 5 分钟间

隔的高频数据进行研究。剔除数据不完整的交易日，最后得到样本天数为 4313 天，每个交易日有 48 个收益率数据，共得到 207 024 个沪深 300 指数的高频收益率数据。图 3.2 还报告了中盘股（以中证 500 指数代表）和小盘股（以中证 1000 指数代表）的波动率特征图。中证 500 指数、中证 1000 指数和沪深 300 指数类似，1 分钟波动率最小，随着抽样频率下降，抽样间隔为 5 分钟时波动率保持稳定。

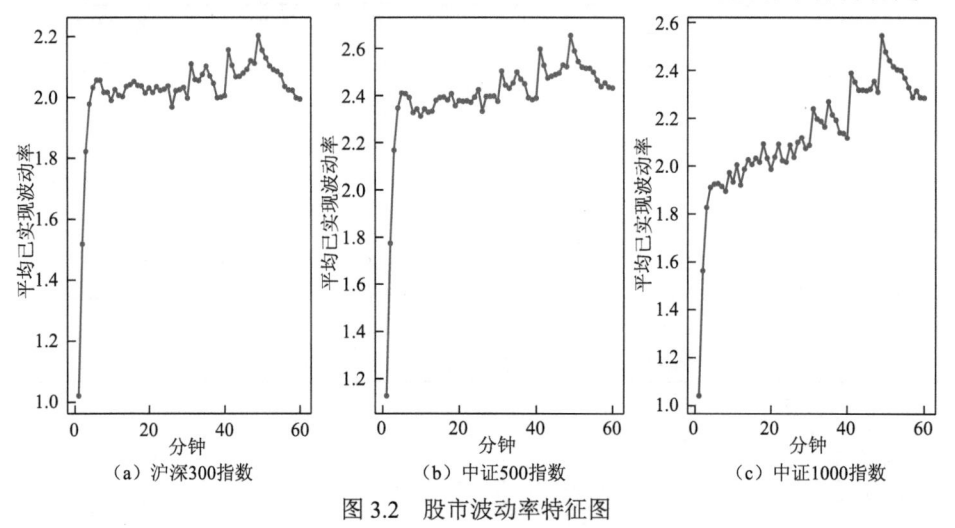

（a）沪深300指数　　（b）中证500指数　　（c）中证1000指数

图 3.2　股市波动率特征图

二、跳跃的基本统计分析

在 5 分钟抽样情况下，使用 BTL 方法计算高频跳跃，BTL 方法考虑交易日不同时间段波动大小的影响。中国股市沪深 300 指数 TOD 变动如图 3.3 所示，结果发现，中国股市的日内波动率变动模式不同于发达市场的"U"形结构，中国股市波动率呈现双"L"形模式：上午交易时段为正"L"形，即开盘时波动较高，随后逐步下降，10:30 之后波动率保持平稳状态；下午交易时段表现为倒"L"形，即下午开市到收盘前 30 分钟，波动大小保持水平不变，最后半小时，市场波动急剧下降。

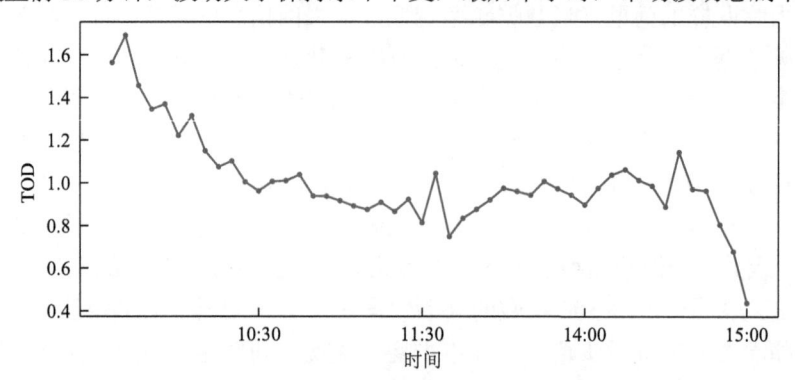

图 3.3　中国股市沪深 300 指数 TOD 变动

考虑中国股市波动的双"L"模式后,计算市场的高频价格跳跃,图 3.4 展示了所有交易日以 5 分钟为时间间隔的收益率与价格跳跃序列。由于本章样本周期跨度较长,图 3.4(a)和图 3.4(b)看起来差别不大,实际上,股票价格大约在 2%的时间里才会发生跳跃。图 3.4(c)给出了 2020~2022 年的股价跳跃图,可见,跳跃的发生是不连续的、稀少的。对比图 3.4(a)和图 3.4(b),发现股票市场波动较大时,跳跃强度也较高。如 2007~2008 年市场上大幅波动的时期,跳跃强度较高、跳跃幅度较大。从图 3.4(b)和图 3.4(c)中还可以观察到三个特征。第一,跳跃具有聚集性。历史跳跃行为对未来的跳跃行为产生一定的影响,大的跳跃后面伴随着大幅跳跃,小的跳跃后面伴随着小幅跳跃,呈现出时变的现象。这表明跳跃的强度及幅度都可能存在 ARCH 效应。第二,跳跃具有非对称性。在某些时间区间内,跳跃总的影响是正向的,即正跳跃的面积大于负跳跃的面积。比如,2005 年下半年、2008 年和 2011 年,特别是 2011 年这一特征尤为明显。对比

(a)高频收益率

(b)高频跳跃

(c)高频跳跃(2020~2022年)

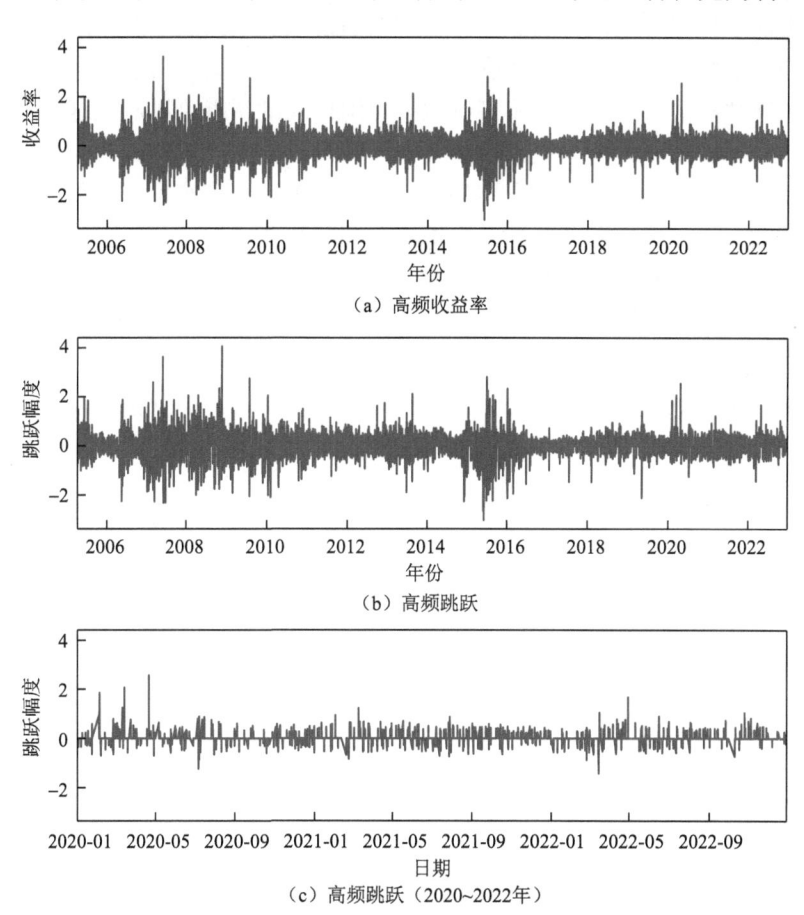

图 3.4 中国股市高频收益率和价格跳跃行为图

而言，在 2006 年下半年和 2007 年，跳跃总的影响为负，不过跳跃的方向与股市所处的状态并没有非常明显的关系。第三，跳跃幅度与股市状态有关。在 2007 年的大牛市以及 2008 年的大熊市中，跳跃幅度较大。股市处于牛市时，证券市场投资者情绪异常高涨，沉溺于对未来形势盲目乐观的预期中，投资行为更加活跃，交易更为频繁，跳跃幅度增大。而大熊市阶段，市场低迷、投资者信心不足，对股价未来走势过度悲观，很小的利空消息都可能导致股市暴跌，跳跃幅度也会增大。2010 年以来，市场处于上下焦灼状态，市场缺少明显的投资机会，因此投资者决策时较为谨慎，跳跃幅度明显减小。

表 3.4 刻画了中国股市价格跳跃的行为特征。在 2005 年 4 月 8 日到 2022 年 12 月 31 日的 4313 个交易日中，2749 个交易日发生跳跃，交易日发生跳跃的概率达到 63.738%。进一步地分析，在 207 024 个时点上，总共发生了 3938 次跳跃，占到总样本的 1.902%，这个比例远大于欧美发达国家市场。中国股市发生跳跃的概率较大，这可能存在两方面原因：一方面是使用高频数据能够更准确地检测到跳跃。使用日数据或者更低频数据时可能会损失一些重要的信息，导致识别跳跃的方法出现严重的误差，而使用高频数据识别日间跳跃就可以避免这一问题。另一方面，中国股市作为新兴股票市场存在一些投机气氛，投资者较少关注当前收益，而较多地注重资本利得，在市场上容易追涨杀跌，带来股价和股市波动率的大幅度变动。若不考虑跳跃方向，平均跳跃幅度为 0.530，标准差为 0.349，若考虑跳跃方向，跳跃平均幅度为 0.049，总体来看，正向跳跃的比例和概率略大于负向跳跃，发生正向跳跃的概率为 1.075%，负向跳跃的概率为 0.827%，不过正向跳跃的幅度和波动略小于负向跳跃。中国股市由于卖空约束，市场更容易向上跳跃，虽然向下跳跃发生的可能性低，但股市向下跳跃时，下跌幅度会较大。

表 3.4 中国股市价格跳跃的行为特征

项目	数值
跳跃样本个数	207 024
跳跃日个数	2 749
跳跃次数	3 938
跳跃概率	1.902%
跳跃条件均值（绝对值）	0.530
跳跃条件标准差（绝对值）	0.349
跳跃条件均值	0.049
跳跃条件标准差	0.633
正跳跃个数	2 225
正跳跃概率	1.075%
正跳跃条件均值	0.513

续表

项目	数值
正跳跃条件标准差	0.340
正跳跃比例	56.501%
负跳跃个数	1 713
负跳跃概率	0.827%
负跳跃条件均值	−0.553
负跳跃条件标准差	0.359
负跳跃比例	43.499%

注：跳跃概率=跳跃次数/观测值个数，跳跃条件均值（绝对值）=$E(|$跳跃幅度$|$|跳跃$)$，跳跃条件标准差（绝对值）=std$(|$跳跃幅度$|$|跳跃$)$，跳跃条件均值=$E($跳跃幅度$|$跳跃$)$，跳跃条件标准差=std$($跳跃幅度$|$跳跃$)$，其他各项同理

三、跳跃的日内特征分析

将高频跳跃时间序列按照每个交易日48个5分钟分成48组，图3.5给出了中国股市价格跳跃的日内特征。就跳跃强度而言，股市上午开盘的5分钟内跳跃次数明显大于平均水平，共计433次，而该时点以外的平均跳跃次数为100次。这是由于开盘前经历了一晚上的休市期，为投资者收集信息、预测未来行情以及调整其投资策略提供了充足的时间，所以在开盘时，市场上积累的大量信息迅速融入，并通过极端的价格反应形式表现出来。除此以外，10:30和11:30附近会出现间歇性跳跃小高峰，这两个时点都是大多数宏观经济信息发布的时间。股市收盘前跳跃次数明显减少，但收盘最后5分钟跳跃强度增大，这是由于对夜间信息的提前反应。对比正向跳跃强度和负向跳跃强度，股市开盘时正向跳跃强度高于负向跳跃强度、午市收盘和尾市收盘时主要表现为正向跳跃强度增加，负向跳跃强度没有明显变化。

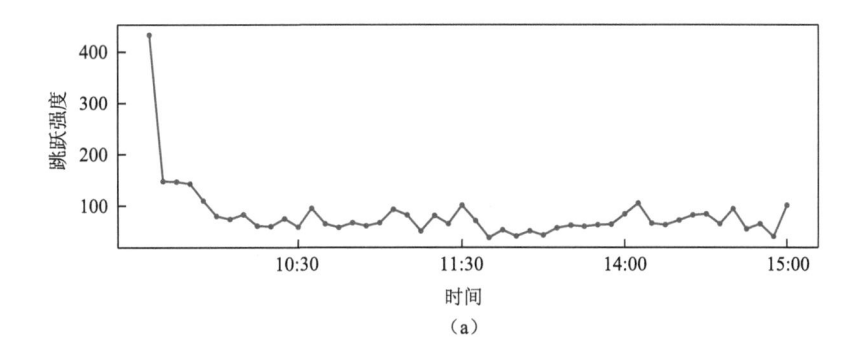

(a)

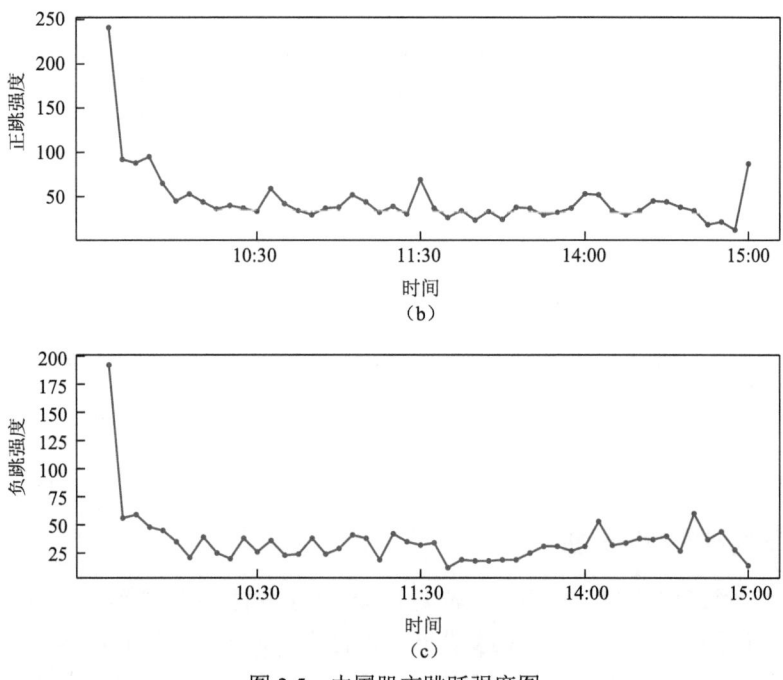

图 3.5　中国股市跳跃强度图

跳跃幅度在一天中各个时间的表现不同。为了更直观地体现不同时段的跳跃特点，先分析跳跃幅度的绝对值，图 3.6（b）为日内跳跃幅度绝对值的分时图，

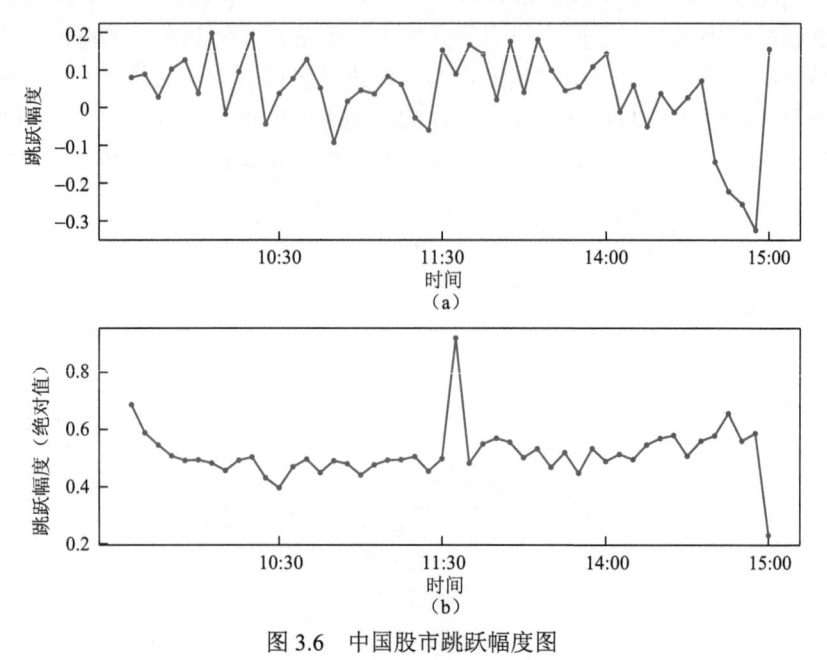

图 3.6　中国股市跳跃幅度图

从图中可以看到，在两个重要的信息发布区域，跳跃的幅度相对而言并不大，特别是 10:00 到 10:30 这个区间，绝大多数消息在此段时间公布，但 10:30 甚至是一天中跳跃幅度最小的时点（除收盘时）。相比之下，下午的价格波动更加剧烈，特别是下午开盘时，甚至超过了上午开盘时刻的价格波动。对比图 3.5 发现下午开盘时刻跳跃的次数处于一天中的较低水平，但跳跃幅度却是一天中的峰值，这种特点可能进一步暗示着市场对信息消化是一个缓慢而复杂的过程。尾市收盘时，跳跃幅度绝对值突然变小，表明最后收盘时市场跳跃的波动小，结合图 3.6（a）发现，收盘前平均跳跃幅度为负，收盘时平均跳跃幅度则为正值，这显示收盘前 20 分钟虽然市场倾向向下跳跃，但收盘时市场倾向向上跳跃。

日内跳跃具有非对称性。从图 3.7 可以看到，股市的跳跃具有明显的非对称性，总的影响为正，这一点从两方面得到了体现：总体而言，正向跳跃的幅度大于负向跳跃（图 3.6），同时，正向跳跃的次数也大于负向跳跃（图 3.7）。跳跃幅度的非对称性在上午表现得更加明显，下午开盘以后，正向跳跃比例略有下降，特别地，尾盘收盘前正向跳跃次数出现大幅下降。图 3.6（a）也表明，跳跃幅度与正跳跃次数有着相似的特征。上午正向跳跃的比例大多高于 50%，但收盘前近 70% 的跳跃为负，不过收盘时正跳的比例突然达到了 86%。

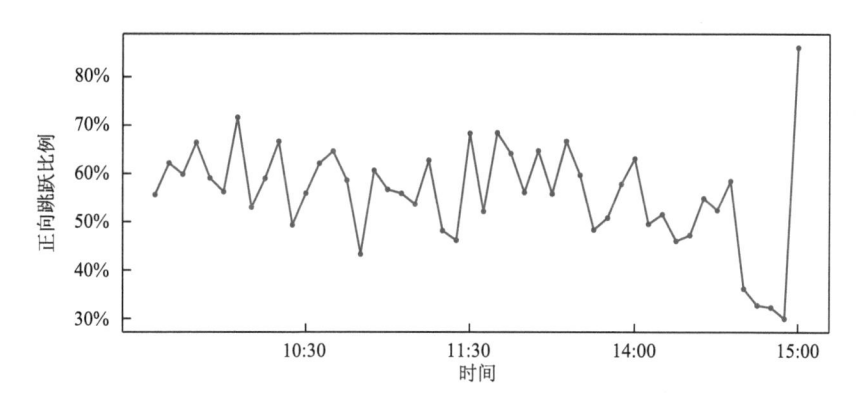

图 3.7 中国股市跳跃比例图

四、不同市场和不同规模股价的跳跃特征比较

沪深 300 指数涵盖了沪深股市市值较大的 300 只股票，反映中国股市整体的表现特征，但中国沪深股市由于定位不同、上市公司的特征表现不同，中国股市常常存在"沪弱深弱"或者"沪弱深强"的现象。为了更深刻地理解中国股市高频跳跃的特征，表 3.5 第二列至第四列展示了上证综合指数（简称上证综指）、深

圳证券交易所成份股价指数（简称深证成指）和创业板指数跳跃的描述性统计分析。上海股市发生跳跃的概率略大于深圳股市，深圳股市成份股比创业板股票更容易跳跃，说明当异常信息冲击市场时，上海股市更容易对信息做出反应，深圳大盘蓝筹比创业板股票易于对意外冲击做出反应。虽然上海股市的跳跃概率高，但深圳股市的（绝对）跳跃幅度和跳跃波动更大。三个指数的正跳个数多于负跳，这和沪深300指数一致，正跳比例约为56%。创业板指数的正跳幅度最高，当市场由于利好冲击发生跳跃时，创业板指数涨幅最高。同样地，当利空消息冲击市场时，创业板股票跳跃幅度最大。

表 3.5 不同市场和不同规模股票跳跃的行为特征分析

项目	上证综指	深证成指	创业板指数	上证 50 指数	中证 500 指数	中证 1000 指数
观测值个数	186 768	186 624	146 880	186 768	96 048	96 048
跳跃日个数	2 406	2 294	1 806	2 545	1 183	1 160
跳跃次数	3 389	3 207	2 493	3 666	1 578	1 595
跳跃概率	1.815%	1.718%	1.697%	1.963%	1.643%	1.661%
跳跃条件均值（绝对值）	0.490	0.599	0.604	0.547	0.517	0.530
跳跃条件标准差（绝对值）	0.347	0.385	0.386	0.363	0.425	0.468
跳跃条件均值	0.038	0.048	0.048	0.109	−0.046	−0.081
跳跃条件标准差	0.599	0.710	0.715	0.648	0.668	0.703
正跳个数	1 885	1 807	1 394	2 212	794	778
正跳概率	1.009%	0.968%	0.949%	1.184%	0.827%	0.810%
正跳条件均值	0.474	0.574	0.582	0.544	0.468	0.460
正跳条件标准差	0.336	0.367	0.359	0.361	0.385	0.416
正跳比例	0.556	0.563	0.559	0.603	0.503	0.488
负跳个数	1 504	1 400	1 099	1 454	784	817
负跳概率	0.805%	0.750%	0.748%	0.779%	0.816%	0.851%
负跳条件均值	−0.509	−0.631	−0.631	−0.552	−0.567	−0.596
负跳条件标准差	0.358	0.404	0.415	0.367	0.457	0.505
负跳比例	0.444	0.437	0.441	0.397	0.497	0.512

注：跳跃概率=跳跃次数/观测值个数，跳跃条件均值（绝对值）=$E(|跳跃幅度|\,|跳跃)$，跳跃条件标准差（绝对值）=$std(|跳跃幅度|\,|跳跃)$，跳跃条件均值=$E(跳跃幅度|跳跃)$，跳跃条件标准差=$std(跳跃幅度|跳跃)$，其他各项同理。

表 3.5 第五列至第七列报告了上证 50 指数、中证 500 指数和中证 1000 指数的跳跃特征，这三个指数分别代表大盘股、中盘股和小盘股。令人感到惊奇的是，大盘股跳跃概率最高，为 1.963%，中盘股和小盘股的跳跃概率为 1.643% 和

1.661%。大盘股不仅易于发生跳跃,而且跳跃幅度高于中盘股和小盘股,比如,大盘股跳跃幅度绝对值的均值为0.547,中盘股和小盘股分别为0.517和0.530。更容易产生跳跃的大盘股跳跃波动却小于中盘股和小盘股,小盘股跳跃的波动最大。平均来看,大盘股的跳跃幅度为0.109,为正数,而中盘股和小盘股的平均跳跃幅度为负数,小盘股的平均跳跃幅度为-0.081。因此,当市场异常波动时,持有大盘股的风险更小。比较正跳和负跳,大盘股的正跳比例为0.603,中盘股正跳比例和负跳比例比较接近,小盘股的负跳比例略大于正跳比例。就跳跃幅度来看,大盘股的平均正跳幅度最高,小盘股的平均负跳幅度最高,大盘股的正跳波动最小,小盘股的负跳波动最大。因此,从投资收益风险的角度来看,整个样本区间在市场极端波动时持有大盘股的收益高于小盘股,持有大盘股的风险低于小盘股。

第四节 宏观信息对股价跳跃的影响

一、宏观信息冲击与股价跳跃的关系

表3.6展示了股价跳跃与宏观信息发布之间的关系。需要强调的是,P(跳跃|信息日)和 P(信息日|跳跃)是两个不同的概念,它们指出了价格跳跃与信息日的两种关系。前者指的是在信息日发生跳跃的概率;而后者是指跳跃在多大程度上与信息日存在关系。比如,金融危机爆发几乎一定会引起价格跳跃,因而P(跳跃|信息日)会非常高,但是因为此类事件发生的概率很小,因此P(信息日|跳跃)将非常小。

表3.6 跳跃与宏观信息发布关系的统计分析

项目	数值
交易日个数	4313
信息日个数	737
P(信息日)	17.088%
跳跃个数	3938
跳跃与信息日匹配个数	467
P(跳跃|信息日)	63.365%
P(信息日|跳跃)	11.859%

注:跳跃个数是观察到的实际发生的跳跃个数,跳跃与信息日匹配个数是指有跳跃发生的信息日,P(信息日)=100%(信息日个数/交易日个数),P(跳跃|信息日)=100%(跳跃与信息日匹配个数/信息日个数),P(信息日|跳跃)=100%(跳跃与信息日匹配个数/跳跃个数)。

从表 3.6 中可以看到，一方面，近 1/5 的交易日会有宏观信息发布，而信息日发生跳跃的概率高达 63.365%；另一方面，如果跳跃发生，存在宏观信息发布事件的可能性是 11.859%。这意味着，信息发布这一事件本身可能就存在一种"新闻效应"，使得跳跃的概率增加，或者市场对信息的反应比较滞后，不能及时反映在价格中，但在该日会有所体现。

二、宏观信息冲击对跳跃影响的基本分析

细分九个宏观经济指标，分别讨论它们与股价跳跃的关系，分析结果见表 3.7。统计分析结果表明，在宏观经济信息日里，发生跳跃的概率都为 55% 以上，其中 GDP 和 PPI 的信息日跳跃概率的较高。在 P(信息日|跳跃)一项中，CPI、PMI、IVA 和 PPI 的值较高，意味着跳跃与这几个指标的联系较为紧密。具体到信息发布的时点，不考虑其他"意外"的信息冲击，GDP 发布后，跳跃的概率达到了 72.727%，PMI 次之。这说明股票市场确实与实体经济存在一种反馈机制，这正是股市经济"晴雨表"作用的体现。

表 3.7 跳跃与各宏观经济指标关系的统计分析

指标	P(跳跃|信息日)	P(信息日|跳跃)	P(跳跃|信息发布)	P(信息发布|跳跃)
CPI	65.517%	2.895%	50.575%	2.235%
GDP	66.667%	1.117%	72.727%	1.219%
FI	61.628%	2.692%	56.395%	2.463%
PMI	65.537%	2.946%	67.232%	3.022%
PPI	66.092%	2.920%	51.149%	2.260%
CG	62.353%	2.692%	59.412%	2.565%
TB	58.491%	2.362%	44.025%	1.778%
IVA	62.570%	2.844%	56.983%	2.590%
M2	65.574%	1.016%	42.623%	0.660%

值得注意的是，M2 发布后跳跃的概率较低。一般而言，股市与流动性存在正相关关系，对货币政策的导向十分敏感。作为货币政策的代表性指标，M2 对跳跃的解释力并不出众。可能是如下原因：首先，在本章考虑的样本区间内，M2 的公布时间是最不稳定的，从 9:25 到 17:00 不等，9:25、9:30 发生的信息冲击可能反映在 9:30 至 9:35，但为了避免夜间噪声的影响，此间发布的 M2 数据被剔除；同理，16:00 及 17:00 信息发布的影响也可能在上午开盘时有所体现，但由于数据在交易期间之外依旧被视为无效。因此，相比 CPI 等指标，M2 的有效样本数量大大减少，被剔除的部分中很可能包含着引发跳跃的样本。其次，虽然市场十分关注货币政策的导向，但相对 M2 而言，市场更关注的是中国人民银行的基准利

率以及存款准备金政策,而后两者并未包括在模型中,也就是说 M2 也许并不是货币政策导向的最佳代表指标。再次,如果中国人民银行调整了基准利率或存款准备金率,可能会使市场对 M2 形成更精准的预期,减少了意外冲击,从而减少了跳跃的概率。最后,M2 的 P(跳跃|信息日)为 65.574%,意味着在 M2 的信息日发生跳跃的概率非常大,但 P(跳跃|信息发布)仅考虑了信息发布时点及其滞后 1 小时的市场反应,如果市场对于信息的反应比较滞后,则会使这项概率值很低。

在所有宏观信息发布中,PMI 的 P(信息发布|跳跃)最大,为 3.022%。PMI 涵盖着生产与流通、制造业与非制造业等领域,是国际上通行的宏观经济监测指标体系之一,其前瞻性和简单易懂的优点是其他指标无法比拟的,所以其与跳跃关系非常密切。与其他经济指标相比,PMI 的发布单位变化较多,早期这一指标对股市跳跃的影响并不显著(赵华和秦可佶,2014)。这是因为 PMI 数据版本多,存在数据"打架"现象。比如,2012 年 1 月官方 PMI 升至 50.5%,意味着经济扩张,但汇丰 PMI 却是 48.8%,仍处于荣枯分水岭的下方,而更重要的是这样的情况并不是个例。

作为反映实体经济的代表性指标,IVA、FI、CG 常常在同一天发布,IVA 往往是最先发布,之后是 CG 和 FI,其 P(跳跃|信息发布)比较接近,但略有差异。作为衡量通货膨胀的重要指标,CPI 的 P(跳跃|信息发布)为 50.575%。这意味着当 CPI 发布时,股票价格发生跳跃的概率超过 1/2,类似地,经常一起公布的 PPI,其与 CPI 信息发布后跳跃的概率比较接近。

三、宏观信息冲击对股市跳跃概率的影响

(一)影响模型

假设有以下二元选择模型:

$$Y_i = X_i'\beta + \varepsilon_i, \quad i = 1, 2, \cdots, M \tag{3.3}$$

其中,X_i 为包含常数项的 k 元解释变量;β 为回归系数;ε_i 为误差项;Y_i 为分类变量:

$$Y_i = \begin{cases} 1, & \text{股票价格跳跃} \\ 0, & \text{股票价格没有跳跃} \end{cases}$$

假设在给定 X_i 的时候,$Y_i=1$ 的概率为 p,即 $\text{Prob}(Y_i = 1 | X_i) = p$,则在给定 X_i 的时候,$Y_i=0$ 的概率为 $1-p$,即 $\text{Prob}(Y_i = 0 | X_i) = 1-p$。在一般的线性概率模型(linear probability model,LPM)中,

$$E(Y_i | X_i) = X_i'\beta = \text{Prob}(Y_i = 1 | X_i) = p \tag{3.4}$$

LPM 假设 $Y_i=1$ 的概率是线性的,也就是假设 $\text{Prob}(Y_i = 1 | X_i) = F(X_i'\beta)$,其中,$F$ 是线性函数。如果将函数 F 定义为 Logistic 分布函数 $\Lambda(\cdot)$,则产生的二元选择

模型为 Logit 模型：

$$\text{Prob}(Y_i = 1 \mid X_i) = \Lambda(X_i'\beta) = \frac{\exp(X_i'\beta)}{1 + \exp(X_i'\beta)} \tag{3.5}$$

对于 Logit 模型，其边际效应（marginal effect）为

$$\frac{\partial \text{Prob}(Y_i = 1 \mid X_i)}{\partial X_i} = \Lambda(X_i'\beta)(1 - \Lambda(X_i'\beta))\beta \tag{3.6}$$

可以看到，Logit 模型中解释变量对 Y_i 取值为 1 的概率的边际影响不是常数，它会随着解释变量取值的变化而变化。对于非虚拟的解释变量，一般是用其样本均值代到式（3.6）中，估计出平均的边际效应，边际效应表示的是解释变量变动一个单位时对 Y 取值为 1 的平均概率的影响。对于虚拟解释变量，则需要分别计算取值为 1 和 0 时 $\text{Prob}(Y_i = 1 \mid X_i)$ 的值，二者的差即虚拟解释变量的边际效应。

由于 Logit 模型是非线性模型，常用的估计方法是极大似然估计法。对 Logit 模型来说，

$$\begin{aligned}\text{Prob}(Y_i = 1 \mid X_i) &= F(X_i'\beta) \\ \text{Prob}(Y_i = 0 \mid X_i) &= 1 - F(X_i'\beta)\end{aligned} \tag{3.7}$$

所以似然函数为

$$L = \prod_{i=1}^{N} F(X_i'\beta)^{Y_i} (1 - F(X_i'\beta))^{1-Y_i} \tag{3.8}$$

相应地，对数似然函数为

$$\log L = \sum_{i=1}^{N} \{Y_i \times \log F(X_i'\beta) + (1 - Y_i) \times \log[1 - F(X_i'\beta)]\} \tag{3.9}$$

最大化 $\log L$ 的一阶条件为

$$\frac{\partial \log L}{\partial \beta} = \sum_{i=1}^{N} \{Y_i \times X_i \frac{F_i'}{F_i} + (1 - Y_i) \times X_i \frac{-F_i'}{1 - F_i}\} = \sum_{i=1}^{N} \{X_i F_i' \frac{Y_i - F_i}{F_i(1 - F_i)}\} = 0 \tag{3.10}$$

其中，$F_i = F(X_i'\beta)$；$F_i' = F'(X_i'\beta)$；$F'(z) = \partial F(z)/\partial z$。

由于式（3.10）不存在封闭解，所以要用非线性求解的迭代法求解，本节采用二次攀峰算法。

本节将分析股价跳跃对宏观信息意外冲击的反应速度、不同宏观信息对股价跳跃影响的差异性、不同方向的宏观信息冲击对价格影响的非对称性、宏观信息冲击的边际影响等。考虑到我国的宏观信息发布采取网络与新闻发布会结合的方式，而新闻发布会往往持续半小时，这给确定具体的发布时刻带来了困难。因此，本节在研究中考虑了价格的滞后反应。在滞后期的选择上，本节根据 Lahaye 等（2011）的做法，研究宏观信息滞后 12 期的冲击，即 1 小时内的信息冲击。但考虑到信息泄露导致市场提前做出反应，本节建立同时考虑信息发布滞后和提前影

响的模型，对九个宏观经济指标分别建立如下 Logit 模型，以检验宏观信息意外冲击对股市跳跃的影响机制。

$$J_\tau^* = \mu^j + \eta_\tau^j + \sum_{i=-12}^{12} \beta_{-i}^j N_{\tau-i}^j + \varepsilon_\tau^j$$

$$J_\tau = I(J_\tau^* > 0), \ j = 1, 2, \cdots, 9, \ \tau = 1, 2, \cdots, 207\,024$$

(3.11)

其中，$I(J_\tau^* > 0)$ 为指示函数，它将潜变量 J_τ^* 转换成是否发生跳跃的二元变量，也就是说，J_τ 代表了在 τ 时刻股市是否发生了价格跳跃；η_τ^j 控制星期效应，j 为九个宏观经济指标的编号；β_{-i}^j 为意外冲击 $N_{\tau-i}^j$ 滞后或者领先 i 期的影响系数；μ^j 为截距项；ε_τ^j 为误差项。表 3.8 报告了模型（3.11）的估计结果，为了节省空间，这里省略了星期效应估计结果。

（二）价格跳跃对宏观信息冲击的反应速度与宏观指标影响差异

从表 3.8 中的估计结果可以看到，GDP 的影响并不显著，在显著的宏观信息指标中，FI 和 IVA 只存在领先影响，即市场对 FI 和 IVA 的信息发布提前做出反应，PPI 存在同期和滞后影响，其余各项指标均包含领先和滞后显著影响。也就是说大部分宏观信息指标公布时，市场不会立刻调整，总会出现提前或者滞后影响，信息没有及时准确地反映到股价变化中。其中，在六个存在显著滞后影响的指标中，有两个会在 10 分钟内对股价跳跃产生显著影响，CG 对跳跃的显著影响从滞后 5 分钟开始，持续到滞后 25 分钟，而 PMI、CPI 和 TB 三个指标影响较为持久，存在 40 分钟到 60 分钟的显著影响。也就是说，市场对不同宏观信息冲击的调整速度表现存在差异：短期 10 分钟之内能够对信息冲击完全反应，长期需要 60 分钟才能完全反应。这在一定程度上表明我国股市的信息传播及解读效率较低，市场不能及时对宏观信息冲击做出反应，这种现象可能由三方面因素造成。首先，中国股市以中小股民为主，投资者认知能力存在差异，而大部分中小股民因为缺乏经济理论知识或难以判断复杂多变的经济形势，更倾向于利用别人的价值判断来代替自己的独立思考。这一特点反映到价格运动的过程中就表现为信息释放以后缓慢与反复的价格调整。其次为有限关注，有限关注理论认为人们在处理信息和同时进行多项任务时，存在着能力和精力上的局限性，从不具备充分处理和吸收所有可得信息的精力和能力，这样导致处于有限关注状态下的投资者对信息的处理能力有限，往往不能够迅速、充分地理解信息（Engelberg et al., 2012）。最后，宏观经济信息发布时间的不确定性。我国的信息发布时间并不是特别固定，即日期及时间的经常性变动，这种发布的不确定性可能导致信息发布的时刻市场的流动性降低，最终造成价格调整缓慢（Andersen and Bollerslev, 1998）。

表 3.8 宏观信息冲击对股价跳跃影响的估计结果

估计系数	PMI	PPI	CPI	CG	FI	TB	GDP	IVA	M2
β_{12}	-0.260 (0.374)	0.481 (0.419)	0.740* (0.416)	1.213** (0.504)	0.494 (0.609)	0.314 (0.650)	0.148 (0.768)	0.187 (0.495)	-0.751 (0.827)
β_{11}	0.508* (0.291)	-0.040 (0.516)	-0.053 (0.522)	0.458 (0.732)	0.258 (0.722)	0.156 (0.663)	-0.608 (0.608)	0.570** (0.289)	-0.197 (1.001)
β_{10}	-0.172 (0.437)	-0.219 (0.467)	0.560 (0.463)	-0.209 (0.298)	-0.288 (0.189)	0.075 (0.657)	-0.324 (0.797)	-0.462** (0.227)	0.702 (0.689)
β_9	0.008 (0.519)	0.508 (0.409)	0.081 (0.534)	0.110 (0.634)	0.011 (0.542)	1.055** (0.434)	-0.209 (0.853)	0.026 (0.537)	-0.197 (1.001)
β_8	-0.431 (0.280)	-0.006 (0.520)	0.055 (0.532)	0.110 (0.634)	0.975** (0.407)	-0.894*** (0.321)	-0.209 (0.853)	0.026 (0.537)	-1.366** (0.591)
β_7	0.553** (0.281)	0.606 (0.376)	0.186 (0.532)	0.541 (0.715)	0.363 (0.680)	-0.014 (0.641)	0.027 (0.840)	0.134 (0.524)	-0.196 (1.001)
β_6	-0.122 (0.470)	0.285 (0.484)	0.147 (0.534)	-0.189 (0.315)	0.178 (0.720)	0.359 (0.641)	-0.083 (0.870)	0.078 (0.540)	-0.196 (1.002)
β_5	0.399 (0.335)	0.438 (0.434)	1.045*** (0.344)	1.269*** (0.490)	1.134*** (0.376)	0.384 (0.634)	0.685 (0.417)	0.612** (0.285)	-1.543*** (0.550)
β_4	-0.474* (0.267)	0.216 (0.502)	-0.035 (0.524)	-0.166 (0.334)	0.110 (0.676)	-0.366 (0.505)	0.139 (0.775)	-0.162 (0.400)	-0.195 (1.003)
β_3	-0.297 (0.349)	0.105 (0.520)	-0.036 (0.524)	0.876 (0.608)	0.112 (0.677)	-0.358 (0.508)	0.518 (0.499)	-0.159 (0.403)	0.746 (0.669)

续表

估计系数	PMI	PPI	CPI	CG	FI	TB	GDP	IVA	M2
β_2	-0.586**	0.218	-0.098	-0.375*	-0.151	-0.200	-0.431	0.457	-0.195
	(0.253)	(0.502)	(0.514)	(0.206)	(0.290)	(0.578)	(0.723)	(0.322)	(1.003)
β_1	0.203	-0.345	0.590	-0.078	-0.022	0.395	-0.461	0.090	-0.195
	(0.454)	(0.415)	(0.456)	(0.428)	(0.483)	(0.631)	(0.702)	(0.535)	(1.003)
β_0	0.318	0.846***	1.020***	0.500	0.303	0.314	0.042	-0.005	0.258
	(0.381)	(0.312)	(0.349)	(0.724)	(0.710)	(0.648)	(0.833)	(0.523)	(0.908)
β_{-1}	0.419	0.357	-0.334	0.990*	0.357	0.549	-0.310	-0.214	0.492
	(0.325)	(0.462)	(0.454)	(0.570)	(0.686)	(0.587)	(0.803)	(0.354)	(0.795)
β_{-2}	-0.227	-0.923***	0.356	0.225	0.204	-0.098	0.196	0.130	-1.394**
	(0.395)	(0.268)	(0.510)	(0.707)	(0.726)	(0.616)	(0.733)	(0.523)	(0.584)
β_{-3}	-0.120	0.181	-0.167	0.041	-0.069	-0.233	-0.206	-0.084	-0.194
	(0.469)	(0.510)	(0.500)	(0.564)	(0.404)	(0.564)	(0.852)	(0.470)	(1.002)
β_{-4}	0.009	-0.391	0.229	1.117**	0.190	-0.027	-0.409	-0.285	-0.194
	(0.517)	(0.395)	(0.529)	(0.530)	(0.724)	(0.636)	(0.739)	(0.299)	(1.002)
β_{-5}	0.214	-0.222	0.316	0.969*	-0.195	0.619	0.526	0.128	-0.194
	(0.447)	(0.466)	(0.517)	(0.576)	(0.245)	(0.564)	(0.494)	(0.523)	(1.002)
β_{-6}	0.348	-0.124	0.187	-0.190	0.027	-0.027	-0.206	-0.234	-0.556
	(0.363)	(0.498)	(0.532)	(0.312)	(0.565)	(0.636)	(0.852)	(0.337)	(0.911)
β_{-7}	0.521*	-0.429	-0.745**	0.153	0.361	0.200	-0.436	-0.139	-1.049
	(0.288)	(0.379)	(0.329)	(0.666)	(0.684)	(0.660)	(0.720)	(0.421)	(0.699)
β_{-8}	0.095	-0.529	0.771*	-0.033	0.660	-0.499	0.633	0.375	0.225
	(0.507)	(0.340)	(0.408)	(0.480)	(0.524)	(0.445)	(0.439)	(0.364)	(0.921)

续表

估计系数		PMI	PPI	CPI	CG	FI	TB	GDP	IVA	M2
β_{-9}		0.214	-0.439	0.512	0.113	0.206	0.957**	0.681	0.297	-0.444
		(0.447)	(0.375)	(0.476)	(0.634)	(0.726)	(0.457)	(0.419)	(0.415)	(0.952)
β_{-10}		0.251	0.020	-0.060	0.443	0.075	0.984**	-0.144	0.118	-0.195
		(0.424)	(0.522)	(0.521)	(0.733)	(0.636)	(0.450)	(0.867)	(0.527)	(1.002)
β_{-11}		0.061	0.123	-0.464	0.141	0.100	-0.372	-0.320	0.044	0.584
		(0.516)	(0.519)	(0.413)	(0.657)	(0.666)	(0.502)	(0.797)	(0.537)	(0.748)
β_{-12}		0.716***	0.036	-0.228	0.148	0.002	-0.284	-0.081	0.136	0.886
		(0.276)	(0.522)	(0.485)	(0.662)	(0.523)	(0.542)	(0.869)	(0.520)	(0.607)
μ		-3.946***	-3.947***	-3.946***	-3.945***	-3.944***	-3.947***	3.945***	-3.946***	-3.945***
		(0.036)	(0.036)	(0.036)	(0.036)	(0.036)	(0.036)	(0.036)	(0.036)	(0.036)
ln$L$		-19 485.944	-19 485.750	-19 484.595	-19 486.925	-19 491.195	-19 487.663	-19 494.096	-19 492.067	-19 488.777

注：括号内为 t 统计量标准误；为了节省篇幅，这里省略了星期效应；ln$L$ 为对数似然函数数值

*、**、*** 分别表示在 0.1、0.05、0.01 的水平下统计显著

在九个宏观经济指标中，对股价跳跃造成显著影响的指标共有八个，它们分别是：社会消费品零售总额增速（CG）、固定资产投资同比增速（FI）、消费者价格指数（CPI）、生产者价格指数（PPI）、采购经理指数（PMI）、贸易差额（TB）、工业增加值同比增速（IVA）和货币供应量（M2）。这表明，宏观经济信息的意外冲击与股票市场价格跳跃之间确实存在一种动态反馈机制，而这正是资本市场实现"晴雨表"功能的重要保证之一。

CG、FI 和 TB 分别代表了消费、投资和进出口贸易水平，这是拉动经济增长的三驾马车。首先，在发达国家，消费是拉动经济增长的强劲引擎，而我国作为一个人口大国、世界第二大经济体，始终走在扩大内需的转型道路上，内需对拉动经济增长的作用更是不容小觑。因此，代表了社会消费水平的 CG 对股市波动的影响是显著的。其次，从我国当前的实际情况来看，经济增长仍以投资拉动为主，特别是 2008 年美国次贷危机后，政府为应对低迷的经济局势采取了应对国际金融危机的一揽子计划来实现"保八"的目标，市场对固定资产投资一直保持着较高的关注度，回归结果再次显示了市场对投资拉动作用的认同。最后，中国作为世界工厂，其出口对经济的贡献有目共睹。不论是 2008 年以前贸易顺差持续增长导致外汇占款流动性过剩，还是 2008 年以后受国际金融危机及人民币持续升值影响出口企业岌岌可危，投资者的目光都从未离开过贸易收支。因此，它们的意外信息冲击对股市价格跳跃具有显著影响并不让人感到意外。

PMI 是具有全面性和先行性的经济指标，被认为是反映宏观经济走势的"晴雨表"，早期由境外机构发布，市场关注度较低，而近年来由国家统计局发布的官方 PMI，受政府部门、机构投资者和个人投资者的关注越来越多，因而存在对市场跳跃的显著影响。PPI 和 CPI 与股市存在密切的关系。PPI 是 CPI 的先行指标，PPI 上涨将导致 CPI 上涨。对股市而言，PPI 上涨将加大生产采购成本，企业利润减少，造成上市公司投资价值下降，股价重心自然会下移，投资回报预期降低，弱化投资者信心，导致市场大幅波动。CPI 上涨可能会加大居民消费成本，打击居民消费和投资信心，导致投资资金从股市中撤离，造成市场下行。因此，投资者常常会关注这两个价格指标发布，特别是指标超预期时可能会带来市场大幅波动，发生跳跃行为。

M2 是货币政策的重要中介目标之一，货币政策影响股市，M2 变化影响股市中资金量的变化，而流动性是市场定价因子之一，当市场资金量比较充裕时，流动性会导致股市上涨，当流动性紧张时，特别是出现钱荒时，股价常常会大幅下跌，投资者需要根据 M2 的变化做出投资决策，因此 M2 出现异常变动时股市可能会产生非连续的跳跃。

GDP 作为最重要的宏观经济指标，虽然表 3.7 中显示 GDP 发布时股市跳跃概率较高，但 GDP 对股市跳跃的影响并不显著。GDP 发布时股市跳跃概率较高，这既和 GDP 信息发布的数据较少有关，又可能与 GDP 发布常常和其他数据如 FI、IVA 和 CG 等同一天发布有一定的联系，因为其他宏观信息冲击带来的跳跃和 GDP 发布出现在同一天中。GDP 为季度发布指标，发布频率较低，并且有许多国际和国内机构对 GDP 做出预测，当 GDP 数据发布时，产生的意外冲击较小，因此对股市跳跃没有显著影响。IVA 作为月度发布数据，是反映宏观经济状况的重要经济指标，宏观经济是影响股市表现的核心因素，宏观经济变量 IVA 是影响股市定价的重要的经济因子。当非预期的 IVA 发布时，市场可能会发生跳跃现象。

（三）信息冲击对价格跳跃的领先、同期和滞后影响

分析价格跳跃对信息冲击的提前、同期和滞后反应。表 3.8 表明，对于 FI 和 IVA 的信息冲击，市场仅存在提前反应，当信息发布后市场却没有显著的反应。市场跳跃具有提前和滞后反应的宏观指标包括 PMI、CG、TB 和 M2。对于 CPI 和 PPI 的发布市场跳跃存在同期反应，也就是说，当两个价格指标发布时市场会立刻出现跳跃，可见股市对 CPI 和 PPI 的超预期信息比较敏感。不仅如此，当 PPI 发布时股市还存在滞后反应，CPI 发布时股市还存在提前和滞后反应。除不显著的 GDP 指标以外，其余的宏观经济指标发布时，市场跳跃会提前做出反应，这是由于宏观信息在官方发布之前，可能已经通过不正规的渠道泄露出去了。

第五节 宏观信息对股价跳跃幅度的影响

一、宏观信息冲击对跳跃幅度的对称影响

由于因变量是受限制的，本节采用 Tobit 模型研究非预期的信息冲击对跳跃幅度的影响。Tobit 模型可以当作两步处理跳跃的过程：先利用概率模型判断资产价格是否发生了跳跃；如果发生了跳跃，通过截断回归模型来决定跳跃的幅度。研究跳跃幅度的决定因素时，不仅考虑了信息冲击的大小，还控制了星期效应因素。

$$|S_\tau| = \begin{cases} \mu^j + \eta_\tau^j + \mu_\tau^j + \varepsilon_\tau^j, & \text{跳跃幅度大于} 0 \\ 0, & \text{否则} \end{cases} \quad (3.12)$$

其中，$|S_\tau|$ 为在 τ 时刻的跳跃幅度；η_τ^j 为星期效应的虚拟变量的线性组合；μ^j 为截距项；ε_τ^j 为误差项；μ_τ^j 为非预期宏观信息的冲击，定义为

$$\mu_\tau^j = \sum_{l=-12}^{12} \lambda_{-l}^j N_{\tau-l}^j, \quad j = 1, 2, \cdots, 9 \quad (3.13)$$

其中，j 为九个宏观信息指标的编号；λ_l^j 为非预期宏观信息冲击领先/滞后 l 期对跳跃幅度的影响系数，本节选取领先/滞后阶数为 12 期，即考虑宏观信息发布前 1 小时和发布后 1 小时内信息冲击对资产价格跳跃的影响；$N_{\tau-l}^j$ 为领先/滞后 l 期的标准化冲击，由式（3.1）计算得到。

表 3.9 报告了非预期宏观信息冲击对股票市场跳跃幅度影响的 Tobit 模型的估计结果。在 0.1 显著性水平下，除了 GDP 指标的影响不显著以外，其余宏观经济指标如 CG、FI、CPI、PPI、PMI、TB、IVA 和 M2 均显著影响股票市场的跳跃幅度，这和表 3.8 宏观经济指标发布对跳跃概率的影响显著性是一致的。

宏观经济指标发布对股市跳跃幅度的影响分为三类。第一类只存在领先影响，主要指标为 FI、IVA 和 M2，这些指标主要体现在宏观经济的投资、产出和市场流动性方面，在这些指标发布之前股市提前做出反应，当指标发布后，由于市场已经做出充分反应，市场不会发生显著的跳跃。第二类存在领先和滞后的影响，主要指标为 PMI、CPI、CG 和 TB。PMI 是重要的经济先行指标，受到投资者和市场参与者广泛关注；CPI 是重要物价指标，美林投资时钟理论表明股市涨跌幅度和 CPI 密切相关；TB 反映进出口贸易水平，通过外贸乘数拉动经济增长，贸易类上市公司的业绩和 TB 密切相关，因此，股市跳跃幅度既在这些指标的宏观信息发布前做出反应，又在信息发布后产生滞后效应。第三类存在滞后影响，代表性指标为 PPI。PPI 的发布当期显著影响到股市跳跃，股市在信息发布后 10 分钟内对信息完全做出反应。值得注意的是，CPI 发布当期也显著影响股市跳跃幅度，这表明股市跳跃幅度对上游商品价格的 PPI 和最终消费品价格的 CPI 比较敏感，在信息发布时会立即做出反应。

二、宏观信息冲击对股市跳跃幅度的非对称影响

为了进一步探讨正负信息冲击对股票价格跳跃的不对称影响，将讨论超出预期的"好消息"和低于预期的"坏消息"对股票价格跳跃的非对称影响，建立非对称信息冲击的 Tobit 模型，即将模型（3.13）修改为

$$\mu_\tau = \sum_{l=-12}^{12} \lambda_{-l}^{p,j} N_{\tau-l}^{+,j} + \sum_{l=-12}^{12} \lambda_{-l}^{n,j} N_{\tau-l}^{-,j}, \quad j=1,2,\cdots,9 \qquad (3.14)$$

其中，$N_{\tau-l}^{+,j}$ 和 $N_{\tau-l}^{-,j}$ 分别为第 j 个宏观经济指标的正向、负向意外冲击；$\lambda_{-l}^{p,j}$ 和 $\lambda_{-l}^{n,j}$（$l=-12,-11,\cdots,11,12$）分别为正向冲击和负向冲击影响系数。正向冲击说明发布的经济数据高于预期，负向冲击说明实际发布的数据不及预期，估计结果如表 3.10 所示。

表 3.9 宏观信息冲击对股价跳跃幅度影响的估计结果

估计系数	PMI	PPI	CPI	CG	FI	TB	GDP	IVA	M2
β_{12}	-0.167 (0.260)	0.347 (0.265)	0.473* (0.271)	0.703** (0.321)	0.382 (0.384)	0.201 (0.396)	0.132 (0.453)	0.151 (0.309)	-0.488 (0.552)
β_{11}	0.400* (0.213)	-0.010 (0.307)	-0.044 (0.284)	0.319 (0.424)	0.146 (0.429)	0.104 (0.393)	-0.446 (0.450)	0.407* (0.223)	-0.127 (0.602)
β_{10}	-0.100 (0.272)	-0.159 (0.284)	0.371 (0.287)	-0.163 (0.199)	-0.232 (0.146)	0.044 (0.390)	-0.220 (0.515)	-0.339** (0.171)	0.436 (0.462)
β_9	0.005 (0.310)	0.339 (0.264)	0.050 (0.315)	0.069 (0.372)	0.007 (0.322)	0.728** (0.313)	-0.137 (0.526)	0.017 (0.320)	-0.127 (0.602)
β_8	-0.313 (0.206)	-0.003 (0.310)	0.035 (0.317)	0.069 (0.372)	0.584* (0.302)	0.539** (0.237)	-0.137 (0.526)	0.017 (0.320)	-0.824* (0.441)
β_7	0.365* (0.210)	0.378 (0.256)	0.115 (0.319)	0.422 (0.444)	0.259 (0.426)	-0.025 (0.352)	-0.006 (0.502)	0.086 (0.325)	-0.126 (0.602)
β_6	-0.079 (0.293)	0.197 (0.299)	0.090 (0.319)	-0.123 (0.221)	0.093 (0.421)	0.180 (0.368)	-0.063 (0.520)	0.044 (0.324)	-0.126 (0.602)
β_5	0.283 (0.249)	0.290 (0.263)	0.723*** (0.237)	0.775*** (0.298)	0.754*** (0.274)	0.168 (0.358)	0.475 (0.308)	0.471** (0.202)	-1.008** (0.418)
β_4	-0.342* (0.204)	0.121 (0.305)	-0.010 (0.311)	-0.104 (0.220)	0.066 (0.396)	-0.229 (0.326)	0.085 (0.475)	-0.107 (0.260)	-0.126 (0.603)
β_3	-0.199 (0.242)	0.064 (0.312)	-0.017 (0.313)	0.422 (0.372)	0.073 (0.404)	-0.230 (0.329)	0.392 (0.352)	-0.087 (0.268)	0.477 (0.459)

续表

估计系数	PMI	PPI	CPI	CG	FI	TB	GDP	IVA	M2
β_2	−0.279* (0.167)	0.062 (0.295)	−0.149 (0.282)	−0.270* (0.158)	−0.105 (0.204)	−0.167 (0.327)	−0.072 (0.270)	0.355 (0.246)	−0.126 (0.603)
β_1	0.102 (0.282)	−0.260 (0.249)	0.339 (0.287)	−0.060 (0.258)	−0.014 (0.291)	0.246 (0.385)	−0.321 (0.485)	0.058 (0.324)	−0.126 (0.603)
β_0	0.171 (0.262)	0.545** (0.227)	0.609*** (0.232)	0.308 (0.458)	0.187 (0.451)	0.237 (0.387)	0.021 (0.499)	−0.003 (0.312)	0.183 (0.549)
β_{-1}	0.300 (0.245)	0.205 (0.277)	−0.173 (0.271)	0.510 (0.376)	0.240 (0.441)	0.352 (0.373)	−0.222 (0.511)	−0.147 (0.245)	0.299 (0.506)
β_{-2}	−0.142 (0.261)	−0.541*** (0.191)	0.195 (0.271)	0.121 (0.401)	0.123 (0.442)	−0.062 (0.367)	0.114 (0.441)	0.080 (0.324)	−0.818 (0.435)
β_{-3}	−0.078 (0.289)	0.118 (0.302)	−0.089 (0.275)	0.024 (0.331)	−0.045 (0.258)	−0.153 (0.349)	−0.135 (0.525)	−0.062 (0.287)	−0.125 (0.603)
β_{-4}	0.005 (0.309)	−0.284 (0.248)	0.214 (0.292)	0.600 (0.372)	0.114 (0.439)	−0.017 (0.381)	−0.279 (0.499)	−0.221 (0.216)	−0.125 (0.603)
β_{-5}	0.117 (0.294)	−0.112 (0.288)	0.259 (0.283)	0.702* (0.391)	−0.167 (0.174)	0.399 (0.372)	0.414 (0.342)	0.069 (0.323)	−0.125 (0.603)
β_{-6}	0.229 (0.257)	−0.073 (0.298)	0.115 (0.314)	−0.147 (0.206)	0.017 (0.334)	−0.017 (0.381)	−0.135 (0.525)	−0.167 (0.237)	−0.380 (0.580)
β_{-7}	0.327 (0.217)	−0.248 (0.254)	−0.434* (0.223)	0.087 (0.382)	0.223 (0.442)	0.137 (0.394)	−0.291 (0.491)	−0.100 (0.265)	−0.670 (0.496)
β_{-8}	0.069 (0.306)	−0.381 (0.239)	0.493* (0.270)	−0.017 (0.291)	0.450 (0.364)	−0.320 (0.298)	0.359 (0.318)	0.276 (0.265)	0.128 (0.560)

续表

估计系数		PMI	PPI	CPI	CG	FI	TB	GDP	IVA	M2
β_{-9}		0.130	−0.303	0.289	0.070	0.131	0.544*	0.451	0.208	−0.280
		(0.292)	(0.254)	(0.290)	(0.372)	(0.446)	(0.311)	(0.309)	(0.287)	(0.595)
β_{-10}		0.166	0.016	−0.025	0.265	0.048	0.552*	−0.075	0.068	−0.125
		(0.279)	(0.308)	(0.294)	(0.447)	(0.374)	(0.319)	(0.509)	(0.324)	(0.602)
β_{-11}		0.018	0.085	−0.248	0.077	0.064	−0.223	−0.212	0.027	0.333
		(0.307)	(0.312)	(0.222)	(0.374)	(0.394)	(0.294)	(0.516)	(0.321)	(0.490)
β_{-12}		0.356*	0.023	−0.120	0.096	0.002	−0.170	−0.058	0.083	0.555
		(0.187)	(0.312)	(0.291)	(0.392)	(0.313)	(0.294)	(0.520)	(0.324)	(0.435)
μ		2.879***	−2.879***	−2.877***	−2.877***	−2.878***	2.879***	−2.879***	−2.879***	−2.879***
		(0.048)	(0.036)	(0.048)	(0.048)	(0.048)	(0.048)	(0.048)	(0.048)	(0.048)
ln$L$		−20 799.730	−20 798.178	−20 795.555	−20 798.606	−20 803.209	−20 800.657	−20 806.715	−20 803.555	−20 802.189

注：括号内为 t 统计量标准误；为了节省篇幅，这里省略了星期效应；ln$L$ 为对数似然函数值

*、**、***分别表示在 0.1、0.05、0.01 的水平下统计显著

表 3.10 宏观信息冲击对股价跳跃幅度的非对称影响

指标	正向冲击和负向冲击						
PMI	λ_{11}^p	λ_7^p	λ_2^p	λ_0^p	λ_{-12}^p	λ_4^n	λ_2^n
	0.498**	0.362*	0.496**	0.395*	0.451**	−0.385*	−0.519***
	(0.209)	(0.219)	(0.214)	(0.232)	(0.191)	(0.203)	(0.169)
PPI	λ_0^p	λ_{-2}^n					
	0.710***	−0.583***					
	(0.220)	(0.193)					
CPI	λ_5^p	λ_0^p	λ_{-2}^p	λ_{-7}^n	λ_{-11}^n		
	0.752***	1.017***	0.479*	−0.452*	−0.448*		
	(0.243)	(0.222)	(0.286)	(0.231)	(0.233)		
CG	λ_{12}^p	λ_5^p	λ_2^n				
	1.097***	1.549***	−0.271*				
	(0.323)	(0.297)	(0.161)				
FI	λ_{10}^p	λ_8^p	λ_5^p	λ_{-3}^p	λ_3^n	λ_1^n	λ_0^n
	0.491*	0.444*	0.859***	1.019***	−4.891***	−0.256**	−1.092***
	(0.268)	(0.237)	(0.202)	(0.208)	(0.243)	(0.109)	(0.095)
	λ_{-7}^n						
	−0.351***						
	(0.101)						
TB	λ_9^p						
	0.676**						
	(0.329)						
GDP	λ_5^p	λ_2^p	λ_2^n				
	0.556*	0.599**	−0.745**				
	(0.297)	(0.281)	(0.332)				
IVA	λ_5^p	λ_{10}^p					
	0.673***	−0.318*					
	(0.194)	(0.176)					
M2	λ_8^n	λ_5^n	λ_{-2}^n				
	−0.771*	−1.018**	−1.009**				
	(0.463)	(0.426)	(0.431)				

注：此处只列出宏观经济正向信息和负向信息对股价跳跃有显著影响的估计系数

*、**、***分别表示在 0.1、0.05、0.01 的水平下统计显著

宏观信息冲击对股市跳跃的非对称影响的估计结果表现出四个特点。第一，宏观信息冲击对股市跳跃的非对称影响的显著性提高。比如，GDP 对股市跳跃幅度的影响在未细分正负冲击时是不显著的，细分不同方向冲击后影响系数变得显著，在 GDP 数据发布前市场就做出显著跳跃；M2 对股市跳跃幅度的影响由两项增加到三项；虽然 PPI 对股市跳跃幅度的影响系数仍然是两个，但它们的显著性均有提高。因此，将宏观信息冲击细分为正、负冲击以后，能够较清晰地刻画不同方向信息冲击的差异性，提高信息冲击影响跳跃幅度的显著性。第二，正向冲击的影响系数为正数，负向冲击的影响系数为负数，这表明超预期冲击的影响会提高跳跃幅度，低于预期的冲击由于负向的影响也会提高跳跃幅度。在宏观信息冲击对股价跳跃幅度的对称影响情形下影响系数正负相间，这可能是正向和负向冲击同时影响的结果，而在非对称影响情形下，正向冲击和负向冲击影响方向分工明确，更能够厘清跳跃幅度和正向冲击、负向冲击的关系。第三，TB 仅在高于预期值的信息发布时影响跳跃幅度，存在正向冲击的影响，M2 仅在低于预期值的信息发布时影响跳跃幅度，其余七个宏观指标存在显著的正向冲击和负向冲击的双重影响。第四，与宏观信息冲击对股价跳跃幅度的对称影响相比，宏观信息冲击对股价跳跃幅度的非对称影响的领先和滞后阶数基本保持不变。比如，表 3.10 中 PMI 仍然在领先 11 期、领先 7 期、领先 4 期、领先 2 期和滞后 12 期对跳跃幅度形成显著影响，PPI 在当期和滞后 2 期显著影响跳跃幅度，这些领先和滞后阶数和表 3.9 保持一致。

第六节　本　章　小　结

本章利用沪深 300 指数 2005 年 4 月 8 日至 2022 年 12 月 31 日的 5 分钟高频数据，采用 Bollerslev 等（2013）跳跃识别方法从价格变动中剥离出高频跳跃成分，根据识别出跳跃发生的具体时刻和幅度，分析了高频股价跳跃的基本特征。本章还将宏观经济指标实际值与预期值之差进行了标准化变换，量化了宏观经济信息的意外冲击，研究了宏观信息发布对中国股市价格跳跃的影响机制。

第一，通过选取国内生产总值（GDP）、货币供应量（M2）、消费者价格指数（CPI）、生产者价格指数（PPI）、采购经理指数（PMI）、固定资产投资同比增速（FI）、工业增加值同比增速（IVA）、贸易差额（TB）、社会消费品零售总额增速（CG）九个宏观经济指标的发布数据研究宏观信息冲击，其中，PPI、TB、CG、TB、IVA 和 M2 指标的预期值满足无偏性，可以使用这些预期值计算意外冲击。

第二，波动率特征图是确定高频数据最优抽样频率的一种方法。通过波动率特征图分析沪深 300 指数、中证 500 指数和中证 1000 指数发现，抽样间隔为 5 分钟时波动率保持稳定，因此中国股市指数的最优抽样频率是 5 分钟。

第三，中国股市高频跳跃具有三个特征：①跳跃具有聚集性，大的跳跃后面伴随着大幅跳跃，小的跳跃后伴随着小幅跳跃，呈现出时变的现象；②跳跃具有非对称性，在某些时间周期跳跃总的影响是正向的，在另一些时间周期跳跃总的影响为负，不过跳跃的方向与股市所处的状态并没有非常明显的关系；③跳跃幅度与股市状态有关，在大牛市和大熊市期间投资行为更加活跃、交易更为频繁、跳跃幅度较大。进一步分析表明，在 2005 年 4 月 8 日到 2022 年 12 月 31 日的 4313 个交易日中，交易日发生跳跃的概率达到 63.738%，总共发生了 3938 次跳跃，占到总样本的 1.902%，跳跃概率远大于欧美发达国家市场，这可能由于中国股票市场作为新兴股票市场存在一些投机气氛，投资者较少关注当前收益，而较多地注重资本利得，在市场上容易追涨杀跌，带来股价和股市波动率的大幅度变动。正向跳跃的比例和概率略大于负向跳跃，不过正向跳跃的幅度和波动略小于负向跳跃。

第四，跳跃日内特征显示股市上午开盘的 5 分钟内跳跃强度最大，收盘最后 5 分钟跳跃强度有小高峰，对比正向跳跃强度和负向跳跃强度发现，股市开盘时正向跳跃强度高于负向跳跃强度；午市收盘和尾市收盘时主要表现为正向跳跃强度增加，负向跳跃强度没有明显变化。下午开盘时刻跳跃的次数处于一天中的较低水平，但跳跃幅度却是一天中的峰值。收盘前，平均跳跃幅度为负，而收盘时平均跳跃幅度为正值，这显示收盘前 20 分钟虽然市场倾向向下跳跃，但收盘时市场倾向向上跳跃。股市的跳跃具有明显的非对称性，总体而言，正向跳跃的幅度大于负向跳跃，同时，正向跳跃的次数也大于负向跳跃。跳跃幅度的非对称性在上午表现得更加明显，下午开盘以后，正向跳跃比例略有下降，特别地，尾盘收盘前跳跃幅度出现大幅下降。

第五，通过分析上证 50 指数、中证 500 指数和中证 1000 指数的跳跃特征，研究揭示，大盘股跳跃概率最高，为 1.963%，中盘股和小盘股的跳跃概率为 1.643% 和 1.661%。大盘股不仅易于发生跳跃，而且跳跃幅度高于中盘股和小盘股，比如，大盘股跳跃幅度绝对值的均值为 0.547，中盘股和小盘股分别为 0.517 和 0.530。不过，大盘股跳跃波动却小于中盘股和小盘股，小盘股跳跃的波动最大。平均来看，大盘股的跳跃幅度为 0.109，为正数，而中盘股和小盘股的平均跳跃幅度为负数，小盘股的平均跳跃幅度为 -0.081。从投资收益风险的角度来看，整个样本区间在市场极端波动时持有大盘股的收益高于小盘股，持有大盘股的风险低于小盘股。

第六，对于宏观信息发布和股市跳跃的关系，近 1/5 的交易日有宏观信息发布，而信息日发生跳跃的概率高达 63.365%；如果跳跃发生，存在宏观信息发布事件的可能性是 11.859%。在除国内生产总值（GDP）外的八个宏观经济指标发布时，意外冲击对股价跳跃具有显著的影响。股市跳跃对固定资产投资同比增速（FI）和工业增加值同比增速（IVA）的信息发布提前做出反应；生产者价格指数

(PPI）存在同期和滞后影响，其余五个宏观经济指标货币供应量（M2）、消费者价格指数（CPI）、采购经理指数（PMI）、贸易差额（TB）和社会消费品零售总额增速（CG）发布时对股市跳跃产生领先和滞后的显著影响。市场对不同宏观信息冲击的调整速度表现存在差异：短期10分钟之内能够对信息冲击完全反应，长期需要60分钟才能完全反应。

中国股市的价格跳跃在资产定价、风险管理等方面不同于股价的连续变动，中国股市的价格跳跃与宏观信息非预期的意外冲击密切相关，这说明股市与实体经济存在一种反馈机制。但也注意到，中国股市的信息传播及解读效率仍较低，市场不能够及时对宏观信息冲击做出反应，需要近1个小时的时间才能够充分消化宏观信息冲击，因此，投资者解读宏观信息的能力以及股票市场对宏观信息冲击的反应效率还有待进一步提高。

第四章 债券市场的跳跃研究

第一节 从股票市场跳跃到债券市场跳跃

传统金融理论认为金融资产的价格具有"时间连续性",但是随着日内高频交易数据的运用,更多的学者发现,资产价格在近似于连续的时间段内会出现大幅波动,学者将这种由于信息到达及融入对资产价格所造成的冲击现象称为跳跃。最早把跳跃过程引入资产价格中的讨论可以追溯到 Press(1967),他认为跳跃可以解释收益率的"尖峰厚尾"现象,并提出了跳跃-扩散模型,成为研究跳跃的参数方法的早期雏形。Merton(1976)则首次对价格跳跃的来源、性质等进行了比较全面的刻画,并将跳跃扩散过程应用在期权定价上,这是现代资产价格跳跃研究的开端,但是该模型存在严格的假设前提,现实情况难以满足。在此之后,运用参数方法衡量资产价格跳跃行为主要是基于 ARCH 族模型的离散时间序列模型和以 SV 模型为代表的连续时间序列模型。

虽然引入跳跃大大地改善了资产收益率模型的构建,在一定程度上解决了收益率变量"尖峰厚尾"问题,但是无论是离散模型还是连续模型,参数化方法都存在两个共同的问题:第一,参数化方法对跳跃的衡量首先是在逻辑上肯定跳跃是存在的,其次通过构建模型并拟合数据,从而证明假设的合理性,因此对跳跃的研究是间接的,无法对跳跃进行量化识别;第二,参数化方法往往会陷入参数过多、估计困难的困境。鉴于参数化跳跃识别方法的诸多问题,非参数方法识别跳跃的研究被提出并逐渐兴起。

Barndorff-Nielsen 和 Shephard(2004)首次证明了 RV 以及 BV 之差可以作为跳跃的估计量,成为用非参数方法测度跳跃的开创者。Andersen 等(2007a)、Huang 和 Tauchen(2005)在 BNS 模型的基础上,提出了在高频数据中剥离跳跃过程的方法,并提出了如何检验跳跃发生日以及如何测度跳跃大小的方法。此后众多学者纷纷在 BNS 模型的基础上,对资产价格的跳跃问题进行了理论改进与实证研究。BNS 模型以及在此基础上改进的资产价格跳跃的非参数测度方法成为之后国外学者研究跳跃问题的主要手段。但是,BNS 模型的跳跃识别方法只能识别跳跃的存在,无法确定跳跃发生时点以及跳跃的大小。Bollerslev 等(2013)提出的跳跃识别模型则有所不同,这种方法的优点在于其不仅能够检测出跳跃的存在,而且能找出跳跃发生的时点,即考虑到了跳跃的日内效应。

学术界对资本市场价格跳跃的研究多数集中在股票市场，但少量学者对债券市场跳跃的研究表明，债券市场跳跃十分频繁，跳跃风险是债券市场波动的重要组成部分（Dungey et al., 2009）。因此研究跳跃性质以及影响因素将有利于对债券市场价格走势进行分析预测，对债券投资以及风险管理有很大帮助。一般认为，宏观信息波动、重要经济政策、国际形势的突然变化等因素都会导致债券市场的收益率出现突然变化，但是这种说法一般都停留在理论阶段，更多的是定性研究跳跃是否构成债券市场风险的主要部分以及债券市场的跳跃特征等，很少有学者从实证角度分析影响债券市场价格跳跃的基本因素。随着跳跃识别的非参数方法理论的深入，逐渐开始有一些学者运用非参数方法识别债券价格跳跃，并进一步分析可能导致债券市场跳跃的因素。在可能导致债券价格跳跃的因素中除宏观信息外，其他因素往往具有突发性和不可预测性，对分析债券市场价格走势来说意义不大。相反，宏观信息发布往往具有一定的计划性，发布时间总体稳定，指标公布频率较为确定，因此，分析宏观信息发布对债券市场价格跳跃的影响对合理预测债券市场走势、寻找债券市场运行规律具有重要意义。

第二节　债券市场高频跳跃特征

一、数据选择

本节选择交易最为活跃、运行时间最长的上海证券交易所国债指数（简称上证国债指数）作为债券指数的代表。上证国债指数是以上海证券交易所上市的所有固定利率国债为样本，按照国债发行量加权而成；指数自 2003 年 1 月 2 日起对外发布，基期为 2002 年 12 月 31 日，基点为 100 点。由于指数在初始运行阶段具有一定的不完善性，因此本节选择 2007 年 1 月 1 日至 2022 年 12 月 31 日作为样本区间，共计 3891 个交易日和 937 731 个 1 分钟高频交易数据。一般认为，数据选择的频率越高，捕捉到的信息也就越全面，但数据也越容易受噪声干扰。当金融高频数据的频率增加时，日内收益率会存在自相关现象，这样已实现波动率估计量是有偏的。而如果降低采样频率，则必然会损失一些交易信息，因此，采样频率的选择需要进行权衡，使得在最大化反映交易信息的情况下，微观结构噪声较小。

最优采样频率与已实现波动率密切相关，是准确构建已实现波动率统计量的关键。图 4.1 给出了不同数据采样频率下，债券指数平均已实现波动率的变化情况。随着数据采样频率的降低，债券指数平均已实现波动率呈下降趋势。1 分钟采样频率的平均已实现波动率最大，并且随采样频率的下降急剧下降。当采样频率下降到 10 分钟左右时，平均已实现波动率的变化趋于平坦，此后随着采样频率的降低，下降比较缓慢。这说明高于 10 分钟采样频率的债券指数微观结构噪声较大，以 10 分钟为数据频率能够很好地兼顾数据的质量要求。本节基于 10 分钟频率的债券交易数据，得到 93 384 个高频收益率数据。

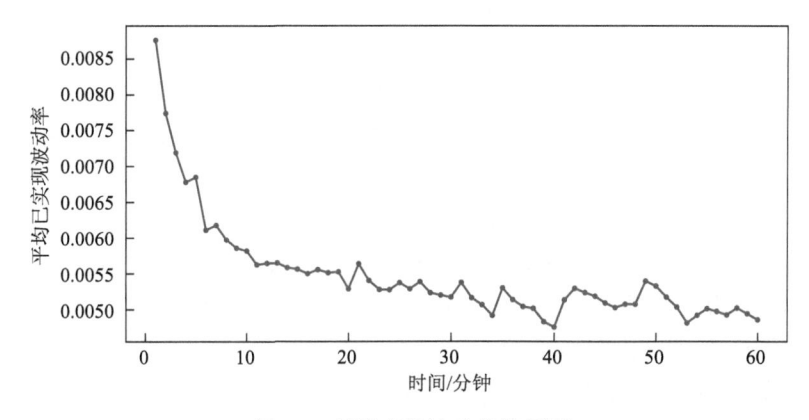

图 4.1　债券市场波动率特征图

根据第三章宏观信息发布数据中选取的 2007～2022 年的数据作为本节宏观信息数据，以与债券市场高频数据的样本区间保持一致。表 4.1 为宏观信息冲击的描述性统计。整个样本区间跨度 16 年，因此 GDP 的个数为 64，其他月度数据的个数基本接近，M2 的数据较少，主要由于近年来 M2 的发布时间处于证券市场交易时间之外，这部分数据包括许多噪声，无法清晰说明和日内高频跳跃之间的关系，因此所选取的样本数据大大少于其他月度发布的宏观数据。超预期最大的两个宏观经济指标主要包括 CPI 和 M2，最大的为 M2，M2 的均值为 0.124，说明样本期货币发行量超预期发行。在低于预期的宏观经济指标中，CG 最大，为 −0.097，CG 低于预期值和我国经济增长结构相关，在经济增长的三驾马车中，消费对经济增长的贡献较少。

表 4.1　宏观信息冲击的描述性统计

指标	观测值个数	最小值	最大值	均值	均值（绝对值）	标准差（绝对值）
PMI	193	−6.991	6.344	−0.019	0.614	0.785
PPI	192	−4.811	3.950	−0.017	0.682	0.733
CPI	192	−3.612	2.825	−0.033	0.759	0.647
CG	175	−8.996	2.319	−0.097	0.476	0.894
FI	176	−11.043	3.114	−0.045	0.323	0.947
TB	186	−5.790	3.119	−0.010	0.672	0.735
GDP	64	−3.867	4.352	0.137	0.570	0.820
IVA	175	−7.939	6.295	−0.037	0.429	0.901
M2	50	−2.196	2.656	0.124	0.769	0.672

二、债券市场日内跳跃特征

先对债券市场日内价格跳跃部分进行描述统计分析。综合来看（表4.2），样本期内债券市场共发生跳跃7972次，占比8.537%，这一比率要远远大于股票市场跳跃的频率，说明债券市场比股票市场的跳跃现象更加频繁。通过正负跳跃相比发现，样本期间我国债券市场更容易出现正向跳跃，但负向跳跃的均值（绝对值）和标准差略大于正向跳跃，可以说在样本期内，我国债券市场负向跳跃风险略高于正向跳跃。跳跃幅度的条件均值为0.104%，说明正跳跃幅度大于负跳跃幅度。比较正跳和负跳可以发现，中国债券市场中正跳的个数和比例大于负跳。图4.2显示了10分钟债券收益率和跳跃的变化特征。跳跃的频数和幅度具有显著的动态变化，跳跃表现出聚集性，2007年到2008年初以及2009年具有较大跳跃幅度。这可能与2007年应对过热的经济，中国货币政策发生多种变化以及2007年的美国次贷危机、2009年的欧洲主权债务危机相关。2014~2015年由于股市市场杠杆牛市的出现，债券市场也大幅度波动，出现大幅度和密集的跳跃。图4.2（c）显示了2020~2022年市场的跳跃，图形显示跳跃是间断发生的、跳跃具有一定的聚集性。

表4.2 中国债券市场价格跳跃的行为特征

项目	数值
跳跃样本个数	93 384
跳跃日个数	3 641
跳跃次数	7 972
跳跃概率	8.537%
跳跃条件均值（绝对值）	2.709%
跳跃条件标准差（绝对值）	0.041
跳跃条件均值	0.104%
跳跃条件标准差	0.049
正跳跃个数	4 423
正跳跃概率	4.736%
正跳跃条件均值	2.536%
正跳跃条件标准差	0.038
正跳跃比例	55.482%
负跳跃个数	3 549
负跳跃概率	3.800%
负跳跃条件均值	-2.926%

续表

项目	数值
负跳跃条件标准差	0.043
负跳跃比例	44.518%

注：跳跃概率=跳跃次数/观测值个数，跳跃条件均值（绝对值）=$E(|跳跃幅度||跳跃)$，跳跃条件标准差（绝对值）=$std(|跳跃幅度||跳跃)$，跳跃条件均值=$E(跳跃幅度|跳跃)$，跳跃条件标准差=$std(跳跃幅度|跳跃)$，其他各项同理

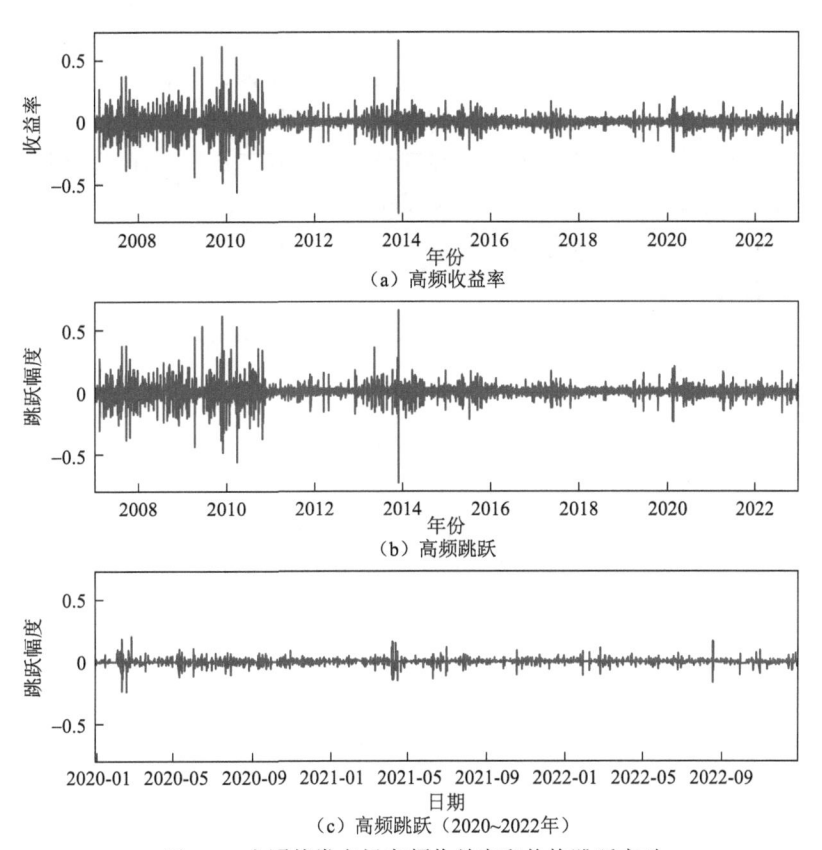

图4.2 中国债券市场高频收益率和价格跳跃变动

图4.3（a）展示了一天中不同交易时刻的跳跃强度，图4.3（b）为相同交易时刻的跳跃幅度的均值。从跳跃强度图来看，中国债券市场在三个阶段跳跃比较频繁：早晨市场开盘时、午间休息下午开盘时以及下午市场收盘时。这三个时刻的跳跃强度均高于跳跃的平均强度——66.08，如图4.3（a）中的水平参考线所示。因此，跳跃强度图展示了一个"W"形的特征，这不同于美国国债市场的"U"形结构（Bollerslev et al., 2000）。具体来说，首先，每天交易结束后市场中仍有消息存在，例如，很多宏观信息（如M2、全社会用电量等）是在下午 3:00 公布的，那么这种闭市后发生的消息对市场的影响往往体现在第二天的开盘，这也就

导致了每天开盘的时间段里最容易发生跳跃。其次，下午开盘时间里的跳跃强度较高，仅次于开盘和收盘时，大于上午和下午交易期间的跳跃强度，这体现了信息的累积效应。上午的信息累积加上午间休市一个半小时的信息冲击，导致午后开盘的高跳跃性，这也意味着上午发布的宏观信息存在一定的滞后影响。最后，收盘时债券发生跳跃的概率也较高，但是跳跃幅度并不大。这可能是债券交易对闭市后信息的提前做出了反应，但由于是基于预期而不是实际信息，其跳跃幅度并不是很大。综合来看，上午的跳跃幅度往往要大于下午的跳跃幅度，尤其是上午 10:30 之前，这是因为宏观信息常常发布在这一时期。由此可以推断，宏观信息发布会在一定程度上影响债券市场的跳跃。跳跃幅度的日内模式不同于跳跃强度的"W"形。整个交易期间的跳跃幅度绝对值的最高点出现在开盘时刻，这一时刻的绝对跳跃幅度在 0.01 的水平下显著高于平均值 0.026，即图 4.3（b）中的参考线。开盘后，绝对跳跃幅度逐渐下降，上午 10:30 以后，绝对跳跃幅度变得稳定，直到收盘。

（a）跳跃强度

（b）条件跳跃幅度（绝对值）

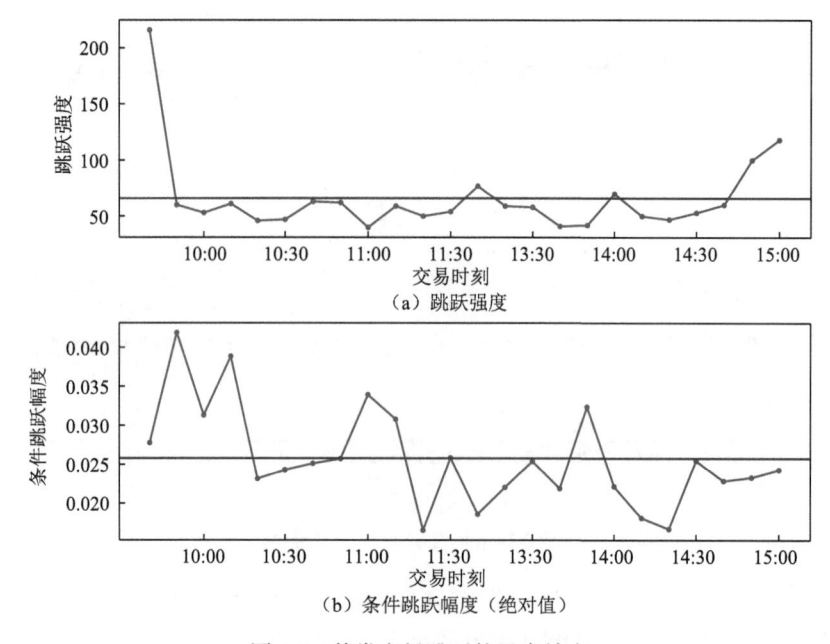

图 4.3 债券市场跳跃的日内效应

就跳跃的周内效应而言（表 4.3），周一的跳跃频率高于周二、周三、周四和周五的跳跃频率，周三的跳跃频率最低。正负跳跃对比来看，各周内正跳的概率大于负跳，整个样本周期债券市场更易于向上跳跃，周五的正跳概率最大，周一的跳跃条件均值最大，说明由于周末利好消息的影响大于利空消息的影响，债券市场周一向上跳跃，而紧跟着周一，周二债券市场平均跳跃幅度为负，即周二负跳跃的幅度高于正跳跃。

表 4.3 债券市场跳跃的周内效应

统计量	周一	周二	周三	周四	周五
跳跃次数	1562	1603	1613	1608	1586
跳跃频率	8.586%	8.530%	8.507%	8.535%	8.527%
跳跃条件均值	0.264%	−0.067%	0.171%	0.100%	0.057%
跳跃条件标准差	0.048	0.050	0.049	0.048	0.048
正跳跃次数	849	858	906	893	917
正跳跃概率	54.353%	53.525%	56.169%	55.535%	57.818%
负跳跃次数	713	745	707	715	669
负跳跃概率	45.647%	46.475%	43.831%	44.465%	42.182%

第三节　宏观信息对债券市场跳跃的影响

一、宏观信息冲击与债券市场跳跃的关系

考虑宏观信息发布与债券市场价格跳跃的匹配情况。由于宏观信息发布对债券价格跳跃的影响可能存在领先和滞后效应，为与后文实证分析的时间一致，本节研究宏观信息发布前 1 个小时以及发布后 1 个小时的时间段内，债券市场价格跳跃的情况。分析结果见表 4.4。

表 4.4 债券价格跳跃与各宏观经济指标的关系

变量	跳跃-信息日匹配数	P(跳跃|信息日)	P(信息日|跳跃)
CPI	147	94.231%	1.844%
GDP	54	91.525%	0.677%
FI	142	92.810%	1.781%
PMI	155	95.092%	1.944%
PPI	141	90.385%	1.769%
CG	143	92.857%	1.794%
TB	135	90.000%	1.693%
IVA	149	93.711%	1.869%
M2	39	92.857%	0.489%

表 4.4 第二列为跳跃和信息日匹配个数，结合表 4.1 的宏观信息指标观测值个数可以发现债券价格在大多数信息日发生了跳跃。从日内角度来看，与单个宏观

信息意外冲击相联系的跳跃比率大多数接近 2%，比例并不是很大，主要是因为信息日的频率远远低于债券交易的频率。如果从宏观信息发布前后 1 个小时发生跳跃的概率角度来看，信息日导致债券市场价格跳跃的概率普遍为 90%以上，也就是说在信息日几乎都引发了债券市场的价格跳跃。从前面分析中发现，债券市场日内出现跳跃的概率为 8.537%。从这个角度看，宏观信息发布前后出现跳跃的概率远远大于跳跃发生的平均水平，信息日显著提高了债券市场跳跃概率。

二、宏观信息发布对债券市场跳跃概率的影响

前面的研究揭示在宏观信息发布比较集中的时间段内，债券价格发生跳跃的概率较高、跳跃幅度也更大。这说明宏观信息发布对债券市场跳跃具有一定的影响。这里对宏观信息意外冲击序列与跳跃序列进行建模，定量分析宏观信息发布对债券指数跳跃概率和幅度的影响。

本节将从跳跃概率和跳跃幅度两个方面考虑宏观信息发布对债券价格跳跃的影响。考虑到中国的资本市场并不是完全有效市场，市场参与者的类别、获取信息的速度和信息处理的能力均不同，因此消息很可能存在一定的滞后性。宏观信息发布的日程一般是可以确定的，所以也存在投资者在宏观信息发布前，基于预期提前做出反应的情况。另外，我国的宏观信息发布并不是十分完善，尤其是在 2011 年 7 月宏观信息发布日期调整之前，宏观信息数据从生产到公布的间隔较长，常常出现宏观信息在发布前提前泄露的情况。因此，在考虑宏观信息发布对债券价格跳跃的影响问题上，不仅需要考虑对信息反应的滞后性，也应该考虑宏观信息发布的领先效应。国外学者的研究发现债券市场对宏观经济信息的反应速度很快，例如，Balduzzi 等（2001）研究表明非预期到的宏观信息发布引起的债券价格波动率的变动基本上可以在 5～15 分钟内得以完全反应。但是考虑到我国债券市场并不完善，很多信息传导不透明、不规范，市场参与者的分析能力差别较大，市场对信息的反应速度无法达到美国成熟市场的水平，因此本节在宏观信息发布的作用期限问题上，考虑信息公布前 1 个小时以及信息发布后 1 个小时的时间，以综合考虑宏观信息发布对债券价格跳跃的领先作用和滞后效果。数据也显示信息日的跳跃大多都在发布前后 1 个小时内发生，因此这种设定也是合理的。

$$J_\tau^* = \mu^j + \eta_\tau^j + \sum_{l=-6}^{6} \beta_{-l}^j N_{\tau-l}^j + \varepsilon_\tau^j, \; J_\tau = I\left(J_\tau^* > 0\right), \; j=1,2,\cdots,9, \; \tau=1,2,\cdots,93\,384$$

(4.1)

其中，J_τ^* 为潜在的不可观测的变量；$J_\tau = I(J_\tau^* > 0)$ 为指示函数，它将潜变量 J_τ^* 转变成跳跃是否发生的二元变量 J_τ，当在 τ 时刻跳跃发生时，J_τ 取 1，否则为 0；j 为九个宏观经济指标的编号；η_τ^j 控制了星期效应；$N_{\tau-l}^j$ 为第 j 个宏观信息的意外冲击；β_{-l}^j 为意外冲击对跳跃的影响系数。估计结果见表 4.5。

表 4.5 宏观信息冲击对债券价格跳跃影响的估计结果

估计系数	PMI	PPI	CPI	CG	FI	TB	GDP	IVA	M2
β_6	−0.285 (0.222)	0.221 (0.263)	−0.195 (0.261)	−0.042 (0.246)	0.385 (0.426)	0.479 (0.338)	−0.167 (0.459)	−0.083 (0.251)	−0.082 (0.557)
β_5	0.010 (0.266)	−0.155 (0.260)	−0.002 (0.274)	0.450 (0.412)	0.019 (0.288)	0.0004 (0.334)	−0.283 (0.449)	−0.056 (0.259)	0.237 (0.547)
β_4	0.082 (0.265)	−0.040 (0.268)	−0.014 (0.273)	0.054 (0.297)	−0.017 (0.256)	−0.284 (0.303)	−0.107 (0.460)	−0.216 (0.216)	−0.883* (0.473)
β_3	0.447* (0.239)	−0.414* (0.235)	0.018 (0.274)	−0.169 (0.194)	0.018 (0.287)	−0.068 (0.328)	−0.007 (0.452)	0.292 (0.256)	0.232 (0.548)
β_2	−0.134 (0.246)	0.384 (0.250)	0.379 (0.270)	0.138 (0.339)	0.119 (0.372)	−0.240 (0.308)	0.728** (0.346)	0.215 (0.266)	−0.457 (0.523)
β_1	−0.166 (0.240)	−0.620*** (0.230)	−0.537** (0.232)	−0.116 (0.212)	0.047 (0.312)	−0.055 (0.329)	−0.337 (0.442)	−0.154 (0.230)	−0.231 (0.548)
β_0	−0.100 (0.252)	−0.402* (0.236)	0.684*** (0.252)	0.452 (0.412)	0.072 (0.334)	0.117 (0.341)	0.448 (0.350)	0.410 (0.252)	0.040 (0.558)
β_{-1}	0.029 (0.266)	0.448* (0.245)	−0.183 (0.262)	0.040 (0.289)	−0.039 (0.239)	−0.210 (0.312)	0.868** (0.364)	−0.013 (0.269)	0.561 (0.510)
β_{-2}	−0.106 (0.251)	−0.018 (0.269)	0.176 (0.276)	−0.125 (0.208)	−0.081 (0.210)	0.347 (0.343)	−0.075 (0.458)	−0.053 (0.259)	−0.518 (0.515)
β_{-3}	−0.135 (0.246)	0.385 (0.250)	0.268 (0.274)	−0.102 (0.218)	0.069 (0.331)	0.164 (0.343)	0.034 (0.445)	0.039 (0.277)	0.930** (0.467)

续表

估计系数	PMI	PPI	CPI	CG	FI	TB	GDP	IVA	M2
β_{-4}	0.375 (0.236)	0.389 (0.250)	0.253 (0.275)	0.192 (0.362)	-0.033 (0.243)	0.504 (0.336)	-0.317 (0.444)	0.100 (0.279)	0.578 (0.507)
β_{-5}	0.313 (0.238)	-0.100 (0.264)	0.148 (0.276)	-0.389** (0.190)	-0.298 (0.185)	-0.009 (0.333)	-0.294 (0.447)	-0.416* (0.220)	-0.239 (0.548)
β_{-6}	-0.113 (0.250)	0.291 (0.258)	0.236 (0.275)	0.309 (0.395)	-0.006 (0.265)	-0.184 (0.315)	0.433 (0.352)	0.094 (0.279)	0.341 (0.537)
μ	-2.374*** (0.026)	-2.374*** (0.026)	-2.373*** (0.026)	-2.374*** (0.026)	-2.373*** (0.026)	-2.374*** (0.026)	-2.374*** (0.026)	-2.374*** (0.026)	-2.374*** (0.026)
$\ln L$	-27 230.289	-27 223.326	-27 226.704	-27 230.585	-27 233.459	-27 231.628	-27 228.030	-27 230.636	-27 229.686

注：括号内为 t 统计量标准误差；为了节省篇幅，这里省略了星期效应；$\ln L$ 为对数似然函数数值

*、**、***分别表示在 0.1、0.05、0.01 的水平下统计显著

从回归结果中可以看到，在选择的九个宏观经济指标中，对债券市场具有显著影响的宏观信息变量有七个，分别为：PMI、CPI、PPI、CG、GDP、IVA 和 M2。债券市场跳跃对宏观信息发布仅存在提前反应的指标为 PMI，CPI 具有领先和同期影响；跳跃仅存在滞后反应的指标包括 CG 和 IVA；PPI、GDP 和 M2 的发布对债券市场跳跃同时存在领先和滞后的影响。

具体来看，CPI 和 PPI 等物价指标对债券跳跃概率具有重要的影响。此外，债券价格也会受到宏观经济形势的影响，而 GDP 作为衡量一国经济发展状况的最重要指标，其对债券市场跳跃的影响也非常显著。衡量消费状况的 CG 和衡量工业产出的 IVA，对债券市场跳跃的影响也较显著。M2 反映证券市场的流动性，PMI 作为经济状况的先行指标，它们均对债券市场跳跃构成显著影响。可见，债券市场跳跃主要受到价格信息以及宏观经济变量信息的显著影响，而反映国际贸易状况的 TB 发布对债券市场跳跃没有显著影响。

宏观信息对债券价格的影响从信息发布前 40 分钟持续到宏观信息发布后 50 分钟。债券市场价格最早对 M2 的冲击做出反应，M2 信息公布前 40 分钟债券市场跳跃产生，随后 PMI 和 PPI 发布时，债券市场跳跃提前 30 分钟做出反应，PPI 还在发布前 10 分钟、发布时、发布后 10 分钟对债券跳跃产生显著影响。GDP 和 CPI 信息发布的提前影响分别体现在发布前 20 分钟和前 10 分钟，债券跳跃还在 GDP 发布后 10 分钟、M2 发布后 30 分钟做出显著反应。债券跳跃对 CG 和 IVA 发布的信息反应较慢，需要 50 分钟才形成显著反应。

本节考虑了信息发布之前以及之后 1 个小时的时间里债券价格跳跃的变化情况。研究发现，宏观信息发布效应是一个动态过程，从信息发布前 1 个小时到信息发布后 1 个小时内，其都对债券价格存在显著影响。国外一些学者 Lahaye 等（2011）、Evans（2011）仅考虑宏观信息发布的同期影响和滞后影响，并发现滞后信息与美国股市、债券和外汇期货市场密切相关。Andersen 等（2003b）试图考虑宏观信息发布的领先作用，但发现这样做没有必要，这也和 Balduzzi 等（2001）的研究一致。但这对于发展中的中国债券市场并不适用。我国债券市场的信息透明程度远远达不到发达国家的水平，宏观信息发布的影响较美国更为持久。债券市场跳跃对许多变量都存在信息发布的提前反应和滞后反应。这也从另一个方面说明我国债券市场与有效市场差距较远，对信息的反应速度较慢。

第四节 宏观信息对债券市场跳跃幅度的影响

一、宏观信息发布对债市跳跃幅度的对称影响

债券价格跳跃序列具有较多零值，如果采用最小二乘法对模型进行估计将会导致所求估计量有偏且不一致，因此应该采用受限因变量 Tobit 模型进行估计。为了分析每个宏观经济信息变量对债券指数价格跳跃的影响，建立如下的 Tobit 模型并进行估计。

$$|S_\tau^*| = \mu^j + \eta_\tau^j + \sum_{l=-6}^{6} \beta_{-l}^j N_{\tau-l}^j + \varepsilon_\tau^j, \quad j=1,2,\cdots,9, \quad \tau=1,2,\cdots,93\,384$$

$$|S_\tau| = \begin{cases} |S_\tau^*|, & |S_\tau^*| > 0 \\ 0, & \text{其他} \end{cases}$$

(4.2)

其中，S_τ 为债券价格跳跃幅度；S_τ^* 为潜变量；η_τ^j 为星期效应的虚拟变量的线性组合；$N_{\tau-l}^j$ 为 τ 时刻第 j 个宏观信息变量的领先/滞后宏观信息变量的意外冲击；β_{-l}^j 为宏观信息变量对跳跃幅度的影响系数。估计结果见表 4.6。

根据 Tobit 模型的结果，影响债券市场价格跳跃幅度的宏观信息变量主要有：PMI、CPI、PPI、GDP、IVA 和 M2。这些宏观经济指标中 PPI、GDP 和 M2 既具有领先影响，又具有滞后影响，它们分别代表了生产者价格、经济增长和货币因素；CPI 对债券跳跃幅度具有领先和同期的影响；PMI 仅具有领先影响；IVA 仅在信息发布的同期瞬时影响债券的跳跃幅度。

CG、FI 和 TB 对债券跳跃幅度的影响不显著，与影响债券市场跳跃概率的指标相比，不显著的变量增加了 CG。

二、宏观信息发布对债券市场跳跃幅度的非对称影响

为了进一步探讨正负信息冲击对债券价格跳跃的不对称影响，将讨论"好消息"和"坏消息"对债券价格跳跃的不同影响，即宏观信息发布的非对称影响。在研究宏观信息发布对资产价格或收益率等的影响时，很多学者区分了"好消息"和"坏消息"分别进行研究，如 Chuliá 等（2010），这些研究大都认为"坏消息"对市场的影响要大于"好消息"。本节将考虑宏观信息发布对债券价格跳跃幅度的非对称效应。建立如下的 Tobit 模型：

$$|S_\tau^*| = \mu^j + \eta_\tau^j + \sum_{l=-6}^{6} \beta_{1,-l}^j N_{\tau-l}^{+,j} + \sum_{l=-6}^{6} \beta_{2,-l}^j N_{\tau-l}^{-,j} + \varepsilon_\tau^j, \quad j=1,2,\cdots,9, \quad \tau=1,2,\cdots,93\,384$$

$$|S_\tau| = \begin{cases} |S_\tau^*|, & |S_\tau^*| > 0 \\ 0, & \text{其他} \end{cases}$$

(4.3)

其中，$N_{\tau-l}^{+,j}$ 和 $N_{\tau-l}^{-,j}$ 分别为第 j 个宏观经济指标的正向意外冲击、负向意外冲击。对于利好、利空意外冲击，除 CPI、PPI 外，其他宏观信息变量均是高于预期为利好消息，低于预期为利空消息。估计结果见表 4.7。

表 4.6 宏观信息冲击对债券价格跳跃幅度的影响

估计系数	PMI	PPI	CPI	CG	FI	TB	GDP	IVA	M2
β_6	−0.015* (0.009)	0.007 (0.010)	−0.007 (0.010)	−0.001 (0.010)	0.014 (0.018)	0.019 (0.012)	−0.007 (0.018)	−0.004 (0.010)	−0.003 (0.022)
β_5	0.001 (0.010)	−0.006 (0.009)	−0.001 (0.010)	0.015 (0.015)	−0.0005 (0.010)	0.003 (0.012)	−0.012 (0.018)	−0.001 (0.010)	0.007 (0.021)
β_4	0.003 (0.010)	−0.003 (0.009)	−0.001 (0.010)	0.002 (0.011)	−0.002 (0.010)	−0.013 (0.011)	−0.005 (0.018)	−0.009 (0.009)	−0.041** (0.019)
β_3	0.012 (0.009)	−0.013 (0.009)	0.001 (0.009)	−0.005 (0.008)	0.001 (0.011)	−0.004 (0.011)	−0.001 (0.016)	0.006 (0.009)	0.008 (0.020)
β_2	−0.003 (0.009)	0.008 (0.009)	0.009 (0.009)	0.006 (0.011)	0.003 (0.012)	−0.007 (0.011)	0.031** (0.013)	0.005 (0.010)	−0.013 (0.016)
β_1	−0.006 (0.009)	−0.022*** (0.008)	−0.019** (0.009)	−0.005 (0.008)	0.002 (0.012)	−0.000 03 (0.012)	−0.013 (0.018)	−0.007 (0.009)	−0.029 (0.020)
β_0	−0.004 (0.010)	−0.014 (0.009)	0.030*** (0.009)	0.018 (0.016)	0.006 (0.015)	0.006 (0.013)	0.042*** (0.013)	0.016* (0.009)	−0.000 4 (0.021)
β_{-1}	−0.002 (0.009)	0.020** (0.009)	0.001 (0.009)	0.004 (0.011)	−0.002 (0.009)	−0.007 (0.012)	0.035*** (0.012)	0.003 (0.011)	0.020 (0.019)
β_{-2}	−0.005 (0.010)	−0.000 3 (0.009)	0.004 (0.009)	−0.005 (0.009)	−0.004 (0.008)	0.010 (0.013)	−0.001 (0.018)	−0.003 (0.010)	−0.010 (0.016)
β_{-3}	−0.003 (0.010)	0.014 (0.010)	0.010 (0.010)	−0.002 (0.009)	0.002 (0.012)	0.005 (0.013)	−0.000 2 (0.017)	0.001 (0.011)	0.027* (0.016)

续表

估计系数	PMI	PPI	CPI	CG	FI	TB	GDP	IVA	M2
β_{-4}	0.010 (0.009)	0.015* (0.009)	0.013 (0.010)	0.012 (0.015)	-0.001 (0.010)	0.018 (0.013)	-0.013 (0.018)	0.004 (0.011)	0.018 (0.019)
β_{-5}	0.013 (0.010)	-0.005 (0.010)	0.008 (0.010)	-0.010 (0.007)	-0.008 (0.006)	-0.0001 (0.013)	-0.011 (0.018)	-0.012 (0.008)	-0.010 (0.022)
β_{-6}	-0.004 (0.010)	0.010 (0.010)	0.008 (0.010)	0.012 (0.015)	-0.0002 (0.010)	-0.006 (0.012)	0.015 (0.015)	0.003 (0.011)	0.012 (0.019)
ln$L$	-7 373.609	-7 365.791	-7 367.505	-7 373.956	-7 376.790	-7 374.248	-7 365.299	-7 373.959	-7 371.692

注：括号内为 t 统计量标准误；为了节省篇幅，这里省略了星期效应和截距项；ln$L$ 为对数似然函数值。

*、**、*** 分别表示在 0.1、0.05、0.01 的水平下统计显著

表 4.7 宏观信息发布对债券跳跃幅度的非对称影响

指标	正向冲击			负向冲击		
PMI	$\beta_{1,1}$ 0.017* (0.010)	—	—	$\beta_{2,6}$ −0.019** (0.009)	$\beta_{2,1}$ −0.021** (0.009)	—
PPI	$\beta_{1,2}$ 0.027*** (0.010)	$\beta_{1,-1}$ 0.020* (0.011)	$\beta_{1,-4}$ 0.018* (0.010)	$\beta_{2,1}$ −0.031*** (0.009)	$\beta_{2,0}$ −0.021** (0.010)	$\beta_{2,-3}$ 0.093* (0.056)
CPI	$\beta_{1,2}$ 0.031*** (0.011)	$\beta_{1,0}$ 0.044*** (0.010)	$\beta_{1,-2}$ 0.019* (0.011)	$\beta_{2,1}$ −0.028*** (0.009)	—	—
CG	$\beta_{1,2}$ 0.045*** (0.017)	—	—	—	—	—
GDP	$\beta_{1,2}$ 0.037*** (0.013)	$\beta_{1,0}$ 0.041*** (0.013)	$\beta_{1,-1}$ 0.034*** (0.013)			
IVA	$\beta_{1,0}$ 0.019* (0.010)	—	—			
M2	$\beta_{1,-3}$ 0.041** (0.018)	—	—	$\beta_{2,2}$ −0.048*** (0.019)	—	—

注：此处只列出宏观经济指标正向信息和负向信息对债券市场跳跃幅度有显著影响的估计系数
*、**、***分别表示在 0.1、0.05、0.01 的水平下统计显著

首先，从影响方向来看，高于预期值的宏观信息冲击的影响系数为正，即正向宏观信息冲击将会导致跳跃幅度提高。低于预期值的宏观信息冲击的影响系数为负（PPI 的个别系数不一致），即负向宏观信息冲击也将会导致债券指数价格跳跃幅度提高。

其次，对债券指数价格跳跃幅度影响显著的变量有所增加。对于 CG 指标，如果不区分"好消息"和"坏消息"，其对债券市场跳跃幅度并没有显著影响，但是考虑了非对称性后，这个宏观信息变量的影响变得显著。这充分说明了宏观信息冲击对债券市场跳跃的作用存在非对称性影响，且正、负消息共同出现在一个模型中在一定程度上相互抵消了其对债券价格跳跃的影响。此外，一些宏观经济指标对债券跳跃显著影响的系数增加。如 PMI 的显著性系数由一个增加到三个。

最后，正向冲击对债券指数跳跃的影响要大于负向冲击。这体现在 CG、GDP、IVA 仅在正向冲击影响方面显著，这意味着它们仅在高于预期值时影响债券市场的跳跃幅度。PMI、PPI、CPI 和 M2 存在负向冲击的同时，也存在正向冲击，这说明这些变量的非预期信息均能够影响到债券市场的跳跃，因而债券市场对它们的变动更为敏感。

总之，当区分了宏观信息冲击的非对称影响后，宏观信息冲击对债券价格跳跃的影响发生了变化，说明区分"好消息"和"坏消息"是十分必要的。但是本节的研究中并没有出现学者普遍反映的"坏消息效应"。这可能有以下原因：第一，债券市场和股票市场存在一定的替代性，而宏观经济的利好消息对股市来说是"好消息"，但是对债券市场来说就可能不尽相同，关于"坏消息"效应的研究成果大都是对股票市场的分析。第二，债券的优先级要高于股票，因此，当企业风险加大时，股票的贬值程度要远远高于债券，从而导致债券市场对"坏消息"的反应并没有像股票市场那么强烈。第三，中国的债券市场长期以来都没有做空机制，因此，债券市场对"好消息"的反应强于"坏消息"也可能是由于市场仅能"追涨"，但是"杀跌"的能力有限。

第五节 本章小结

本章采用上证国债指数高频数据研究中国债券市场的跳跃，分析债券市场跳跃的特征，讨论宏观信息发布与债券市场跳跃的关系。

第一，波动率特征图表明中国债券市场的高频数据采样频率为 10 分钟。随着数据采样频率的降低，债券指数平均已实现波动率呈下降趋势。1 分钟采样频率的平均已实现波动率最大，并且随采样频率的下降急剧下降。当采样频率下降到 10 分钟左右时，平均已实现波动率的变化趋于平坦，此后随着采样频率的降低，下降比较缓慢。这说明高于 10 分钟采样频率的债券指数微观结构噪声较大，以 10 分钟为数据频率能够很好兼顾数据的质量要求。

第二，债券市场共发生跳跃 7972 次，占比 8.537%，这一比率要远远大于股票市场跳跃的频率，说明债券市场比股票市场的跳跃现象更加频繁。正负跳跃相比发现，我国债券市场更容易出现正向跳跃，但负向跳跃的均值（绝对值）和标准差略大于正向跳跃，正跳跃幅度大于负跳跃幅度。跳跃的频数和幅度具有显著的动态变化，跳跃表现出聚集性，2007 年到 2008 年初以及 2009 年具有较大跳跃幅度。这可能与 2007 年应对过热的经济，中国货币政策发生多种变化以及 2007 年的美国次贷危机、2009 年的欧洲主权债务危机相关。

第三，中国债券市场三个阶段跳跃得比较频繁：早晨市场开盘时、午间休息后下午开盘时以及下午市场收盘时。跳跃强度图展示了一个"W"形的特征，这不同于美国国债市场的"U"形结构。跳跃幅度的日内模式不同于跳跃强度的"W"形。整个交易期间的跳跃幅度绝对值的最高点出现在开盘时刻。开盘后，绝对跳跃幅度逐渐下降，上午 10:30 以后，绝对跳跃幅度变得稳定，直到收盘。周一的跳跃频率高于周二、周三、周四和周五，周三的跳跃频率最低。正负跳跃对比来看，各周内正跳的概率大于负跳，债券市场更易于向上跳跃，周五的正跳概率最大，周一的跳跃条件均值最大。

第四，如果从宏观信息发布前后 1 个小时发生跳跃的概率来看，宏观信息日导致债券市场价格跳跃的概率普遍为 90%以上。在所选择的九个宏观经济指标 GDP、M2、CPI、PPI、PMI、FI、IVA、TB、CG 中，对债券市场具有显著影响的宏观信息变量有七个，分别为：PMI、CPI、PPI、CG、GDP、IVA 和 M2。债券市场跳跃对宏观信息发布仅存在提前反应的指标为 PMI，CPI 具有领先和同期影响；跳跃仅存在滞后反应的指标包括 CG 和 IVA；PPI、GDP 和 M2 的发布对债券市场跳跃同时存在领先和滞后的影响。

第五，影响债券市场价格跳跃幅度的宏观信息变量主要有：PMI、CPI、PPI、GDP、IVA 和 M2。PPI、GDP 和 M2 既具有领先影响，又具有滞后影响，CPI 对债券跳跃幅度具有领先和同期的影响，PMI 仅具有领先影响，IVA 仅在信息发布的同期瞬时影响债券的跳跃幅度。

第六，将影响债券跳跃的冲击区分为正向冲击和负向冲击后，高于预期值的宏观信息冲击的影响系数为正，低于预期值的宏观信息冲击的影响系数为负（PPI 的个别系数不一致），因而正向冲击、负向冲击均会导致跳跃幅度提高；并且，区分正向和负向冲击后，对债券指数价格跳跃幅度影响显著的变量有所增加；一些宏观经济指标对债券跳跃显著影响的系数增加；正向冲击对债券指数跳跃的影响要大于负向冲击；债券市场对 PMI、PPI、CPI 和 M2 的非预期信息更为敏感。

第五章 基于已实现极差方差的跳跃研究

第一节 从已实现波动到已实现极差方差

中国股票市场作为资本市场的重要组成部分,经过多年的发展逐步壮大成为与整个经济发展紧密相连、为资金所有者提供投资渠道、为资金需求者提供融资渠道的一个重要市场,它在国民经济运行中地位日益突出,在宏观经济政策的制定过程中也越来越被重视。股票市场价格的变化来自各种信息的冲击,在这些信息中,有些信息是寻常的信息,而有些信息可能超出投资者的预期,这时冲击股市的信息具有突发性,股票市场价格会因为这种出乎意料的信息而发生跳跃,导致股票市场的风险突然变大,产生跳跃性风险。资产价格的跳跃性研究可以追溯到 Merton(1976)的研究,Merton 指出跳跃是资产价格的重要组成部分。当前,资产价格跳跃的重要性已经得到国外学者的广泛认可,并成为金融经济学研究领域中的重点和热点问题。如 Maheu 和 McCurdy(2004)基于 GARCH-Jump 模型在个股和指数中发现了跳跃强度的时变依存证据,跳跃对股票收益率和波动均存在影响,该文献主要基于日数据的研究。在高频数据的研究中,Aït-Sahalia(2004)、Lee 和 Mykland(2008)分别基于不同的检验方法发现资产价格具有显著的跳跃性。

从金融经济学理论来看,早期的连续时间扩散过程能够较好地解决衍生产品定价和套期保值问题,因此它在金融经济研究中起到了十分重要的作用。由于计算机技术的快速发展,人们可以得到许多金融资产的高频数据,甚至是每笔成交的数据,这样可以十分方便地观察资产价格在较短时间间隔中的变化情况,从而易于捕捉到资产价格在短时间内的跳跃性,因此,近年来已有越来越多的学者将连续时间扩散模型扩展为跳跃扩散模型,研究连续时间金融框架下资产收益率的非连续性建模,即资产价格的跳跃性。国外文献中,Andersen 等(2003a)指出,基于高频数据的已实现波动是资产价格变动的一致性估计,既避免了复杂的建模,又能够充分利用价格日内变动的信息,他们的研究表明已实现波动具有长记忆特征,并通过 ARFIMA(autoregressive fractionally integrated moving average,分整自回归移动平均)模型进行估计。鉴于已实现波动的长记忆特性,Corsi(2009)

提出了简单的已实现波动的异质性自回归模型（heterogeneous autoregressive model of realized volatility，HAR-RV）①，该模型基于日、周、月波动成分，并且这些成分模拟不同类型市场参与者的行动，比较容易估计，这避免了 ARFIMA 模型的复杂估计，在实践应用中也较为成功。在此基础上，Andersen 等（2007a）根据连续时间金融跳跃扩散理论，基于非参数方法将已实现波动分解为连续和跳跃两种成分，即连续性波动和跳跃性波动，并应用 HAR-RV 模型研究了汇率、股票指数和债券等资产的连续性波动和跳跃性波动在波动预测中的作用。在国内文献中，陈国进和王占海（2010）基于 Andersen 等（2007a）的分解方法，使用沪深 300 指数 2006~2008 年的高频数据，分析了我国 A 股市场连续性波动和跳跃性波动的特征，发现我国市场比美国市场具有更长的滞后性，杠杆效应并不显著，不过该文献分析的样本区间较短。王春峰等（2008）以 BV 为理论基础，应用上证综指 2000~2005 年的高频数据将 RV 分解为连续样本路径方差和离散跳跃方差，研究了跳跃方差序列的统计特征，他们表明 QV 中的连续样本路径成分是中国股市已实现波动预报的决定因素。西村友作等（2012）研究了金融危机下的中国和美国股市的跳跃性。这三篇文献基于高频数据研究股市的跳跃性，陈浪南和孙坚强（2010）、赵华和王一鸣（2011）研究了离散时间框架下股票现货市场和期货市场的跳跃性。综合来看，这些文献使用高频数据研究了资产价格的跳跃性及其在预测中的作用，为资产价格跳跃性的后续研究提供了参考和借鉴。

本章将在上述文献的基础上从以下两个方面开展研究。第一，基于更为稳健的统计量研究股票市场的跳跃性特征。金融高频时间序列数据总会出现微观结构噪声，而这种噪声会污染高频金融资产价格，可能导致已实现波动不是真实波动的一致性估计量（Hansen and Lunde，2006）。Christensen 和 Podolskij（2007）提出了已实现极差方差（realized range-based variance，RRV）统计量，RRV 利用整个价格过程中的极差，能揭示出更多的有用信息。Christensen 和 Podolskij（2007）的研究表明，RRV 在有效性方面约为 RV 的五倍。第二，分不同期限全面地分析中国股市的跳跃性和杠杆效应。跳跃性和杠杆效应作为股票市场的两个重要特性，它们在衍生产品定价、风险管理和投资组合中具有重要的含义，本章将中国股市波动分为短期、中期和长期波动，进而分析短期、中期、长期跳跃性对它们的不同影响，还分析了杠杆效应在三种类型波动预测中的重要作用。

第二节 基于已实现极差方差的跳跃理论

由于微观结构噪声影响到高频数据的性质，RV 并不是 QV 的可靠估计量，

---

① 本书仅 HAR-RV 中的 RV 表示已实现波动，而不是已实现方差。

Christensen 和 Podolskij（2007）基于高频数据的价格极差提出了 RRV，并指出 RRV 在估计 QV 方面的准确性是 RV 的五倍以上。Christensen 和 Podolskij（2007，2012）详细研究了 RRV 及其统计性质。假设 p_t 为股票在 t 时刻的对数价格，其连续时间跳跃扩散过程表示为

$$p_t = p_0 + \int_0^t \mu_u du + \int_0^t \sigma_u dW_u + \sum_{i=1}^{N_t} J_i \tag{5.1}$$

其中，μ_t 为局部有界且可预测的；σ_t 为右连续且左极限存在（允许发生跳跃）；W_t 为标准布朗运动；N_t 为有限活动简单计数过程；$J_i(i=1,2,\cdots,N_t)$ 为非零随机变量序列。

将每一交易日的区间定义为[0,1]，在任何两个抽样时间 $(j-1)/n$ 和 j/n，且满足 $0 \leqslant (j-1)/n \leqslant j/n \leqslant 1$ 时，t 日区间 $[(j-1)/n, j/n]$ 上的日内收益率为

$$r_{t,j} = p_{t,j/n} - p_{t,(j-1)/n}, \quad j = 1, 2, \cdots, n \tag{5.2}$$

一般来说，在离散抽样的高频数据下，假设交易日可以得到 $mn+1$ 个等距离价格序列数据，即 mn 个收益率数据，它们分为 n 个区间，每一区间有 m 个观测值，则第 t 日第 j 区间的极差定义为

$$s_{t,j,m} = \max_{0 \leqslant k,l \leqslant m} \{p_{t,(j-1)/n+k/mn} - p_{t,(j-1)/n+l/mn}\} \tag{5.3}$$

假定对数股票价格的跳跃部分遵循有限活动的跳跃过程，则第 t 天 RRV 为

$$\text{RRV}_{t,m} \equiv \frac{1}{\lambda_{2,m}} \sum_{j=1}^n s_{t,j,m}^2 \tag{5.4}$$

其中，$\lambda_{r,m} = E(s_{W,m}^r)$ 为标准布朗运动极差在单位区间上的 r 阶矩，用来消除来自离散数据的偏误，$s_{W,m} = \max_{0 \leqslant s,t \leqslant m} \{W_{t/m} - W_{s/m}\}$ 为标准布朗运动的极差。当 $n \to \infty$ 时，

$$\text{RRV}_{t,m} \xrightarrow{p} \int_0^t \sigma_u^2 du + \frac{1}{\lambda_{2,m}} \sum_{i=1}^{N_t} J_i^2 \tag{5.5}$$

其中，$\int_0^t \sigma_u^2 du$ 为 IV，表示总变差中的连续变化部分（也称为连续性波动）；$\frac{1}{\lambda_{2,m}} \sum_{i=1}^{N_t} J_i^2$ 为总变差中的非连续的跳跃成分。

类似于 Barndorff-Nielsen 和 Shephard（2004）的研究，Christensen 和 Podolskij（2007，2012）提出了基于极差的双幂变差（range-based bipower variation，RBV），即

$$\text{RBV}_{t,m} = \frac{1}{\lambda_{1,m}^2} \sum_{j=1}^n s_{t,j,m} \times s_{t,j-1,m} \tag{5.6}$$

当 $n \to \infty$ 时，RBV 一致收敛于 IV。

Christensen 和 Podolskij（2012）基于 RRV 构建了检验资产价格跳跃的统计量，并通过模拟表明，该统计量具有较高的检验功效。跳跃检验统计量为

$$Z_{t,m} \equiv \frac{\sqrt{n}\left(1 - \mathrm{RRV}_{t,m} / \mathrm{RBV}_{t,m}\right)}{\sqrt{v_m \max\left\{1/t, \mathrm{RQQ}_{t,m} / \mathrm{RBV}_{t,m}^2\right\}}} \xrightarrow{d} N(0,1) \quad (5.7)$$

其中，$v_m = \lambda_{2,m}^2 \left(\Lambda_m^R + \Lambda_m^B - 2\Lambda_m^{RB}\right)$，$\Lambda_m^B = \left(\lambda_{2,m}^2 + 2\lambda_{1,m}^2 \lambda_{2,m} - 3\lambda_{1,m}^4\right) / \lambda_{1,m}^4$，$\Lambda_m^R = \left(\lambda_{4,m} - \lambda_{2,m}^2\right) / \lambda_{2,m}^2$，$\Lambda_m^{RB} = \left(2\lambda_{3,m}\lambda_{1,m} - 2\lambda_{2,m}\lambda_{1,m}^2\right) / \left(\lambda_{2,m}\lambda_{1,m}^2\right)$；$\mathrm{RQQ}_{t,m}$ 为基于极差的四次幂四次方（range-based quad-power quarticity，RQQ），即

$$\mathrm{RQQ}_{t,m} = \frac{n}{\lambda_{1,m}^4} \sum_{j=4}^{n} s_{t,j,m} \times s_{t,j-1,m} \times s_{t,j-2,m} \times s_{t,j-3,m} \quad (5.8)$$

选择显著性水平 α，可以计算得到跳跃性波动：

$$J_{t,m,\alpha} = I\left[Z_{t,m} > \Phi_\alpha\right] \times \left[\mathrm{RRV}_{t,m} - \mathrm{RBV}_{t,m}\right] \quad (5.9)$$

其中，Φ_α 为显著性水平 α 下的临界值。根据跳跃性波动与连续性波动之和为已实现波动，可以得到连续性波动：

$$C_{t,m,\alpha} = I\left[Z_{t,m} \leqslant \Phi_\alpha\right] \times \mathrm{RRV}_{t,m} + I\left[Z_{t,m} > \Phi_\alpha\right] \times \mathrm{RBV}_{t,m} \quad (5.10)$$

第三节 跳跃对波动率影响的模型构建

HAR 模型由 Corsi（2009）提出，Andersen 等（2007a）基于已实现波动构建 HAR-RV 模型研究了美国金融市场中的汇率、股票和债券价格的跳跃性质。与发达国家股票市场相比，中国股票市场由于投机性等不成熟股市特征可能包含更多的噪声，而 RRV 在估计 QV 方面的准确性是 RV 的五倍以上，因此，本节根据 Andersen 等（2007a）的思路构建 LHAR-RRV-CJ 模型，以准确地研究中国股市跳跃性和杠杆效应的基本特征。

一、HAR-RRV-CJ 模型

定义归一化多期 RRV 为单期 RRV 的和为

$$\mathrm{RRV}_{t,t+h} = h^{-1}\left(\mathrm{RRV}_{t+1} + \mathrm{RRV}_{t+2} + \cdots + \mathrm{RRV}_{t+h}\right) \quad (5.11)$$

其中，$h = 1,5,10,15,22$ 分别为一天、一周、两周、三周和一个月。通过定义，$\mathrm{RRV}_{t,t+1} \equiv \mathrm{RRV}_{t+1}$。在 Corsi（2009）的 HAR 模型中，主要市场波动成分包括短期（日）、中期（周）和长期（月）波动，因此本节按照习惯，分别将日、周、月

定义为短期、中期和长期。构建下面的 HAR-RRV-CJ 模型：

$$\mathrm{RRV}_{t,t+h} = c + \alpha^{(d)} C_t + \alpha^{(w)} C_{t-5,t} + \alpha^{(m)} C_{t-22,t}$$
$$+ \beta^{(d)} J_t + \beta^{(w)} J_{t-5,t} + \beta^{(m)} J_{t-22,t} + \varepsilon_{t,t+h} \quad (5.12)$$

其中，C 和 J 为 RRV 的连续成分和跳跃成分，可以由式（5.9）和式（5.10）计算得到；系数 $\alpha^{(d)}$、$\alpha^{(w)}$、$\alpha^{(m)}$ 为短期、中期、长期连续性波动的影响；系数 $\beta^{(d)}$、$\beta^{(w)}$、$\beta^{(m)}$ 为短期、中期、长期跳跃性波动对已实现波动的影响；当预测步长 h 为 1、5、22 时，分别对 RRV 做出短期、中期和长期预测分析；c 为截距项；$\varepsilon_{t,t+h}$ 为误差项。

在现实股市波动建模和预测过程中，人们不仅使用水平形式的市场波动模型，还常常使用标准差形式和对数形式的模型（Andersen et al.，2007a），相应地，本节建立下面的非线性 HAR-RRV-CJ 模型：

$$(\mathrm{RRV}_{t,t+h})^{1/2} = c + \alpha^{(d)}(C_t)^{1/2} + \alpha^{(w)}(C_{t-5,t})^{1/2} + \alpha^{(m)}(C_{t-22,t})^{1/2} + \beta^{(d)}(J_t)^{1/2}$$
$$+ \beta^{(w)}(J_{t-5,t})^{1/2} + \beta^{(m)}(J_{t-22,t})^{1/2} + \varepsilon_{t,t+h} \quad (5.13)$$

$$\log(\mathrm{RRV}_{t,t+h}) = c + \alpha^{(d)} \log(C_t) + \alpha^{(w)} \log(C_{t-5,t}) + \alpha^{(m)} \log(C_{t-22,t}) + \beta^{(d)} \log(J_t + 1)$$
$$+ \beta^{(w)} \log(J_{t-5,t} + 1) + \beta^{(m)} \log(J_{t-22,t} + 1) + \varepsilon_{t,t+h} \quad (5.14)$$

为了全面分析跳跃在股市波动预测中的作用，根据 Andersen 等（2003a）的研究思路，本节还建立基准模型 HAR-RRV-X 进行比较，即

$$\mathrm{RRV}_{t,t+h} = c + \alpha^{(d)} X_t + \alpha^{(w)} X_{t-5,t} + \alpha^{(m)} X_{t-22,t} + \varepsilon_{t,t+h} \quad (5.15)$$

其中，X 分别取 RRV、RBV 和 C，C 为 RRV 的连续成分。

二、LHAR-RRV-CJ 模型

股票波动常常表现为非对称性，当股价下跌时，股票波动加大；当股价上涨时，股票波动下降，Black（1976）称这种现象为杠杆效应。为了反映利好、利空消息对股价波动的不同影响，将 HAR-RRV-CJ 扩展为包括杠杆（leverage）效应的模型，即建立 LHAR-RRV-CJ 模型。假设股市波动既能对日收益率，也能对周收益率、月收益率做出非对称反应，这需要定义短期、中期和长期负收益率。根据 Corsi 和 Renò（2012）的研究思路，定义日收益率 $r_t = p_t - p_{t-1}$，其中，p_t 为第 t 日的对数价格，构造过去负的总收益率为

$$r_{t-h,t}^- = \frac{1}{h}(r_t + \cdots + r_{t-h+1}) I_{\{(r_t + \cdots + r_{t-h+1}) < 0\}} \quad (5.16)$$

其中，$I_{\{(r_t + \cdots + r_{t-h+1}) < 0\}}$ 为指示函数，如果 $(r_t + \cdots + r_{t-h+1}) < 0$ 时，则 $I_{\{\bullet\}}$ 取值为 1，否

则为 0。当 h 分别为 1、5、22 时，便可以得到短期、中期和长期负收益率。通过定义，$r^-_{t-1,t} \equiv r^-_t$。这样构造 LHAR-RRV-CJ 模型为

$$\mathrm{RRV}_{t,t+h} = c + \alpha^{(d)} C_t + \alpha^{(w)} C_{t-5,t} + \alpha^{(m)} C_{t-22,t} + \beta^{(d)} J_t + \beta^{(w)} J_{t-5,t} + \beta^{(m)} J_{t-22,t}$$
$$+ \gamma^{(d)} r^-_t + \gamma^{(w)} r^-_{t-5,t} + \gamma^{(m)} r^-_{t-22,t} + \varepsilon_{t,t+h} \qquad (5.17)$$

其中，$\gamma^{(d)}$、$\gamma^{(w)}$、$\gamma^{(m)}$ 为过去日、周、月负收益率对股市波动的影响。如果 $\gamma^{(d)}$、$\gamma^{(w)}$、$\gamma^{(m)}$ 显著小于零，则分别表示存在短期、中期和长期杠杆效应。同样地，构造标准差形式和对数形式的非线性 LHAR-RRV-CJ 模型为

$$\left(\mathrm{RRV}_{t,t+h}\right)^{1/2} = c + \alpha^{(d)} \left(C_t\right)^{1/2} + \alpha^{(w)} \left(C_{t-5,t}\right)^{1/2} + \alpha^{(m)} \left(C_{t-22,t}\right)^{1/2} + \beta^{(d)} \left(J_t\right)^{1/2}$$
$$+ \beta^{(w)} \left(J_{t-5,t}\right)^{1/2} + \beta^{(m)} \left(J_{t-22,t}\right)^{1/2} + \gamma^{(d)} r^-_t + \gamma^{(w)} r^-_{t-5,t}$$
$$+ \gamma^{(m)} r^-_{t-22,t} + \varepsilon_{t,t+h} \qquad (5.18)$$

$$\log\left(\mathrm{RRV}_{t,t+h}\right) = c + \alpha^{(d)} \log\left(C_t\right) + \alpha^{(w)} \log\left(C_{t-5,t}\right) + \alpha^{(m)} \log\left(C_{t-22,t}\right)$$
$$+ \beta^{(d)} \log\left(J_t + 1\right) + \beta^{(w)} \log(J_{t-5,t} + 1) + \beta^{(m)} \log\left(J_{t-22,t} + 1\right)$$
$$+ \gamma^{(d)} r^-_t + \gamma^{(w)} r^-_{t-5,t} + \gamma^{(m)} r^-_{t-22,t} + \varepsilon_{t,t+h} \qquad (5.19)$$

第四节 跳跃对波动率影响的实证分析

一、数据与描述统计分析

为了研究中国股票市场跳跃的特征及作用，本节基于沪深 300 指数的高频数据，时间区间为 2005 年 4 月 8 日至 2022 年 12 月 31 日，数据来源于 CSMAR 高频数据库。在每一交易日采样中，取 241 个 1 分钟高频数据，将它们分为 48 个区间，每 5 分钟为 1 个区间，即 n 取 48，m 取 5。这样可以计算得到 RRV，并根据跳跃性检验统计量，在显著性水平为 0.05 时，分离出 RRV 的跳跃成分，对 RRV 及其跳跃成分做出统计分析，结果见表 5.1。

表 5.1 中国股市 RRV 与跳跃的统计分析

变量	均值	标准差	偏度	峰度	LB_{12}
RRV	1.539	2.434	6.574	71.662	13 944[0.000]
log(RRV)	−0.114	0.974	0.451	0.215	26 934[0.000]
$\mathrm{RRV}^{1/2}$	1.073	0.623	2.361	9.291	22 254[0.000]
C	1.292	2.259	7.864	97.866	12 205[0.000]

续表

变量	均值	标准差	偏度	峰度	LB_{12}
$\log(C)$	−0.317	0.987	0.481	0.360	25 088[0.000]
$C^{1/2}$	0.974	0.586	2.680	12.466	20 413[0.000]
J	0.248	0.588	5.015	36.730	3 237[0.000]
$\log(J+1)$	0.163	0.296	2.538	7.621	4 296[0.000]
$J^{1/2}$	0.273	0.416	1.722	3.315	3 689[0.000]

注：LB_{12} 表示滞后 12 期的 Ljung-Box 统计量，方括号内为 Ljung-Box 统计量的伴随概率

对 RRV 的水平形式、标准差形式和对数形式作统计分析，RRV 的水平形式具有较大的均值和标准差，其偏离正态分布程度较大，对数形式的 RRV 的偏度和峰度比较接近正态分布。三种形式的 RRV 均表现出较强的自相关性，其中，对数形式 RRV 的自相关性最高，标准差形式 RRV 次之。跳跃性检验表明中国股市具有显著的跳跃性，与 RRV 相比，跳跃成分的均值和标准差较小，根据 Ljung-Box 计算的 LB_{12} 统计量，三种形式跳跃的自相关性均远小于 RRV，但其仍保持显著的自相关性。图 5.1 显示了 2005 年 1 月 1 日至 2022 年 12 月 30 日的 RRV、C 和 J 的变化情况。RRV 表现出连续变化，反映了中国股票市场日波动的大小变化，2006 年底至 2008 年以及 2015~2016 年，市场处于较高的波动状态，这一期间中国股市经历了由股权分置改革带来的一轮牛市和美国次贷危机以来的熊市，以及杠杆牛市和股市下跌产生的股灾，股市上涨和下跌幅度较大，股票市场产生了较大的波动。与 RRV 相比，跳跃表现为非连续性，当股票交易日没有跳跃时，跳跃为零，即股票市场的跳跃间断发生变化。由图 5.1（a）和图 5.1（c）比较可以看出，跳跃具有和市场波动相类似的特征，在 2006 年底至 2008 年，股票市场波动较大、跳跃比较频繁、跳跃幅度较大，而在股市波动较小的时期，如 2005 年，跳跃频率较低、跳跃幅度较小。

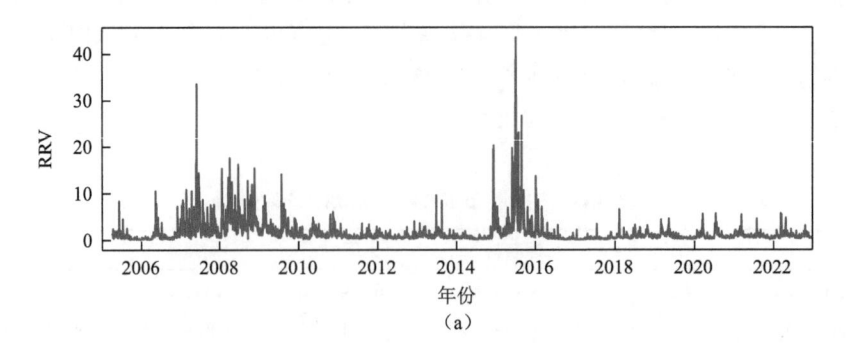

(a)

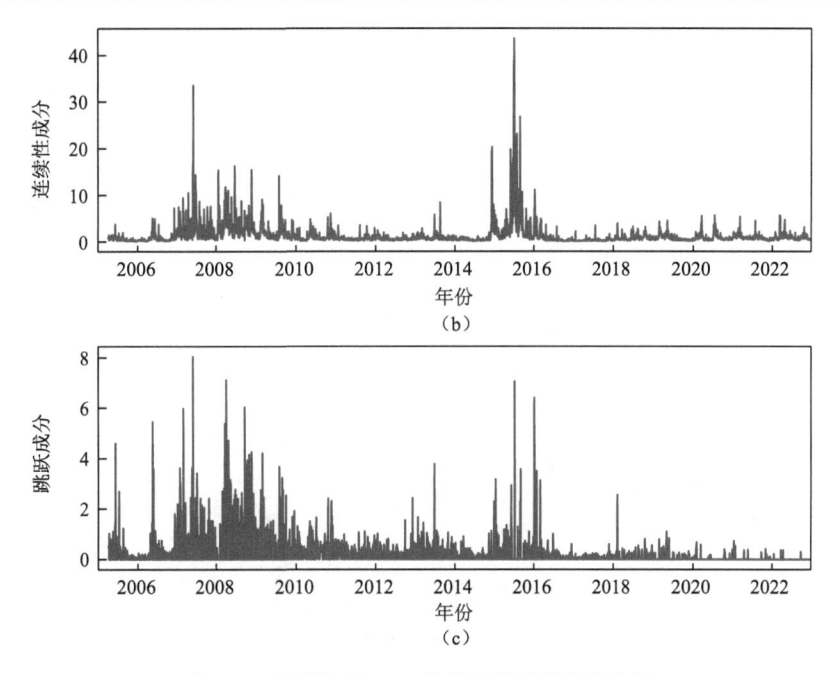

图 5.1　中国股市 RRV 及其分解成分的变化图

图 5.2 展示了三种形式 RRV 的自相关系数。对数形式的自相关较高，且自相关衰减的程度比较平滑，随着滞后期的增加，自相关程度逐渐下降；标准差形式的 RRV 的自相关程度次之；水平形式的 RRV 的自相关程度最小，并且随着滞后期增加，自相关程度有时会有增加的特征。图 5.3 为 RRV 分解成分的自相关图，与图 5.2（a）相比，RRV 的连续成分 C 的自相关性略有下降，不过自相关系数的变化形式和 RRV 本身比较相似，即逐步下降，其间有时略有上升。跳跃成分 J 的自相关系数变化较大，只在低滞后期时自相关较高，在滞后期为 4 时自相关系数下降到 0.216，之后自相关系数衰减比较慢，在 0.2 上下波动。

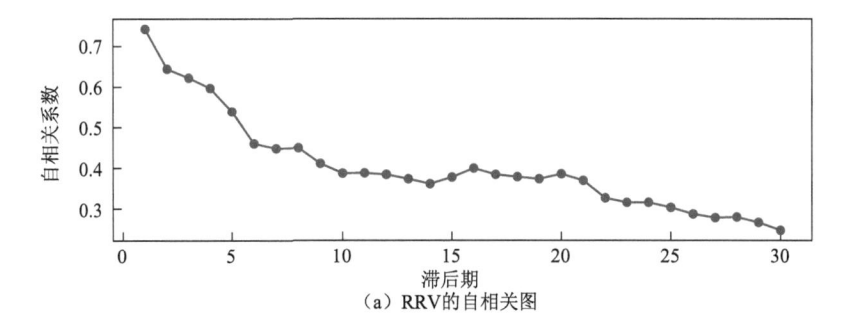

（a）RRV 的自相关图

（b）log(RRV)的自相关图

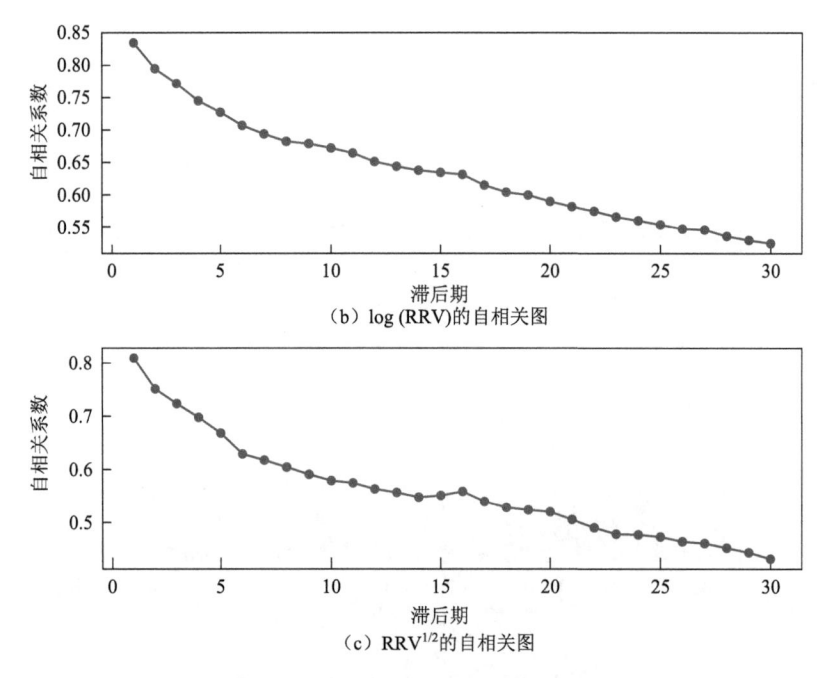

（c）$RRV^{1/2}$的自相关图

图 5.2　不同形式的 RRV 的自相关图

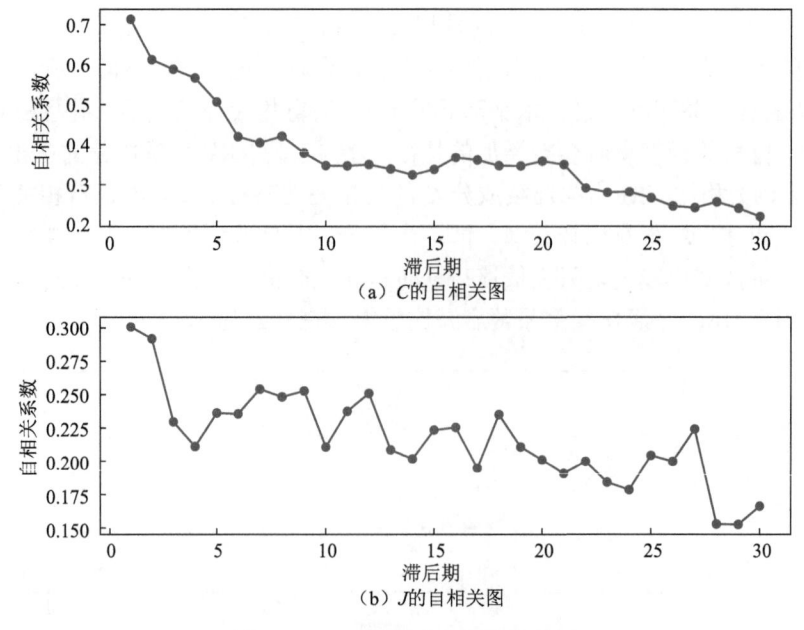

（a）C的自相关图

（b）J的自相关图

图 5.3　RRV 分解成分的自相关图

二、中国股市跳跃的影响分析

本节基于连续时间跳跃扩散理论，根据非参数方法将 RRV 分解为连续成分和跳跃成分，分别建立水平形式、标准差形式和对数形式的 HAR-RRV-CJ 模型。鉴于误差项可能出现的自相关和异方差，本节通过 Newey-West 异方差自相关一致性（heteroskedasticity and autocorrelation consistent，HAC）协方差矩阵进行修正，以得到稳健的一致性标准误，估计结果如表 5.2 所示。综合来看，调整的判定系数 $\bar{R}^2$ 多大于 0.5，表明水平形式、标准差形式和对数形式的模型对短期（一天）、中期（一周）和长期（一个月）股市波动具有较好的预测能力，其中，对数形式的 HAR-RRV-CJ 模型对短期和中期股市波动预测能力为 0.7 以上。

表 5.2 HAR-RRV-CJ 模型估计结果

参数	RRV_{t+h}			$(RRV_{t+h})^{1/2}$			$\log(RRV_{t+h})$		
h	1	5	22	1	5	22	1	5	22
c	0.140***	0.248***	0.471***	0.073***	0.124***	0.242***	−0.02	0.025	0.058
	(0.037)	(0.051)	(0.078)	(0.017)	(0.027)	(0.040)	(0.016)	(0.027)	(0.053)
$\alpha^{(d)}$	0.447***	0.371***	0.168***	0.446***	0.369***	0.194***	0.365***	0.286***	0.174***
	(0.054)	(0.060)	(0.026)	(0.035)	(0.035)	(0.023)	(0.022)	(0.021)	(0.018)
$\alpha^{(w)}$	0.346***	0.186**	0.127**	0.324***	0.225***	0.198***	0.319***	0.255***	0.244***
	(0.122)	(0.087)	(0.059)	(0.059)	(0.058)	(0.058)	(0.033)	(0.041)	(0.048)
$\alpha^{(m)}$	0.100	0.247***	0.346***	0.124***	0.255***	0.353***	0.159***	0.262***	0.296***
	(0.081)	(0.086)	(0.061)	(0.042)	(0.055)	(0.063)	(0.026)	(0.042)	(0.069)
$\beta^{(d)}$	0.357***	0.259***	0.139***	0.129***	0.086***	0.048***	0.211***	0.140***	0.100***
	(0.114)	(0.097)	(0.040)	(0.025)	(0.019)	(0.012)	(0.042)	(0.030)	(0.019)
$\beta^{(w)}$	0.161	0.165	0.433*	0.050	0.082	0.143*	0.108	0.174	0.179
	(0.284)	(0.294)	(0.237)	(0.060)	(0.081)	(0.076)	(0.081)	(0.111)	(0.123)
$\beta^{(m)}$	0.472*	0.594**	0.399	0.151***	0.178**	0.151	0.331***	0.363***	0.382*
	(0.258)	(0.292)	(0.312)	(0.055)	(0.070)	(0.094)	(0.082)	(0.119)	(0.199)
$\bar{R}^2$	0.595	0.600	0.498	0.702	0.717	0.635	0.740	0.759	0.680
跳跃影响的假设检验 H_0: $\beta^{(d)} = \beta^{(w)} = \beta^{(m)} = 0$									
Wald	31.99	18.43	23.26	133.66	80.33	40.56	152.45	85.83	49.14
	[0.000]	[0.000]	[0.000]	[0.000]	[0.000]	[0.000]	[0.000]	[0.000]	[0.000]

注：圆括号内为 Newey-West HAC 标准误，对日（$h=1$）、周（$h=5$）和月（$h=22$）作回归分析时，Newey-West HAC 滞后期分别取 5、10 和 44；$\bar{R}^2$ 为调整的判定系数；Wald 表示不存在跳跃影响零假设的 Wald 统计量，服从自由度为 3 的卡方分布，方括号内为伴随概率

*、**、***分别表示在 0.1、0.05、0.01 的水平下统计显著

就 RRV 中的连续成分而言，在一天、一周、一个月股市波动的估计时，短期连续性波动和中期连续性波动在 0.05 的水平下均显著异于零，而长期连续性波动在大多数模型中显著异于零，这表明连续性波动能够较好地解释未来股市波动，具有较好的预测力。从回归系数的大小来看，三种形式的 HAR-RRV-CJ 模型估计结果均表明，短期连续性波动对短期股市波动的影响大于长期连续性波动，比如，水平形式模型中的 0.447 大于 0.100。与其相比，长期股市的波动主要来自长期连续性波动的影响，短期连续性波动对长期股市波动的影响较小，比如，在标准差形式 HAR-RRV-CJ 模型中，长期连续性波动对长期股市波动的影响大小为 0.353，而短期连续性波动的影响为 0.194。

分析跳跃对股市波动的影响。首先，分析短期、中期、长期跳跃对股市波动的联合影响，表 5.2 中的 Wald 检验表明，水平形式、标准差形式、对数形式 HAR-RRV-CJ 模型中待估参数 $\beta^{(d)}$、$\beta^{(w)}$、$\beta^{(m)}$ 联合为零的假设被拒绝，说明跳跃对中国股市波动存在显著的影响。其次，不同期限的跳跃对股市波动影响不同。三种形式的模型中系数 $\beta^{(d)}$ 均显著异于零，表明短期跳跃对股市波动具有显著的影响，而 $\beta^{(m)}$ 在 0.05 的水平下对长期波动率的影响不显著，说明长期跳跃主要影响短期波动率和中期波动率，中期跳跃对股市的影响并不统一，大多数表现为不显著。最后，短期跳跃对短期、中期、长期波动的影响大小不同。对比短期、中期和长期的 HAR-RRV-CJ 模型发现，短期股市波动受短期跳跃的影响最大，长期股市波动受短期跳跃的影响最小，如水平形式的 HAR-RRV-CJ 模型中，短期股市波动受短期跳跃影响的系数为 0.357，中期股市波动为 0.259，长期股市波动为 0.139。因此，在跳跃对股市波动的影响方面，主要表现为短期跳跃对股市的短期波动具有较大的显著的正的影响。本节的研究结论与王春峰等（2008）的结论并不相同，这是因为王春峰等（2008）从已实现波动中分解出跳跃成分，其分解采用 Andersen 等（2007a）所使用的方法，该方法只是部分减轻了高频数据中微观结构噪声的影响，但其仍可能受到噪声的较大影响。中国股票市场具有不成熟股市的一些特征，导致市场出现较多的噪声，本节采用较为稳健的统计量 RRV，在估计 QV 方面更为准确，从而捕捉到更多的跳跃成分。类似的研究如 Corsi 等（2010）基于门限 BV 发现跳跃对未来波动具有显著的正向影响。

作为比较，根据模型（5.15）并将 X 取 RRV，估计了水平形式、标准差形式和对数形式的 HAR-RRV-RRV 模型，估计结果见表 5.3。对比 HAR-RRV-RRV 模型和 HAR-RRV-CJ 模型可以看出，水平形式和标准差形式的 HAR-RRV-CJ 模型具有较大的 $\bar{R}^2$，故进行连续成分和跳跃成分分解的模型预测效果优于没有进行连续成分和跳跃成分分解的 HAR-RRV-RRV 模型。HAR-RRV-RRV 模型估计结果还显示，短期、中期和长期波动率对日、周和月的估计结果均显著异于零，短期波动率对日波动的影响最大；长期波动率对日波动的影响最小，长期波动率对月波动率的影响最大。

表 5.3 HAR-RRV-RRV 模型估计结果

参数	RRV_{t+h}			$(RRV_{t+h})^{1/2}$			$\log(RRV_{t+h})$		
	1	5	22	1	5	22	1	5	22
c	0.148***	0.264***	0.497***	0.071***	0.123***	0.244***	−0.061***	−0.001	0.047
	(0.052)	(0.076)	(0.090)	(0.018)	(0.029)	(0.041)	(0.008)	(0.014)	(0.031)
$\alpha^{(d)}$	0.441***	0.362***	0.164***	0.430***	0.348***	0.186***	0.399***	0.310***	0.190***
	(0.050)	(0.059)	(0.022)	(0.035)	(0.034)	(0.019)	(0.024)	(0.022)	(0.019)
$\alpha^{(w)}$	0.331***	0.184**	0.152***	0.329***	0.249***	0.229***	0.349***	0.298***	0.285***
	(0.095)	(0.074)	(0.058)	(0.051)	(0.053)	(0.051)	(0.032)	(0.041)	(0.046)
$\alpha^{(m)}$	0.132**	0.281***	0.361***	0.161***	0.292***	0.378***	0.193***	0.302***	0.346***
	(0.066)	(0.066)	(0.050)	(0.036)	(0.047)	(0.053)	(0.025)	(0.040)	(0.060)
$\bar{R}^2$	0.594	0.599	0.496	0.701	0.716	0.631	0.745	0.766	0.684

注：圆括号内为 Newey-West HAC 标准误，对日（h=1）、周（h=5）和月（h=22）作回归分析时，Newey-West HAC 滞后期分别取 5、10 和 44；$\bar{R}^2$ 为调整的判定系数

、*分别表示在 0.05、0.01 的水平下统计显著

三、预测比较

除了 HAR-RRV-RRV 模型，根据文献中出现的一些基于高频数据的市场波动预测模型，将 HAR-RRV-CJ 模型与一些对比模型进行样本内预测比较，比较准则采用调整的判定系数（$\bar{R}^2$）和均方根误差（root mean square error，RMSE）准则，其中，$\bar{R}^2$ 是常用的判断模型拟合优劣程度的统计量，RMSE 在波动性预测时能够提供一致性的模型排序（Patton，2011）。在这些对比模型中，RRV、RBV、C 分别作为解释变量。将模型（5.15）建立的三种形式的对比模型与 HAR-RRV-CJ 模型进行比较，并对 h 分别取 1、5、10、15、22，表 5.4 给出了预测结果。综合来看，在一天、一周、两周、三周、一个月的波动预测中，基于连续成分和跳跃成分分解的 HAR-RRV-CJ 模型在四种形式的波动预测模型中具有最大的 $\bar{R}^2$ 和最小的 RMSE，表明 HAR-RRV-CJ 模型在短期、中期、长期波动预测中均具有最佳的样本内预测效果。

表 5.4 HAR-RRV-X 模型与 HAR-RRV-CJ 模型样本内预测效果比较

参数	h=1 $\bar{R}^2$	h=1 RMSE	h=5 $\bar{R}^2$	h=5 RMSE	h=10 $\bar{R}^2$	h=10 RMSE	h=15 $\bar{R}^2$	h=15 RMSE	h=22 $\bar{R}^2$	h=22 RMSE
RRV	0.594	1.553	0.599	1.327	0.533	0.605	0.511	0.882	0.496	1.254
RBV	0.588	1.563	0.594	1.335	0.528	0.609	0.503	0.890	0.488	1.264
C	0.577	1.585	0.579	1.361	0.511	0.620	0.486	0.905	0.471	1.285
CJ	**0.595**	**1.551**	**0.600**	**1.326**	**0.535**	**0.604**	**0.515**	**0.879**	**0.498**	**1.251**

注：加黑字体表示各列最大的判定系数或者最小的均方根误差

为了进一步验证跳跃在市场波动分析中的重要作用，在对比模型中加入跳跃虚拟变量，即将模型（5.15）扩展为

$$\text{RRV}_{t,t+h} = \beta_0 + \beta_0^{\text{jump}} D_t + \left(\beta_1 + \beta_1^{\text{jump}} D_t\right) X_t + \left(\beta_2 + \beta_2^{\text{jump}} D_t\right) X_{t-5,t}$$
$$+ \left(\beta_3 + \beta_3^{\text{jump}} D_t\right) X_{t-22,t} + \varepsilon_{t,t+h} \quad (5.20)$$

其中，X 分别取 RBV 和 C；D_t 为虚拟变量，当 t 日出现跳跃时，D_t 取 1，否则为零。构建 F 统计量检验零假设 H_0：$\beta_0^{\text{jump}} = \beta_1^{\text{jump}} = \beta_2^{\text{jump}} = \beta_3^{\text{jump}} = 0$，拒绝零假设表示跳跃对股市波动具有显著的预测能力，表 5.5 给出了 F 统计量检验结果。统计检验结果表明，在 RBV、C 分别作为解释变量的五种模型中，不论是在短期波动预测模型中，还是在长期波动预测模型中，跳跃虚拟变量为零的联合假设均被显著拒绝，可见跳跃显著地影响未来的股市波动，跳跃有助于提高对未来波动的预测，这也进一步验证了表 5.2 的估计结果。

表 5.5 基于跳跃虚拟变量的 HAR-RRV-X 模型的检验

参数	h=1	h=5	h=10	h=15	h=20
RBV	5.808[0.000]	5.687[0.000]	8.984[0.000]	13.802[0.000]	15.185[0.000]
C	38.281[0.000]	36.851[0.000]	34.138[0.000]	38.591[0.000]	38.794[0.000]

注：方括号内为 F 统计量的伴随概率

四、中国股市的杠杆效应研究

鉴于 HAR-RRV-CJ 模型具有较好的解释能力和预测能力，为了进一步反映利好、利空消息的不同影响，建立 LHAR-RRV-CJ 模型以分析日负收益率、周负收益率、月负收益率对股市波动的影响，即对模型（5.17）、模型（5.18）、模型（5.19）进行估计，估计结果见表 5.6。

表 5.6　LHAR-RRV-CJ 模型估计结果

参数		RRV_{t+h}			$(RRV_{t+h})^{1/2}$			$\log(RRV_{t+h})$		
		\multicolumn{9}{c}{h}
		1	5	22	1	5	22	1	5	22
c		−0.026	0.178***	0.463***	0.077***	0.121***	0.229***	−0.088***	0.002	0.082
		(0.049)	(0.059)	(0.081)	(0.016)	(0.027)	(0.043)	(0.016)	(0.027)	(0.058)
连续成分和跳跃成分	$\alpha^{(d)}$	0.349***	0.326***	0.152***	0.325***	0.315***	0.187***	0.294***	0.252***	0.174***
		(0.050)	(0.058)	(0.021)	(0.033)	(0.034)	(0.021)	(0.023)	(0.023)	(0.020)
	$\alpha^{(w)}$	0.383***	0.201**	0.144**	0.371***	0.250***	0.228***	0.342***	0.270***	0.267***
		(0.116)	(0.085)	(0.061)	(0.056)	(0.057)	(0.061)	(0.033)	(0.041)	(0.050)
	$\alpha^{(m)}$	0.097	0.257***	0.361***	0.139***	0.268***	0.355***	0.177***	0.273***	0.290***
		(0.072)	(0.082)	(0.064)	(0.039)	(0.054)	(0.067)	(0.027)	(0.043)	(0.072)
	$\beta^{(d)}$	0.198*	0.191**	0.123***	0.081***	0.067***	0.049***	0.151***	0.114***	0.103***
		(0.110)	(0.093)	(0.042)	(0.024)	(0.018)	(0.011)	(0.042)	(0.031)	(0.021)
	$\beta^{(w)}$	0.312	0.257	0.527**	0.100*	0.109	0.159**	0.179**	0.223**	0.216*
		(0.273)	(0.277)	(0.239)	(0.056)	(0.078)	(0.075)	(0.076)	(0.110)	(0.125)
	$\beta^{(m)}$	0.291	0.507*	0.362	0.115**	0.160**	0.145	0.273***	0.335***	0.382*
		(0.238)	(0.284)	(0.324)	(0.051)	(0.068)	(0.097)	(0.078)	(0.119)	(0.206)
杠杆效应	$\gamma^{(d)}$	−0.519***	−0.213***	−0.100***	−0.102***	−0.044***	−0.020***	−0.102***	−0.049***	−0.022***
		(0.081)	(0.051)	(0.036)	(0.011)	(0.008)	(0.006)	(0.009)	(0.007)	(0.007)
	$\gamma^{(w)}$	−0.130	−0.140	−0.008	−0.031	−0.023	0.029	−0.044**	−0.028	0.054
		(0.099)	(0.163)	(0.152)	(0.020)	(0.033)	(0.035)	(0.022)	(0.036)	(0.043)
	$\gamma^{(m)}$	0.206	0.348	0.667	0.033	0.089	0.174	0.055	0.132*	0.212
		(0.206)	(0.293)	(0.634)	(0.039)	(0.064)	(0.139)	(0.044)	(0.072)	(0.134)
$\bar{R}^2$		0.642	0.612	0.505	0.729	0.723	0.640	0.752	0.762	0.683
\multicolumn{11}{c}{杠杆效应的假设检验 H_0：$\gamma^{(d)} = \gamma^{(w)} = \gamma^{(m)} = 0$}
Wald		44.647	18.734	12.489	92.372	31.598	15.632	146.476	45.117	19.563
		[0.000]	[0.000]	[0.006]	[0.000]	[0.000]	[0.001]	[0.000]	[0.000]	[0.000]

注：圆括号内为 Newey-West HAC 标准误，对日（$h=1$）、周（$h=5$）和月（$h=22$）作回归分析时，Newey-West HAC 滞后期分别取 5、10 和 44；$\bar{R}^2$ 为调整的判定系数；Wald 表示不存在杠杆效应零假设的 Wald 统计量，服从自由度为 3 的卡方分布，方括号内为伴随概率

*、**、***分别表示在 0.1、0.05、0.01 的水平下统计显著

从调整的判定系数 $\bar{R}^2$ 来看，与表 5.2 的 HAR-RRV-CJ 模型的估计结果相比，表 5.6 的 LHAR-RRV-CJ 模型提高了模型的预测能力，如水平形式的短期股市波动模型的预测能力从 0.594 提高到 0.642，对数形式的短期股市波动模型的预测能力从 0.745 提高到 0.752，标准差形式的模型类似，因此，与 HAR-RRV-CJ 模型

相比，LHAR-RRV-CJ 模型具有较好的预测能力，且杠杆效应有助于提高对股市波动的解释力。

与表 5.2 相比，表 5.6 的连续性波动和跳跃性波动对股市波动影响的显著性和相对大小并没有发生太大的变化。如短期股市的波动主要来自短期连续性波动的影响，长期股市的波动主要来自长期连续性波动的影响；短期跳跃对股市波动具有显著的正向影响，在水平形式下长期跳跃对股市波动的影响并不显著，且短期跳跃对短期股市波动影响较大，对长期股市波动影响较小。

具体分析短期、中期和长期负收益率的影响。表 5.6 给出了杠杆效应的检验结果。Wald 检验的结果表明，拒绝杠杆效应对股市波动率没有显著影响的零假设，杠杆效应是股市波动率建模中的重要影响因素。从参数的估计值详细分析，$\gamma^{(w)}$ 和 $\gamma^{(m)}$ 仅有个别估计结果在统计上显著，说明中期、长期负的周收益率、月收益率对股市的波动影响较小，即中期和长期杠杆效应的影响并不显著，并且，水平形式、标准差形式、对数形式的 LHAR-RRV-CJ 模型均给出了类似的结论。就短期股市负收益率而言，表 5.6 的估计结果显示，在对股市日波动和周波动以及月波动的影响方面，反映短期负收益率非对称影响的系数 $\gamma^{(d)}$ 在统计上显著，且小于零。因此，中国股市存在杠杆效应，具体表现为短期负收益率对短期、中期和长期市场波动具有显著的负向影响。从短期杠杆效应的影响大小来看，短期负收益率对短期股市波动影响较大、对中期股市波动影响较小、对长期股市波动影响最小。就水平形式的 LHAR-RRV-CJ 模型而言，对股市日波动的影响系数为-0.519、对股市周波动的影响系数为-0.213、对股市月波动的影响系数为-0.100，标准差形式和对数形式的 LHAR-RRV-CJ 模型具有类似的结果。总之，中国股市波动存在杠杆效应，短期负收益率显著地影响短期、中期和长期股市波动，其中，对短期股市波动的影响较大、对中期股市波动影响较小、对长期股市波动的影响最小。

综合分析跳跃性与杠杆效应，中国股市表现出显著的跳跃性和杠杆效应，不过二者产生的原因不同，其中，跳跃来源于异常消息的影响导致股价发生的非连续变化，杠杆效应则是对于利好、利空消息冲击的非对称反应。虽然短期、中期和长期跳跃和杠杆效应在股市波动预测中具有不同的作用，但它们均有助于提高对股市波动的预测水平。

第五节 本章小结

本章以连续时间金融跳跃扩散理论为基础，基于 RRV 构建跳跃性检验，将 RRV 分解为连续成分和跳跃成分，对中国股市的跳跃性以及杠杆效应进行了实证研究。

第一，中国股市具有显著的跳跃性，但跳跃的均值、标准差、相关性均小于RRV。与RRV相比，跳跃间断发生变化，在股市波动较大的时期，跳跃比较频繁，跳跃幅度较大。

第二，连续性波动能够较好地解释未来股市波动，其中，短期连续性波动对短期股市波动的影响大于长期连续性波动，长期股市的波动主要受长期连续性波动的影响，短期连续性波动对长期股市波动的影响较小。

第三，跳跃对中国股市波动存在显著的正向影响，但不同期限的跳跃对股市波动影响不同，短期跳跃对股市波动具有显著的影响，长期跳跃对股市波动的影响并不显著；短期跳跃对短期、中期、长期波动的影响大小不同，短期股市波动受短期跳跃的影响最大，长期股市波动受短期跳跃的影响最小。

第四，LHAR-RRV-CJ模型具有较好的预测能力，且杠杆效应有助于提高对股市波动的解释力。研究还发现，中国股市存在显著的杠杆效应，杠杆效应对短期、中期、长期股市波动的影响不同，其中，短期负收益率显著地影响短期、中期和长期股市波动，并对短期股市波动影响较大、对中期股市波动影响较小、对长期股市波动的影响最小。

跳跃和杠杆效应在衍生产品定价、风险管理和套期保值中具有重要的含义，本章的研究发现揭示了跳跃和杠杆效应在中国股市波动性分析中的重要作用。中国股票市场的投资者在波动率预测和投资决策分析时，应考虑到跳跃和杠杆效应的作用及影响。股市发生跳跃时，在某一区间上的跳跃会导致资产收益率的厚尾分布，基于正态分布的投资组合和风险管理模型将会低估风险；此外，股价跳跃时，期货并不总是同时发生共同跳跃，这时期货现货基差可能瞬间发生变化，增大了套期保值风险。

第六章　跳跃与资产定价

第一节　资产价格的跳跃行为

跳跃是金融资产价格变动的基本特征（Merton，1976），跳跃的研究成为金融经济学领域的热点和重点问题。数年来，连续时间扩散过程一直是资产和衍生产品定价模型的理论基础，然而，扩散过程与实际资产价格数据的性质并不相符大大阻碍了实证估计和推断的发展。于是一些学者将单因子资产定价模型推广到多因子模型，努力寻找解释资产价格变动的新的影响因子，不过这仍然不能够解释资产收益率的厚尾特性以及非正态性。资产收益率的这些特性常常与资产价格发生的一些较大的不连续的价格跳跃密切相关，因此，经济学家认为资产价格变动不应仅由连续时间扩散过程来描述，还应该包括非连续的价格跳跃成分，这一进步激起了许多学者对资产价格跳跃性领域的研究兴趣。一些学者集中于识别资产价格跳跃的计量方法（Barndorff-Nielsen and Shephard，2004；Huang and Tauchen，2005），当通过计量方法找到资产价格的跳跃成分后，人们开始尝试用跳跃去解释重要金融经济变量（Zhang et al.，2009），一些学者已经着眼于分析跳跃与资产定价之间的关系（Maheu et al.，2013；Cremers et al.，2015）。

新兴的中国股票市场的参与者以中小投资者为主，小规模的机构投资者也常常表现出散户化的投资特征，这导致股市存在着短期炒作和投机行为。因此，与成熟的发达国家股市相比，新兴的中国股市市场效率较低，投资者也较为激进。当外部信息特别是超预期的异常信息冲击股票市场时，股票市场常常出现大幅度变化，从而表现非连续的跳跃特征。这种跳跃不同于扩散过程所描述的资产价格连续变化，其在资产定价、组合资产管理等方面具有与资产价格连续变化不同的含义。如果说中国股市资产价格受到由布朗运动驱动的扩散风险和泊松过程驱动的跳跃风险的影响，那么仅仅考虑连续价格变动的资产定价模型并不充分，它无法解释资产价格的非连续的跳跃，因而也不能充分解释资产价格的变动。本章将利用非参数跳跃识别方法创建股价跳跃代理变量，并结合控制变量研究股价跳跃对股票收益率的影响，这将有利于揭示跳跃与股票收益率的内在关系，也将丰富跳跃在资产定价领域的研究。

关于股票价格跳跃的理论可以追溯到 Press（1967）以及 Merton（1976）的研究。Press（1967）在股票价格运动过程中假设股票是一种连续运动和跳跃运动的线性复合，最早在股票价格随机游走假设中引入泊松过程，形成了跳跃-扩散过程的雏形。Merton（1976）在股票价格服从跳跃-扩散过程的假设下，研究了期权定价问题，并明确指出跳跃是资产价格的重要组成部分。

跳跃应用于资产定价领域方面的研究主要集中于国外文献，国内文献相对较少。Ball 和 Torous（1985）、Andersen 等（2002）证明在期权以及其他衍生品定价时，跳跃-扩散模型起到重要作用。在跳跃强度方面，Zhou 和 Zhu（2011）研究表明中国股票市场跳跃强度风险与横截面股票收益率相关；Maheu 等（2013）则发现跳跃风险在美国市场指数中通过时变方差、偏度和峰度被定价，跳跃及其动态行为与股权溢价密切相关。Jiang 和 Yao（2013）分析了跳跃和定价因子的关系，发现跳跃的横截面差别可以解释规模、非流动性和价值效应，但跳跃不是动量效应的原因。此外，有些学者基于期权数据提取出跳跃成分进行研究，如 Yan（2011）从期权波动率微笑曲线中提取跳跃幅度研究美国股市跳跃幅度和资产定价的关系，研究表明股票横截面收益率与股票价格平均跳跃幅度呈负相关；Cremers 等（2015）分析了股票收益率横截面的跳跃和波动率风险的定价，结果表明，跳跃和波动率风险有助于解释资产收益率的变动。

国内文献在跳跃方面的研究大体分为三个分支。第一分支主要讨论资产价格的跳跃特征。陈浪南和孙坚强（2010）通过构建包含跳跃的 GARCH 模型来分析股票市场资产收益的跳跃行为，发现了跳跃行为存在显著的时变特征；欧丽莎等（2011）利用 RV 法研究了共同跳跃与异质跳跃之间的关系；赵华和王一鸣（2011）、刘庆富和许友传（2011）研究了期货市场的时变跳跃性、国内外期货市场的跳跃溢出效应；西村友作等（2012）讨论了金融危机下股票市场的波动跳跃性。第二分支着眼于跳跃对波动率的影响。胡素华等（2006）研究表明跳跃因素对刻画金融资产波动过程具有重要意义；王春峰等（2008）研究了上证综指已实现波动中的跳跃行为，结果表明上证综指日间波动发生显著跳跃的比例相当高，并且离散跳跃方差序列具有明显的自相关性和集聚现象。第三分支则关注跳跃的来源。王春峰等（2011）综合考虑了市场中信息到达与跳跃时刻之间的联系，他们指出跳跃本质上是对市场重大信息融入市场的极端价格发现特征，绝大多数重大市场信息公告会引发显著跳跃；赵华和秦可佶（2014）将股价跳跃与宏观信息发布联系起来，结果发现，宏观信息的意外冲击对股价跳跃具有显著的影响，不同方向的信息冲击对价格跳跃具有非对称性影响。

资产价格跳跃性的研究逐渐积累了一些优秀文献，目前学者在中国资本市场具有显著的跳跃性特征方面已经取得了共识，但对于跳跃对资产价格的影响程度以及正、负跳跃的不同影响等问题还没有足够关注。本章以连续时间跳跃扩散过程为出发点，研究新兴的中国股市跳跃在资产定价中的重要作用。

第二节 跳跃与资产定价的理论模型

Merton（1976）指出，当股票收益率非连续时，股票价格满足一般跳跃扩散随机过程。假设股票 i 满足下面的跳跃扩散过程：

$$\frac{\mathrm{d}S_i}{S_i} = \left(\mu_i - \lambda_i \mu_{\gamma_i}\right)\mathrm{d}t + \sigma_i \mathrm{d}z_i + \gamma_i \mathrm{d}q_i \tag{6.1}$$

其中，σ_i 为扩散标准差；z_i 为标准布朗运动；q_i 为服从强度为 λ_i 的泊松过程，当跳跃发生时 $\mathrm{d}q_i = 1$，否则为 0；γ_i 为跳跃幅度，服从对数正态分布 $\ln(1+\gamma_i) \sim N\left(\ln(1+\mu_{\gamma_i}) - \sigma_{\gamma_i}^2/2, \sigma_{\gamma_i}^2\right)$；$z_i$、$q_i$ 和 γ_i 相互独立；$\lambda_i \mu_{\gamma_i}$ 调整平均跳跃对漂移项的影响，$E(\mathrm{d}S_i/S_i) = \mu_i \mathrm{d}t$。

同样地，假设随机贴现因子 $M(t)$ 满足一般的跳跃扩散过程，即

$$\frac{\mathrm{d}M}{M} = \left(-r_f - \lambda_M \mu_{\gamma_M}\right)\mathrm{d}t + \sigma_M \mathrm{d}z_M + \gamma_M \mathrm{d}q_M \tag{6.2}$$

其中，r_f 为无风险利率；q_M 为服从强度为 λ_M 的泊松过程；σ_M、z_M 和 γ_M 分别为扩散标准差、标准布朗运动和跳跃幅度；z_M、q_M 和 γ_M 之间相互独立。为了保证随机贴现因子 $M(t)$ 为正，即满足无套利条件，跳跃幅度 γ_M 服从对数正态分布，$\ln(1+\gamma_M) \sim N\left(\ln(1+\mu_{\gamma_M}) - \sigma_{\gamma_M}^2/2, \sigma_{\gamma_M}^2\right)$。

对于随机贴现因子和股票 i 的关系，假设 z_M 和 z_i、q_M 和 q_i 以及 γ_M 和 γ_i 之间两两相关，并且 $\mathrm{Corr}(\mathrm{d}z_M, \mathrm{d}z_i) = \rho_i$、$\mathrm{Corr}(q_M, q_i) = \eta_i$、$\mathrm{Corr}(\ln(1+\gamma_M), \ln(1+\gamma_i)) = \theta_i$，这里 η_i 非负，ρ_i 和 θ_i 可正可负（Yan, 2011）。将随机贴现因子和股票 i 的泊松过程分解为共同部分和特质性部分，即 $q_M = q_c + \tilde{q}_M$ 和 $q_i = q_c + \tilde{q}_i$，q_c、$\tilde{q}_M$ 和 $\tilde{q}_i$ 是相互独立的泊松过程，q_c 的强度为 λ_c。由 q_M 和 q_i 的相关系数，可以得出 $\lambda_c = \eta_i \sqrt{\lambda_M \lambda_i}$。

随机贴现因子 $M(t)$ 为正的随机过程，对于任意股票价格过程 $S(t)$，那么 MS 为一个鞅。应用伊藤引理，并根据式（6.1）和式（6.2）可以得出 MS 满足下面的随机过程：

$$\begin{aligned}\frac{\mathrm{d}(\mathrm{MS}_i)}{\mathrm{MS}_i} =& \left(\mu_i - r_f - \lambda_M \mu_{\gamma_M} - \lambda_i \mu_{\gamma_i} + \rho_i \sigma_M \sigma_i\right)\mathrm{d}t \\ &+ \sigma_M \mathrm{d}z_M + \sigma_i \mathrm{d}z_i + \gamma_M \mathrm{d}q_M + \gamma_i \mathrm{d}q_i + \gamma_M \gamma_i \mathrm{d}q_c\end{aligned} \tag{6.3}$$

MS_i 的鞅性表明 $\mu_i - r_f + \rho_i \sigma_M \sigma_i + \lambda_c E(\gamma_M \gamma_i) = 0$。由于 $\gamma_M \gamma_i = (1+\gamma_M) \times (1+\gamma_i) - \gamma_M - \gamma_i - 1$，根据 $\ln(1+\gamma_M)$ 和 $\ln(1+\gamma_i)$ 的分布，得到 $E(\gamma_M \gamma_i) = (1+\mu_{\gamma_M}$

$(1+\mu_{\gamma_i})e^{\theta_i\sigma_{\gamma_M}\sigma_{\gamma_i}} - \mu_{\gamma_M} - \mu_{\gamma_i} - 1$。因此，可以得到跳跃与资产定价之间的理论关系：

$$\mu_i - r_f = -\rho_i\sigma_M\sigma_i - \eta_i\sqrt{\lambda_M\lambda_i}\left[(1+\mu_{\gamma_M})(1+\mu_{\gamma_i})e^{\theta_i\sigma_{\gamma_M}\sigma_{\gamma_i}} - \mu_{\gamma_M} - \mu_{\gamma_i} - 1\right] \quad (6.4)$$

式 (6.4) 右边第一项对应于股票期望收益率的离散时间 β 表达式，如果股票 i 的扩散项与随机贴现因子的扩散项负相关（$\rho_i<0$）且不存在跳跃成分，则股票期望收益率大于无风险利率。式 (6.4) 右边第二项对应于非连续的跳跃成分对股票超额收益率的影响，如果跳跃以非系统性成分出现，这时 $\eta_i=0$，跳跃对资产定价没有影响；如果系统性跳跃出现，$\eta_i\neq 0$，跳跃对资产定价产生影响。跳跃对资产定价的影响为

$$\frac{\partial(\mu_i-r_f)}{\partial\mu_{\gamma_i}} = -\eta_i\sqrt{\lambda_M\lambda_i}\left[(1+\mu_{\gamma_M})e^{\theta_i\sigma_{\gamma_M}\sigma_{\gamma_i}} - 1\right] \quad (6.5)$$

在特殊情况下，如果股价跳跃幅度的分布与随机贴现因子跳跃幅度的分布不相关，即 θ_i 等于零，μ_{γ_i} 对 μ_i-r_f 的影响方向仅仅由随机贴现因子的平均跳跃幅度 μ_{γ_M} 的符号决定。由于随机贴现因子与市场组合负相关，且实证支持市场组合的平均跳跃幅度为负，因此 μ_{γ_M} 大于零，并且，$\eta_i\sqrt{\lambda_M\lambda_i}$ 大于零，所以跳跃幅度对股票收益率的影响为负，即当正跳跃发生时，股票收益率下降；当负跳跃发生时，股票收益率上升。在一般情况下，如果股价跳跃与随机贴现因子相关时，此时 θ_i 不等于零，股票平均跳跃幅度对股票收益率的影响方向不仅由 μ_{γ_M} 和 η_i 决定，还受到 θ_i、σ_{γ_M} 和 σ_{γ_i} 的影响，这种情况比较复杂，Yan（2011）指出，这最终将是一个实证问题。

第三节 跳跃与资产定价的实证模型

一、跳跃的识别

假设 p_d 为股票在 d 时刻的对数价格，其连续时间跳跃扩散过程表示为

$$p_d = \int_0^d \mu(s)\mathrm{d}s + \int_0^d \sigma(s)\mathrm{d}W(s) + \sum_{j=1}^{N(d)}\kappa(s_j) \quad (6.6)$$

其中，$\mu(d)$ 为连续且局部有界变差的漂移过程；$\sigma(d)$ 为右连续且左极限存在的波动率；$W(d)$ 为标准布朗运动；$N(d)$ 为可能发生的跳跃次数，其跳跃幅度为 $\kappa(s_j)$。

QV 理论表明，QV 度量的第 d 天的资产价格波动率可以分解为连续和跳跃两部分：

$$QV_d = \int_{d-1}^{d} \sigma^2(s)\mathrm{d}s + \sum_{j=N(d-1)+1}^{N(d)} \kappa^2(s_j) \tag{6.7}$$

其中，$\int_{d-1}^{d}\sigma^2(s)\mathrm{d}s$ 为 IV，表示收益率总变差中的连续变化成分；$\sum_{j=N(d-1)+1}^{N(d)} \kappa^2(s_j)$ 为收益率总变差中的非连续的跳跃成分，$N(d)$ 为第 d 天股价跳跃的次数。

第 d 天的日收益率定义为 $r_d = p_d - p_{d-1}$，第 d 天第 j 个日内收益率定义为

$$r_{d,j} = p_{d-1+\frac{j}{M}} - p_{d-1+\frac{j-1}{M}}, \quad j = 1, 2, \cdots, M \tag{6.8}$$

其中，M 为每天日内收益率的个数。日内收益率平方和被称为 RV：

$$RV_d = \sum_{j=1}^{M} r_{d,j}^2 \tag{6.9}$$

在常规条件下，当 M 趋于无穷时，RV 一致收敛于 QV，BV[①]收敛于连续变差，即

$$\begin{aligned}RV_d &\to \int_{d-1}^{d}\sigma^2(s)\mathrm{d}s + \sum_{j=N(d-1)+1}^{N(d)} \kappa^2(s_j) \\ BV_d &= \mu_1^{-2}\sum_{j=3}^{M}|r_{d,j}||r_{d,j-2}| \to \int_{d-1}^{d}\sigma^2(s)\mathrm{d}s\end{aligned} \tag{6.10}$$

其中，$\mu_p = 2^{p/2}\Gamma((p+1)/2)/\sqrt{\pi}$，$p > 0$。因此，RV 减去 BV 可作为总变差中跳跃成分的有效估计，即

$$RV_d - BV_d \to \sum_{j=N(d-1)+1}^{N(d)} \kappa^2(s_j) \tag{6.11}$$

为保证离散跳跃变差的日内估计量为非负，定义跳跃变差为

$$J_t = \max(RV_d - BV_d, 0) \tag{6.12}$$

以交易日为基础，利用 RV 和 BV 可以将股票价格运动过程中的跳跃变差从总方差中分离出来。但考虑到微观结构噪声的影响，当跳跃超过一定的显著性水平临界值时才被看作当日股票价格发生跳跃。根据 Barndorff-Nielsen 和 Shephard（2004，2006）、Huang 和 Tauchen（2005）的研究，当 M 趋于无穷时，可以得到

---

① 如果存在买卖价差等市场微观结构噪声的影响，会违背对数价格过程服从半鞅过程这一假设，从而导致 BV 和 TQ 的计算可能出现偏差，因此本节中的 BV 和 TQ 采用修正形式的设定，这种设定考虑了微观结构噪声的影响（Andersen et al.，2007a）。

$$Z_d = M^{1/2} \frac{(\mathrm{RV}_d - \mathrm{BV}_d)\mathrm{RV}_d^{-1}}{\left[\left(\mu_1^{-4} + 2\mu_1^{-2} - 5\right)\max\left\{1, \mathrm{TQ}_d \times \mathrm{BV}_d^{-2}\right\}\right]^{1/2}} \to N(0,1) \quad (6.13)$$

其中，$\mathrm{TQ}_d = M\mu_{4/3}^{-3}(1-4/M)^{-1}\sum_{j=5}^{M}|r_{d,j}|^{4/3}|r_{d,j-2}|^{4/3}|r_{d,j-4}|^{4/3}$。选择显著性水平 α，可以计算得到总变差的跳跃成分：

$$J_{d,\alpha} = I(Z_d > \Phi_\alpha)(\mathrm{RV}_d - \mathrm{BV}_d) \quad (6.14)$$

其中，$I(\cdot)$ 为指示函数；Φ_α 为显著性水平 α 下的临界值。

二、已实现跳跃及各控制变量

为了研究跳跃对资产定价的影响，日已实现跳跃（Zhang et al., 2009）定义为

$$\mathrm{RJ}_d = \mathrm{sign}(r_d)\sqrt{(\mathrm{RV}_d - \mathrm{BV}_d)I(Z_d > \Phi_\alpha)} \quad (6.15)$$

其中，$\mathrm{sign}(\cdot)$ 和 $I(\cdot)$ 分别为符号函数和指示函数。然后，将显著的日已实现跳跃进行平均得到第 t 月跳跃幅度变量，即

$$\mathrm{JS}_t = \frac{\sum_{d=1}^{D}\mathrm{RJ}_d \mathrm{Dum}_d}{\sum_{d=1}^{D}\mathrm{Dum}_d} \quad (6.16)$$

其中，D 为第 t 月的总交易天数；Dum_d 为虚拟变量，当 d 日发生跳跃时为 1，否则为 0。

本章还使用资产定价文献中常用的变量作为控制变量以分析跳跃对股票收益率的影响是否会随着控制变量的加入而改变。这些控制变量主要包括市场贝塔、公司规模、账面市值比、动量指标、非流动性指标、特质性波动率、协偏度、协峰度。

市场贝塔（BETA）为沪深综合市场贝塔值，通过 CAPM（capital asset pricing model，资本资产定价模型）计算得到；公司规模（LMV）为月度股票总流通市值，并进行了对数化处理；账面市值比（BM）基于年末股票账面价值及股票市场价值；对于动量指标（MOM），根据 Jegadeesh 和 Titman（1993）的研究，第 t 月的动量因子由 t–1 月至 t–12 月计算得到累计收益率；非流动性指标（LILQD）为月非流动性指标，通过日非流动性指标求平均得到，其中，日非流动性指标定义为日绝对收益率与日成交量之比，实际采用对数化的非流动性指标。

此外，特质性波动率（IVOL）通过 Fama-French 三因子模型（简称三因子模型）提取，股票 i 第 t 月的特质性波动率为第 t 月日收益率的三因子模型残差项方

差的算术平方根，模型为

$$r_{i,d} - r_{f,d} = \alpha_i + \beta_i(r_{m,d} - r_{f,d}) + \gamma_i \text{SMB}_d + \theta_i \text{HML}_d + \varepsilon_{i,d} \quad (6.17)$$

其中，SMB_d 和 HML_d 为第 d 天的规模因子、价值因子；$r_{m,d}$ 和 $r_{f,d}$ 分别为市场收益率和无风险利率。根据 Harvey 和 Siddique（2000）、Ang 等（2006）的研究，股票 i 第 t 月协偏度（CSK）和协峰度（CKT）的计算公式为

$$\text{CSK}_{i,t} = \frac{\frac{1}{D}\sum_d (r_{i,d} - \overline{r}_i)(r_{m,d} - \overline{r}_m)^2}{\sqrt{\frac{1}{D}\sum_d (r_{i,d} - \overline{r}_i)^2}\left(\frac{1}{N}\sum_d (r_{m,d} - \overline{r}_m)^2\right)}$$

$$\text{CKT}_{i,t} = \frac{\frac{1}{D}\sum_d (r_{i,d} - \overline{r}_i)(r_{m,d} - \overline{r}_m)^3}{\sqrt{\frac{1}{D}\sum_d (r_{i,d} - \overline{r}_i)^2}\left(\frac{1}{N}\sum_d (r_{m,d} - \overline{r}_m)^2\right)^{3/2}} \quad (6.18)$$

其中，D 为第 t 月总交易天数；$r_{i,d}$ 和 $r_{m,d}$ 为个股收益率和市场组合的收益率；$\overline{r}_i$ 和 $\overline{r}_m$ 为个股和市场组合在 t 月的日收益率的均值。

三、Fama-MacBeth 横截面回归模型

根据跳跃与股票超额收益率的理论模型（6.4），构造 Fama-MacBeth 横截面回归模型研究股价跳跃与资产定价之间的关系，Fama-MacBeth 横截面回归模型为

$$r_{i,t+1} - r_{f,t+1} = \beta_{0,t} + \beta_{1,t}\text{JS}_{i,t} + \sum_{j=1}^{p} \gamma_{j,t} Z_{j,i,t} + \varepsilon_{i,t} \quad (6.19)$$

其中，$r_{i,t+1}$ 为任意股票 i 在 $t+1$ 月的收益率；$r_{f,t+1}$ 为 $t+1$ 月的无风险利率；$\beta_{0,t}$ 为截距项；$\text{JS}_{i,t}$ 为股票 i 在 t 月的跳跃幅度变量；$\beta_{1,t}$ 为跳跃影响参数；$Z_{j,i,t}$ 为股票 i 在 t 月第 j 个控制变量；$\gamma_{j,t}$ 为第 j 个控制变量影响参数；$\varepsilon_{i,t}$ 为残差项。根据研究需要加入的公司控制变量包括：市场贝塔（BETA）、公司规模（LMV）、账面市值比（BM）、动量指标（MOM）、非流动性指标（LILQD）、特质性波动率（IVOL）、协偏度（CSK）、协峰度（CKT）。

本章采用的 Fama-MacBeth 横截面回归模型总共细分为六个模型。模型一仅以股价跳跃幅度变量作为解释变量，称其为横截面回归的基本模型；模型二在模型一的基础上增加市场贝塔、公司规模、账面市值比，这对应于三因子模型对应的公司特征变量；模型三加入动量指标；模型四增加非流动性指标；模型五考虑特质性波动率的影响；模型六增加协偏度和协峰度。

第四节 跳跃与资产定价的实证分析

一、数据和基本分析

本节研究跳跃对资产定价的影响，数据包括计算股价跳跃的高频数据和公司控制变量低频数据。本节的股票样本为 2007 年 1 月 1 日至 2023 年 12 月 31 日交易的所有沪深市场 A 股，并扣除了 ST 或者*ST 的股票。由于次新股容易被炒作，删除上市不超过六个月的次新股。此外，每月交易日少于 10 日的股票也排除在外。以 CSMAR 高频股票交易数据库为基础，提取每只股票的高频交易数据。在数据频率的选取方面，本节根据文献中常用的 5 分钟频率计算日内收益率（Andersen et al.，2003a），并选择5%的显著性水平，根据式（6.15）计算出所有股票的日已实现跳跃，根据式（6.16）可以得到股票的月跳跃幅度变量。为了减少异常值的影响，通过缩尾处理 1%和 99%以外的异常值。所采用的低频数据分别来自 CSMAR 数据库和 RESSET（锐思）数据库，主要包括市场贝塔、公司规模、账面市值比、月股票收益率、非流动性指标、日股票收益率、日市场收益率以及无风险利率数据（为 1 年期定期存款利率）。动量指标由月股票收益率计算得到，日股票收益率和日市场收益率用来计算特质性波动率、协偏度和协峰度。

表 6.1 报告了汇总后各变量的描述性分析结果。具体来说，表格中报告了平均值、中位数、标准差、第 25 个百分位（P25）、第 75 个百分位（P75）以及最小值和最大值。平均月超额收益率为 0.847%，中位数为–0.258%，显示收益率呈现负偏态特征。主要变量是跳跃幅度 JS，其平均跳跃幅度为 0.276，和中位数差别不大，可见个股以上跳为主。表 6.1 还给出控制变量市场贝塔、公司规模、账面市值比、动量指标、非流动性指标、特质性波动率、协偏度和协峰度的平均值和标准差以及各分位数值。

表 6.1 描述性分析

项目	$r-r_f$	JS	BETA	LMV	BM	MOM	LILQD	IVOL	CSK	CKT
平均值	0.847%	0.276	1.044	22.335	0.422	0.059	0.899	1.868	−0.066	1.529
标准差	13.131%	0.789	0.705	1.125	0.278	0.446	1.125	1.002	0.449	1.184
最小值	−18.235%	−0.869	−0.052	20.701	0.101	−0.575	−1.048	0.649	−0.834	−0.181
P25	−6.967%	−0.183	0.667	21.575	0.220	−0.218	0.187	1.116	−0.321	0.754
中位数	−0.258%	0.200	1.030	22.194	0.356	0.014	0.945	1.645	−0.054	1.431
P75	7.309%	0.672	1.406	22.955	0.552	0.282	1.661	2.41	0.217	2.161
最大值	23.908%	1.703	2.194	24.427	0.972	0.868	2.651	3.83	0.637	3.609

本节计算了各月跳跃幅度和各控制变量的相关系数，结果见表 6.2。分析结果发现，对于股票的跳跃幅度变量，它与特质性波动率存在 0.175 的正相关，与其他控制变量的相关性均较弱，相关性在 0.1 以下。因此，股票的跳跃性与控制变量没有较高的相关性，这体现出股价跳跃可能包括资产定价传统相关变量所没有涵盖的一些信息。负跳与正跳负相关、与公司规模正相关、与非流动性指标和特质性波动率负相关；正跳与特质性波动率之间存在较强的正相关性、与其他控制变量相关性较弱。在相同时期，股票价格的正跳与市场贝塔、动量指标、非流动性指标和特质性波动率正相关，与公司规模、账面市值比、协偏度和协峰度负相关。此外，公司规模与非流动性指标之间存在显著的负相关。

表 6.2　相关系数矩阵

变量	JS	JSN	JSP	BETA	LMV	BM	MOM	LILQD	IVOL	CSK	CKT
JS	1	0.416	0.525	0.015	−0.024	0.017	−0.024	−0.060	0.175	−0.033	−0.038
JSN	0.416	1	−0.352	−0.032	0.243	0.092	−0.159	−0.242	−0.359	0.080	−0.039
JSP	0.525	−0.352	1	0.041	−0.239	−0.075	0.103	0.172	0.508	−0.067	−0.031
BETA	0.015	−0.032	0.041	1	−0.014	−0.064	−0.003	−0.007	0.051	−0.011	0.057
LMV	−0.024	0.243	−0.239	−0.014	1	0.102	0.119	−0.794	−0.059	0.039	−0.005
BM	0.017	0.092	−0.075	−0.064	0.102	1	0.124	−0.044	−0.126	−0.029	0.06
MOM	−0.024	−0.159	0.103	−0.003	0.119	0.124	1	−0.23	0.273	−0.163	−0.025
LILQD	−0.06	−0.242	0.172	−0.007	−0.794	−0.044	−0.23	1	−0.07	−0.003	0.10
IVOL	0.175	−0.359	0.508	0.051	−0.059	−0.126	0.273	−0.07	1	−0.073	−0.248
CSK	−0.033	0.08	−0.067	−0.011	0.039	−0.029	−0.163	−0.003	−0.073	1	−0.286
CKT	−0.038	−0.039	−0.031	0.057	−0.005	0.06	−0.025	0.100	−0.248	−0.286	1

注：该表中 JSN 为负跳，JSP 为正跳，计算方式见式（6.12）

为了形成对中国股票市场的跳跃行为的直观认识，将所有股票的已实现跳跃进行横截面平均，得到各个时期的平均已实现跳跃，如图 6.1 所示。图形显示，中国股票市场的跳跃性在各个时期的表现并不相同。从 2007 年初至 2008 年底美国金融危机期间，中国股票市场的跳跃性由整体的正跳跃转向负跳跃；从 2008 年底至 2009 年初，股票市场从负跳跃到正跳跃有一个急剧的转变，这是由于中国政府推出应对国际金融危机的一揽子计划扭转股票市场下跌趋势，股票市场由下跌向突然上涨转变；2009 年以后，股票市场以正跳跃为主，并持续到 2015 年中期；2015～2016 年股市跳跃变动较大，在此期间中国股市经历了杠杆牛市以及去杠杆带来的股灾。2015 年中期以前股市大幅上涨，造成股价大幅上跳，股市监管部门担心股市大幅上涨，开始去杠杆，导致市场大幅下跌，股价开始下跳，随后政府进入市场救市，市场又开始上跳，救市后市场投资者争先恐后离开市场，股灾出现，股票市场出现千股跌停的现象，股价大幅下跌。2016年之后，股市进入强监管时期，加上股指期货市场的限制措施出台导致期货市场成交量巨幅下降，整个市场的波动变小，从而跳跃幅度变小。整个样本区间，中国股票市场以正跳跃为主，负跳跃所占的比例较小，这与赵华和秦可佶（2014）基于上证综指研究中国股市高频跳跃性所得到的结论一致。

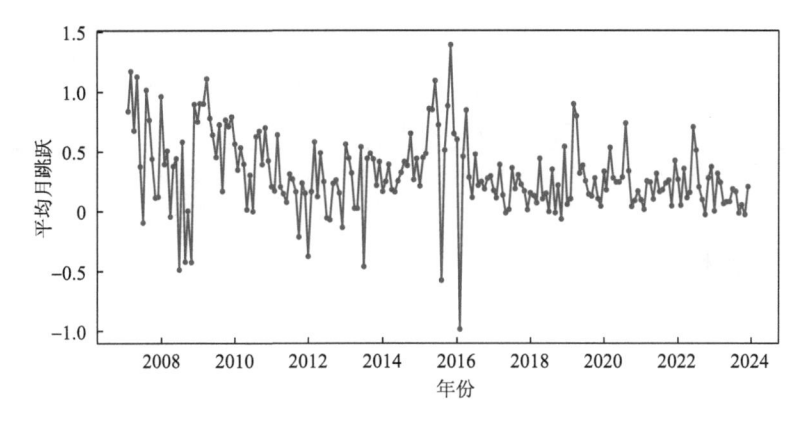

图6.1 中国股市所有股票平均已实现跳跃变化图

二、单排序分析：跳跃、下期收益率和公司特征

为了调查跳跃与资产定价之间的关系，根据跳跃幅度构造五分位组合。由于微型股票组合在实践中不具有可操作性，美国股市大多数研究以纽约股市为标准划分组合（Fama and French，1993）。本节参照Li等（2024）的做法，根据A股主板市场股票特征确定分位点，将所有股票分为五个组合。表6.3第一列为从低到高的组合，最后一行为高减低（高-低）组合（即做多高分位数组做空低分位数组）以及相应经Newey-West调整的t统计量。表6.3第二列为各组的平均跳跃幅度，第三列是根据t月跳跃排序后各组合的$t+1$月市值加权组合收益率。表6.3第四列至第十一列为根据跳跃排序后各组合的公司特征，主要公司特征包括市场贝塔、公司规模、账面市值比、动量指标、非流动性指标、特质性波动率、协偏度和协峰度。表6.3表明，随着跳跃由小到大排列，组合收益率由高到低排序，高-低组合年收益率为8.16[①]，相应的t统计量为-2.769。此外，当跳跃由小到大

[①] 表6.3中的−0.68为月度数据，此处为年度数据，其中0.68乘以12=8.16。

排列时，市场贝塔、特质性波动率呈同向变动趋势，其余公司特征变量呈反向变动趋势。

表 6.3 单变量组合排序分析

组合	JS	$r-r_f$	BETA	LMV	BM	MOM	LILQD	IVOL	CSK	CKT
1（低）	−0.640	0.603	1.051	22.303	0.391	0.148	0.974	1.854	−0.074	1.702
2	−0.063	0.765	1.026	22.275	0.427	0.085	1.056	1.644	−0.087	1.798
3	0.255	0.684	1.037	22.219	0.428	0.075	1.085	1.694	−0.099	1.763
4	0.605	0.587	1.061	22.165	0.414	0.082	1.067	1.865	−0.106	1.680
5（高）	1.362	−0.078	1.114	22.143	0.389	0.120	0.939	2.436	−0.100	1.453
高−低	2.002	−0.680	0.063	−0.160	−0.002	−0.027	−0.035	0.582	−0.026	−0.249
	(21.148)	(−2.769)	(3.873)	(−7.841)	(−0.441)	(−3.843)	(−2.145)	(21.778)	(−4.333)	(−12.201)

注：括号内为 Newey-West 调整的 t 统计量

三、双排序分析

使用八个控制变量进行双变量排序的投资组合分析。具体来说，首先，基于控制变量将股票分类为五分位投资组合，形成各期末的价值加权五分位投资组合。其次，根据跳跃幅度变量 JS，将控制变量排序分组的五分位投资组合再细分为五分位组，构造出 5×5 投资组合。最后，平均各控制变量的每个 JS 排序的投资组合，从而产生 JS 分散的投资组合。此外，还形成了多空投资组合（做多高 JS 投资组合并做空低 JS 投资组合），即高−低 JS 投资组合。表 6.4 报告了基于控制变量分组平均后的五个价值加权投资组合的一月向前的收益率。分别控制八个公司特征变量后，表 6.4 的最后一列显示，除特质性波动率以外，所有价差投资组合（高−低 JS 投资组合）下个月的收益率显著为负，其中价差绝对值范围为每月 0.332%~0.846%，t 统计量绝对值在 2.397 和 5.784 范围内。因此，即使控制公司规模、动量指标、非流动性指标、协偏度和协峰度后，跳跃与未来收益率之间的负相关关系仍然非常显著。

表 6.4 跳跃和控制变量的双变量排序分析

变量	五分位组合					
	1（低）	2	3	4	5（高）	高−低
LMV	1.219	1.277	1.196	1.027	0.373	−0.846
	(1.770)	(1.804)	(1.687)	(1.430)	(0.501)	(−5.784)
BETA	0.655	0.765	0.791	0.698	0.124	−0.531
	(1.010)	(1.119)	(1.163)	(0.974)	(0.170)	(−2.397)

续表

变量	五分位组合					高-低
	1（低）	2	3	4	5（高）	
BM	0.619	0.794	0.738	0.631	0.113	−0.507
	(0.955)	(1.146)	(1.044)	(0.916)	(0.154)	(−2.509)
MOM	0.594	0.660	0.683	0.567	−0.073	−0.667
	(0.909)	(0.984)	(0.998)	(0.808)	(−0.100)	(−3.122)
LILQD	1.150	1.223	1.093	1.019	0.424	−0.725
	(1.787)	(1.794)	(1.598)	(1.445)	(0.587)	(−4.191)
IVOL	0.634	0.656	0.611	0.523	0.302	−0.332
	(0.983)	(0.930)	(0.886)	(0.745)	(0.413)	(−1.597)
CSK	0.761	0.690	0.819	0.648	0.061	−0.699
	(1.139)	(1.033)	(1.204)	(0.918)	(0.084)	(−3.456)
CKT	0.727	0.783	0.559	0.568	0.169	−0.558
	(1.092)	(1.191)	(0.877)	(0.802)	(0.235)	(−2.796)

注：括号内为 Newey-West 调整的 t 统计量

四、Fama-MacBeth 横截面回归分析

对于中国股票市场跳跃对股票收益率的影响，将利用 Fama-MacBeth 横截面回归分析模型（6.19）进行深入研究。模型一为基本回归模型，模型二到模型六逐步增加其他变量以检验增加控制变量是否会影响股价跳跃与资产定价之间的关系。对于六个回归模型，先以全部样本股票月度数据为基础，分月进行一次横截面回归并得到相应的回归系数。在每月横截面回归系数的基础上，将各回归系数在整个研究期间进行时间序列平均，并在原假设为 0 的条件下检验各回归系数的显著性，检验统计量为对于异方差自相关稳健的 Newey-West t 统计量。表 6.5 是中国股票市场 Fama-MacBeth 横截面回归分析结果。

表 6.5 中国股票市场 Fama-MacBeth 横截面回归分析结果

变量	模型一	模型二	模型三	模型四	模型五	模型六
截距	1.157	12.277***	12.406***	−1.401	3.597	2.588
	(0.738)	(3.721)	(3.655)	(4.009)	(3.762)	(3.697)
JS	−0.199***	−0.206***	−0.204***	−0.171***	−0.072***	−0.066**
	(0.031)	(0.030)	(0.028)	(0.027)	(0.024)	(0.026)
BETA		0.046	0.025	0.093	0.216*	0.172
		(0.112)	(0.101)	(0.098)	(0.120)	(0.115)

续表

变量	模型一	模型二	模型三	模型四	模型五	模型六
LMV		−0.515***	−0.519***	0.066	−0.08	−0.075
		(0.153)	(0.149)	(0.160)	(0.149)	(0.151)
BM		0.467	0.474	0.348	−0.193	−0.211
		(0.404)	(0.382)	(0.380)	(0.404)	(0.404)
MOM			−0.155	0.107	0.640**	0.693***
			(0.291)	(0.296)	(0.270)	(0.252)
LILQD				0.816***	0.693***	0.708***
				(0.092)	(0.087)	(0.083)
IVOL					−0.828***	−0.682***
					(0.085)	(0.073)
CSK						0.346
						(0.258)
CKT						0.555***
						(0.171)
调整 R^2	0.327%	5.737%	7.082%	7.967%	8.928%	9.723%

注：表格报告了 Fama-MacBeth 横截面回归系数的平均值；括号内是考虑异方差和自相关的 Newey-West 标准误
*、**、***分别表示在 0.1、0.05、0.01 的水平下统计显著

从模型一的实证结果来看，股价跳跃幅度对股票的超额收益率的平均影响为−0.199，且在 0.01 的显著性水平下统计显著，显示当月股价跳跃对下月股票收益率具有预测力，产生显著的负向影响，当期股票向下跳跃 1%，下期股票收益率平均增加 0.199%。因此，利用单变量 Fama-MacBeth 横截面回归可以得出股价跳跃对股票收益率具有显著的负向影响的结论。这和表 6.3 和表 6.4 的单排序分析和双排序分析的结果完全一致，即跳跃和未来收益率负相关。

模型二的实证结果表明，在加入市场贝塔、公司规模、账面市值比三因子公司控制变量指标以后，股价跳跃幅度的回归系数平均值为−0.206，并且在 0.01 的水平下统计显著，显示股价跳跃会对股票下月收益率产生显著的负向影响，这种负向影响并没有因为资产定价常用定价变量的增加而下降。市场贝塔和账面市值比的影响不显著，公司规模对下期股票收益率的影响显著为负，这符合公司的规模效应。

模型三增加动量指标到定价模型中，发现中国股市动量指标对股票收益率的影响并不显著，这符合大多数研究结论。

当非流动性指标增加到资产定价模型后，股价跳跃幅度仍然保持在 0.01 水平下的统计显著性，影响大小为−0.171，而非流动性指标对股票收益率存在显著的正向影响，这符合流动性溢价理论，低流动性股票获得高收益，以补偿持有低流动性股票的风险。模型五增加了特质性波动率，特质性波动率对股票收益率具有显著的影响，影响大小为−0.828，股价跳跃对股票收益率的影响有所降低，但仍然在 0.01 的水平下统计显著。

模型六加入协偏度和协峰度，这样模型六包括了所有的控制变量。结果显示，股价跳跃幅度在 0.05 的水平下统计显著，影响大小为−0.066，因此，股价跳跃并没有因为控制变量的增加而变得不显著，说明股价跳跃应该涵盖控制变量所没有包括的增量信息，这也与表 6.2 中股价跳跃与控制变量的弱相关性结论一致。此外，协峰度对下期股票收益率存在显著的正向影响，协偏度的影响并不显著。

通过以上分析可以得出，当月股价跳跃会对下月股票收益率产生显著的负向影响，这种影响并没有因为控制变量的加入而变得不显著，股价跳跃能够预测股票收益率变动；在控制变量方面，特质性波动率对下月股票收益率具有显著的负向影响，协峰度和非流动性指标具有显著的正向影响，动量指标对股票收益率的影响由于加入特质性波动率和协峰度后变得显著，市场贝塔、协偏度、公司规模和账面市值比对股票收益率基本没有显著的影响。在单变量模型一中，模型的平均调整 R^2 为 0.327%，当加入所有控制变量后，调整 R^2 增加到 9.723%。

五、正、负跳跃对股票收益率的影响比较

图 6.1 显示了中国股票市场的跳跃并不对称，正跳跃的比例高于负跳跃的比例，为了分析不同方向的股价跳跃对股票收益率的影响，将跳跃分为正跳跃和负跳跃，月正跳跃和月负跳跃分别定义为

$$\text{JSP}_t = \frac{\sum_{d=1}^{D} \text{RJ}_d I(\text{RJ}_d > 0)}{\sum_{d=1}^{D} I(\text{RJ}_d > 0)}, \quad \text{JSN}_t = \frac{\sum_{d=1}^{D} \text{RJ}_d I(\text{RJ}_d < 0)}{\sum_{d=1}^{D} I(\text{RJ}_d < 0)}. \quad (6.20)$$

其中，D 为每月的交易天数；$I(\cdot)$ 为指示函数。建立下面的 Fama-MacBeth 横截面回归模型：

$$r_{i,t+1} - r_{f,t+1} = \beta_{0,t} + \beta_{1,t}^n \text{JSN}_{i,t} + \beta_{1,t}^p \text{JSP}_{i,t} + \sum_{j=1}^{p} \gamma_{j,t} Z_{j,i,t} + \varepsilon_{i,t} \quad (6.21)$$

其中，$\beta_{1,t}^n$ 和 $\beta_{1,t}^p$ 分别为负跳跃和正跳跃对股票超额收益率的影响系数，其他变量和参数的定义同模型（6.19）。包括正、负跳跃以及加入不同控制变量的 Fama-MacBeth 横截面回归模型估计结果见表 6.6。

表 6.6 正、负跳跃对股票收益率的横截面影响

变量	模型一	模型二	模型三	模型四	模型五	模型六
截距	1.681**	15.062***	15.265***	1.666	3.931	2.933
	(0.749)	(3.628)	(3.498)	(3.842)	(3.687)	(3.624)
JSN	−0.009	0.067	0.075**	0.097***	−0.020	−0.014
	(0.067)	(0.047)	(0.037)	(0.035)	(0.035)	(0.037)
JSP	−0.346***	−0.436***	−0.430***	−0.402***	−0.103**	−0.106**
	(0.068)	(0.053)	(0.050)	(0.048)	(0.045)	(0.045)
BETA		0.087	0.064	0.134	0.217*	0.174
		(0.116)	(0.102)	(0.101)	(0.118)	(0.113)
LMV		−0.600***	−0.609***	−0.033	−0.092	−0.087
		(0.150)	(0.144)	(0.155)	(0.147)	(0.149)
BM		0.281	0.288	0.170	−0.212	−0.232
		(0.401)	(0.382)	(0.381)	(0.405)	(0.406)
MOM			0.026	0.275	0.640**	0.694***
			(0.284)	(0.288)	(0.266)	(0.249)
LILQD				0.802***	0.700***	0.716***
				(0.095)	(0.087)	(0.083)
IVOL					−0.795***	−0.643***
					(0.092)	(0.080)
CSK						0.381
						(0.262)
CKT						0.561***
						(0.172)
调整 R^2	1.235%	6.235%	7.444%	8.305%	8.982%	9.778%

注：表格报告了 Fama-MacBeth 横截面回归系数的平均值；括号内是考虑异方差和自相关的 Newey-West 标准误
*、**、*** 分别表示在 0.1、0.05、0.01 的水平下统计显著

模型一的回归结果表明，当股价跳跃分解为正、负跳跃以后，股价跳跃对股票收益率的影响为−0.355（−0.346−0.009），与表 6.5 中股价跳跃对股票超额收益率影响的回归结果比较，分解后股价跳跃的影响大大超过表 6.5 中股价跳跃的影响；并且，平均调整 R^2 提高到 1.235%，可见，将股价跳跃分解为正、负跳跃后，跳跃对股票收益率的影响变大、预测能力提高。进一步分析显示，当期股价正跳跃对下期股票收益率的影响大幅度增加，负跳跃没有显著影响。当期正跳跃对下期股票超额收益率具有显著的负向影响，说明正跳跃发生时下期股票收益率将会下降。正跳跃的影响超过负跳跃的影响且显著异于零，是因为中国股票市场正向跳跃的比例超过负向跳跃的比例，下期股票收益率更多地受到正跳跃的影响，这

一点从前面的图 6.1 中可以看出。由于正跳跃和负跳跃的影响方向相同，正跳跃的影响大大超过负跳跃的影响，因此在股价跳跃没有被分解为正、负跳跃而综合在一起的情况下（表 6.5），股价跳跃对股票收益率的影响会由于正、负跳跃影响的相互叠加而表现为负的影响，影响程度变小。

当将市场贝塔、公司规模、账面市值比和动量指标加到回归模型以后，模型二和模型三显示，负跳由负转正，但影响系数仍然较小，同时正跳的影响变大。当特质性波动率作为控制变量加到模型中，正跳跃的影响下降，这与表 6.5 的模型五中股价跳跃的影响系数变小的特征保持一致。当协偏度和协峰度加入模型后，包括所有控制变量的模型六显示，正跳跃对股票超额收益率的影响系数为-0.106，负跳跃的影响不显著。

对比表 6.6 和表 6.5，表 6.6 中的控制变量的影响系数的方向和显著性与表 6.5 基本保持一致，即特质性波动率对股票收益率影响为负，且在统计上显著，动量指标、非流动性指标和协峰度对股票收益率的影响为正，其余变量对股票收益率的影响基本不显著。

第五节　跳跃对资产价格影响的深入分析

一、不同抽样频率高频数据的分析

前面基于常用的 5 分钟抽样频率计算已实现跳跃幅度，为了分析不同抽样频率下的跳跃对资产定价的影响，分别计算了 10 分钟和 15 分钟情形下的正跳和负跳，基于模型（6.21）估计它们对资产定价的影响，估计结果如表 6.7 和表 6.8 所示。比较一致的结果是，正跳对资产定价的影响较大，且统计显著，控制变量的影响大小和显著性保持不变。略有不同的是，负跳对资产定价存在一定的影响，不过影响系数远小于正跳的系数。所以，当改变抽样频率的情况下，跳跃对资产收益率的影响总体保持一致。

表 6.7　10 分钟抽样频率下正、负跳跃对股票收益率的横截面影响

变量	模型一	模型二	模型三	模型四	模型五	模型六
截距	2.253***	15.196***	15.614***	2.859	3.640	2.706
	(0.761)	(3.816)	(3.633)	(3.826)	(3.675)	(3.606)
JSN	−0.017	0.071	0.129***	0.102**	−0.118***	−0.106***
	(0.076)	(0.062)	(0.043)	(0.040)	(0.038)	(0.039)
JSP	−0.625***	−0.666***	−0.659***	−0.623***	−0.195***	−0.207***
	(0.066)	(0.058)	(0.056)	(0.057)	(0.062)	(0.062)

续表

变量	模型一	模型二	模型三	模型四	模型五	模型六
BETA		0.159	0.137	0.197*	0.224*	0.188*
		(0.123)	(0.109)	(0.107)	(0.118)	(0.113)
LMV		−0.583***	−0.599***	−0.063	−0.081	−0.076
		(0.155)	(0.148)	(0.152)	(0.145)	(0.147)
BM		0.048	0.035	−0.011	−0.229	−0.242
		(0.404)	(0.390)	(0.392)	(0.407)	(0.407)
MOM			0.253	0.433	0.623**	0.676***
			(0.279)	(0.281)	(0.265)	(0.248)
LILQD				0.738***	0.698***	0.714***
				(0.092)	(0.087)	(0.084)
IVOL					−0.757***	−0.608***
					(0.096)	(0.083)
CSK						0.412
						(0.260)
CKT						0.540***
						(0.164)
调整 R^2	1.798%	6.745%	7.830%	8.588%	8.968%	9.748%

注：表格报告了 Fama-MacBeth 横截面回归系数的平均值；括号内是考虑异方差和自相关的 Newey-West 标准误
*、**、***分别表示在 0.1、0.05、0.01 的水平下统计显著

表 6.8　15 分钟抽样频率下正、负跳跃对股票收益率的横截面影响

变量	模型一	模型二	模型三	模型四	模型五	模型六
截距	2.349***	15.052***	15.544***	2.816	3.484	2.617
	(0.775)	(3.825)	(3.633)	(3.828)	(3.687)	(3.628)
JSN	0.036	0.114	0.171***	0.124**	−0.105**	−0.088*
	(0.088)	(0.070)	(0.048)	(0.049)	(0.045)	(0.046)
JSP	−0.592***	−0.622***	−0.622***	−0.585***	−0.160**	−0.176***
	(0.063)	(0.054)	(0.052)	(0.050)	(0.063)	(0.062)
BETA		0.159	0.139	0.196*	0.214*	0.179
		(0.123)	(0.108)	(0.107)	(0.116)	(0.111)
LMV		−0.574***	−0.593***	−0.059	−0.075	−0.072
		(0.156)	(0.148)	(0.152)	(0.145)	(0.147)
BM		0.029	0.013	−0.014	−0.211	−0.227
		(0.404)	(0.391)	(0.390)	(0.407)	(0.407)

续表

变量	模型一	模型二	模型三	模型四	模型五	模型六
MOM			0.295	0.461*	0.634**	0.688***
			(0.276)	(0.278)	(0.262)	(0.247)
LILQD				0.733***	0.703***	0.716***
				(0.090)	(0.086)	(0.083)
IVOL					−0.767***	−0.616***
					(0.095)	(0.082)
CSK						0.399
						(0.254)
CKT						0.531***
						(0.159)
调整 R^2	2.007%	6.901%	7.959%	8.683%	9.044%	9.811%

注：表格报告了 Fama-MacBeth 横截面回归系数的平均值；括号内是考虑异方差和自相关的 Newey-West 标准误 *、**、*** 分别表示在 0.1、0.05、0.01 的水平下统计显著

二、不同的显著性水平

前面分离跳跃时，式（6.14）中的显著性水平为 0.05，本部分将显著性水平由 0.05 改为 0.01，将资产价格更大的变动识别为跳跃，重新估计跳跃对股票收益率的影响，结果如表 6.9 所示。结果显示，表 6.9 与表 6.6 类似，正跳存在显著的影响，负跳对资产收益率没有显著的影响，正跳对下期收益率的影响系数由 −0.106 变为 −0.156，这说明当将较大资产变动识别为跳跃时，跳跃的影响会略有增大。

表 6.9 较大正、负跳跃对股票收益率的横截面影响

变量	模型一	模型二	模型三	模型四	模型五	模型六
截距	1.796**	14.617***	14.935***	1.608	3.902	2.868
	(0.732)	(3.662)	(3.537)	(3.883)	(3.706)	(3.636)
JSN	−0.023	0.039	0.053	0.077***	−0.037	−0.037
	(0.051)	(0.038)	(0.033)	(0.029)	(0.026)	(0.027)
JSP	−0.398***	−0.447***	−0.444***	−0.428***	−0.152***	−0.156***
	(0.061)	(0.051)	(0.050)	(0.047)	(0.047)	(0.047)
BETA		0.094	0.069	0.141	0.223*	0.185
		(0.119)	(0.106)	(0.104)	(0.121)	(0.116)
LMV		−0.581***	−0.594***	−0.029	−0.091	−0.083
		(0.151)	(0.145)	(0.156)	(0.147)	(0.148)
BM		0.240	0.232	0.131	−0.218	−0.228
		(0.402)	(0.385)	(0.386)	(0.407)	(0.407)

续表

变量	模型一	模型二	模型三	模型四	模型五	模型六
MOM			0.082	0.311	0.628**	0.678***
			(0.287)	(0.289)	(0.268)	(0.251)
LILQD				0.789***	0.697***	0.716***
				(0.098)	(0.088)	(0.084)
IVOL					−0.757***	−0.617***
					(0.094)	(0.083)
CSK						0.401
						(0.263)
CKT						0.542***
						(0.168)
调整 R^2	1.181%	6.272%	7.499%	8.340%	8.926%	9.715%

注：表格报告了 Fama-MacBeth 横截面回归系数的平均值；括号内是考虑异方差和自相关的 Newey-West 标准误 *、**、*** 分别表示在 0.1、0.05、0.01 的水平下统计显著

三、不同的跳跃测度方法：基于 RRV

事实上，文献中存在多种跳跃检验方法，Dumitru 和 Urga（2012）检验了七种不同的跳跃检验方法，他们认为不同检验方法相比较并没有明显的胜者，每种检验方法依赖于不同的特定场景。本章所使用的跳跃检验方法由 Barndorff-Nielsen 和 Shephard（2004，2006）提出，文献中将这种跳跃检验方法称为 BNS 方法，Huang 和 Tauchen（2005）对该方法做了进一步的研究和分析，提出了 BNS 方法的比率形式。BNS 方法是文献中应用比较多的跳跃检验方法，因此本章主要使用该方法测定跳跃。不过，为了保证结论的稳健性，使用不同于收益率测定跳跃的方法，而是根据基于高频数据极差计算的跳跃检验方法识别跳跃，分析基于极差的跳跃对股票收益率的影响。Christensen 和 Podolskij（2007）基于股票高频极差提出了 RRV 理论，他们证明 RRV 的估计精度较 RV 有较大提高，在采样频率无穷大时其估计准确度大大高于 RV。基于股票高频极差计算 RV 和已实现 BV 的方法可参见第五章。本章将基于股票高频极差的日已实现跳跃定义为

$$\mathrm{RJ}_d = \mathrm{sign}(r_d)\sqrt{(\mathrm{RRV}_d - \mathrm{RBV}_d)I(Z_d > \Phi_\alpha)} \quad (6.22)$$

其中，$\mathrm{sign}(\cdot)$ 和 $I(\cdot)$ 分别为符号函数和指示函数。然后，将显著的日已实现跳跃进行平均，得到第 t 月跳跃幅度变量，即

$$\mathrm{JS}_t = \frac{\sum_{d=1}^{D} \mathrm{RJ}_d \mathrm{Dum}_d}{\sum_{d=1}^{D} \mathrm{Dum}_d} \quad (6.23)$$

其中，D 为第 t 月的总交易天数；Dum_d 为虚拟变量，当 d 日发生跳跃时为 1，否则为 0。类似于式（6.20），定义 RRV 下的正跳和负跳。

将计算得到的基于高频极差的股价跳跃变量代到 Fama-MacBeth 模截面回归模型，估计结果见表 6.10。表 6.10 的估计结果表明，不论是仅包括股价跳跃变量的回归模型，还是包括所有控制变量的回归模型，当期股价正跳对下期股票收益率存在显著的影响，股票收益率会随着股票的跳跃而发生反向变动，当期股价负跳对资产定价的影响不显著。因此，当采用新的跳跃识别方法构造股价跳跃变量后，股价正向跳跃对股票收益率显著的负向影响的结论保持不变。

表 6.10 基于高频极差的正、负跳跃对股票收益率的横截面影响

变量	模型一	模型二	模型三	模型四	模型五	模型六
截距	1.664**	15.047***	15.253***	1.646	3.876	2.876
	(0.750)	(3.601)	(3.465)	(3.816)	(3.660)	(3.593)
JSN	−0.014	0.063	0.074**	0.097***	−0.02	−0.015
	(0.066)	(0.045)	(0.036)	(0.035)	(0.036)	(0.037)
JSP	−0.342***	−0.432***	−0.425***	−0.398***	−0.098**	−0.101**
	(0.067)	(0.052)	(0.049)	(0.047)	(0.045)	(0.045)
BETA		0.092	0.067	0.137	0.222*	0.184
		(0.114)	(0.101)	(0.100)	(0.117)	(0.112)
LMV		−0.600***	−0.609***	−0.033	−0.09	−0.083
		(0.149)	(0.143)	(0.154)	(0.146)	(0.148)
BM		0.262	0.265	0.161	−0.222	−0.237
		(0.399)	(0.382)	(0.382)	(0.405)	(0.406)
MOM			0.026	0.267	0.628**	0.681***
			(0.282)	(0.285)	(0.264)	(0.247)
LILQD				0.801***	0.700***	0.718***
				(0.095)	(0.087)	(0.083)
IVOL					−0.794***	−0.653***
					(0.092)	(0.079)
CSK						0.395
						(0.263)
CKT						0.538***
						(0.168)
调整 R^2	1.218%	6.146%	7.355%	8.229%	8.911%	9.703%

注：表格报告了 Fama-MacBeth 横截面回归系数的平均值；括号内是考虑异方差和自相关的 Newey-West 标准误 *、**、***分别表示在 0.1、0.05、0.01 的水平下统计显著

四、沪、深两市的比较分析

中国股市有三大交易所：上海证券交易所（沪市）、深圳证券交易所（深市）和北京证券交易所（简称北交所）。其中，上海证券交易所成立于 1990 年 11 月 26 日，1990 年 12 月 19 日开始交易股票；深圳证券交易所于 1990 年 12 月 1 日开始营业；北交所 2021 年 9 月 3 日成立。北交所主要服务创新型中小企业，成立时间较晚，不是本节的研究对象。一般来说，沪市的股本主要是大盘蓝筹股，而深市主要是中小盘股票，两个市场的上市公司规模略有差别，比如，反映大盘蓝筹股票的上证 50 指数全部由沪市规模最大的 50 只股票构成。这里将样本按照交易场所的不同分为沪市股票和深市股票，探讨在细分两个市场情形下跳跃对股票收益率的影响。

表 6.11 和表 6.12 分别是沪市和深市两种市场情形下的估计结果。与表 6.6 相比，沪市跳跃对资产收益率的影响变大，模型一的解释力由 1.235% 提高到 1.701%，模型六的正跳的影响系数（绝对值）变大（系数由 −0.106 变为 −0.317）；相对而言，深市正跳显著影响股票收益率，在模型六中负跳对股票收益率也具有显著的影响，且影响系数接近于正跳，这是由于中国股市中小市值股票的投资者以散户为主，股票容易向下跳跃，从而对股票收益率产生显著影响。由沪深两市跳跃对股票收益率影响的估计结果可知，正跳对资产定价影响的研究结论保持稳健。

表 6.11 沪市正、负跳跃对股票收益率的横截面影响

变量	模型一	模型二	模型三	模型四	模型五	模型六
截距	2.165***	13.375***	13.928***	2.728	3.862	3.041
	(0.747)	(3.461)	(3.216)	(3.341)	(3.324)	(3.328)
JSN	0.027	0.119	0.155**	0.163***	−0.028	−0.024
	(0.092)	(0.073)	(0.061)	(0.058)	(0.057)	(0.059)
JSP	−0.681***	−0.745***	−0.745***	−0.726***	−0.303***	−0.317***
	(0.089)	(0.082)	(0.082)	(0.077)	(0.082)	(0.085)
BETA		0.055	0.031	0.095	0.101	0.048
		(0.126)	(0.111)	(0.112)	(0.113)	(0.110)
LMV		−0.499***	−0.522***	−0.048	−0.081	−0.085
		(0.140)	(0.131)	(0.132)	(0.130)	(0.133)
BM		0.139	0.132	0.073	−0.164	−0.197
		(0.404)	(0.385)	(0.391)	(0.402)	(0.404)
MOM			0.165	0.343	0.557*	0.598**
			(0.324)	(0.326)	(0.307)	(0.287)

续表

变量	模型一	模型二	模型三	模型四	模型五	模型六
LILQD				0.641***	0.581***	0.595***
				(0.094)	(0.091)	(0.088)
IVOL					−0.679***	−0.495***
					(0.102)	(0.105)
CSK						0.479*
						(0.273)
CKT						0.609***
						(0.164)
调整 R^2	1.701%	7.285%	8.437%	9.123%	9.567%	10.459%

注：表格报告了 Fama-MacBeth 横截面回归系数的平均值；括号内是考虑异方差和自相关的 Newey-West 标准误。*、**、***分别表示在 0.1、0.05、0.01 的水平下统计显著。

表6.12 深市正、负跳跃对股票收益率的横截面影响

变量	模型一	模型二	模型三	模型四	模型五	模型六
截距	2.204***	16.583***	16.962***	1.484	2.099	1.413
	(0.762)	(4.149)	(4.006)	(4.295)	(4.051)	(3.981)
JSN	−0.151*	−0.059	−0.011	−0.001	−0.209***	−0.201***
	(0.083)	(0.067)	(0.056)	(0.052)	(0.053)	(0.053)
JSP	−0.700***	−0.727***	−0.725***	−0.675***	−0.194**	−0.214**
	(0.087)	(0.091)	(0.087)	(0.080)	(0.084)	(0.083)
BETA		0.196	0.177	0.271**	0.339**	0.314**
		(0.137)	(0.125)	(0.126)	(0.145)	(0.132)
LMV		−0.655***	−0.669***	−0.016	−0.021	−0.022
		(0.173)	(0.167)	(0.177)	(0.167)	(0.168)
BM		−0.038	−0.038	−0.08	−0.323	−0.335
		(0.417)	(0.409)	(0.411)	(0.428)	(0.425)
MOM			0.246	0.457*	0.679***	0.735***
			(0.269)	(0.271)	(0.249)	(0.230)
LILQD				0.903***	0.840***	0.846***
				(0.112)	(0.107)	(0.103)
IVOL					−0.807***	−0.696***
					(0.100)	(0.088)
CSK						0.310
						(0.283)

续表

变量	模型一	模型二	模型三	模型四	模型五	模型六
CKT						0.432**
						(0.185)
调整 R^2	1.559%	5.985%	7.077%	7.957%	8.416%	9.176%

注：表格报告了 Fama-MacBeth 横截面回归系数的平均值；括号内是考虑异方差和自相关的 Newey-West 标准误
*、**、*** 分别表示在 0.1、0.05、0.01 的水平下统计显著

五、排除壳资源股票的定价分析

根据 Liu 等（2019）的研究结果，小市值股票主要价值是壳价值，这些股票是许多公司上市借壳的主要对象，这种具有壳资源股票的定价不同于中国其他股市的定价，因此他们剔除了市值最小的 30%的股票进行研究。为了排除 30%壳资源股票的影响，这里剔除掉市值最小的 30%股票之后进行分析，估计结果如表 6.13 所示。与表 6.6 相比，模型一的解释力由 1.235%提高到 1.755%，模型六的解释力由 9.778%提高到 10.488%，可见排除壳资源股票后，跳跃的定价能力提高。正跳对股票收益率的影响变大，影响系数的绝对值增加约两倍（由 0.106 提高到 0.296）。因此，当排除壳资源股票后，跳跃仍然显著影响股票收益率，并表现为正跳对下期股票收益率的影响变大。

表 6.13 排除壳资源股票后正、负跳跃对股票收益率的横截面影响

变量	模型一	模型二	模型三	模型四	模型五	模型六
截距	1.914**	11.173***	11.828***	−0.319	0.695	−0.239
	(0.739)	(3.593)	(3.424)	(3.766)	(3.719)	(3.604)
JSN	−0.052	0.018	0.068	0.073	−0.093	−0.083
	(0.094)	(0.075)	(0.061)	(0.058)	(0.058)	(0.060)
JSP	−0.664***	−0.697***	−0.705***	−0.667***	−0.281***	−0.296***
	(0.098)	(0.091)	(0.087)	(0.082)	(0.085)	(0.085)
BETA		0.071	0.041	0.115	0.151	0.108
		(0.139)	(0.123)	(0.119)	(0.127)	(0.122)
LMV		−0.411***	−0.439***	0.074	0.047	0.054
		(0.146)	(0.140)	(0.148)	(0.144)	(0.144)
BM			0.120	0.102	0.021	−0.202	−0.211
			(0.433)	(0.413)	(0.410)	(0.421)	(0.423)
MOM				0.306	0.501*	0.704**	0.750***
				(0.293)	(0.292)	(0.274)	(0.252)

续表

变量	模型一	模型二	模型三	模型四	模型五	模型六
LILQD				0.698***	0.647***	0.664***
				(0.098)	(0.096)	(0.094)
IVOL					−0.655***	−0.506***
					(0.103)	(0.087)
CSK						0.393
						(0.264)
CKT						0.536***
						(0.181)
调整 R^2	1.755%	6.973%	8.306%	9.199%	9.609%	10.488%

注：表格报告了 Fama-MacBeth 横截面回归系数的平均值；括号内是考虑异方差和自相关的 Newey-West 标准误
*、**、***分别表示在 0.1、0.05、0.01 的水平下统计显著

六、排除金融类上市公司的分析

由于金融类上市公司的财务杠杆不同于非金融类上市公司，在资产定价的实证研究中常常排除金融类上市公司，如 Fama 和 French（1992，2015）。但有些基于金融高频数据资产定价的实证研究并没有去除金融类上市公司，如 Bollerslev 等（2016）的研究。本章前面的实证分析探讨了我国股市所有上市公司跳跃的定价研究，为了增强研究的稳健性，排除金融类上市公司研究跳跃对定价的影响，根据 2012 版证监会行业分类去除金融类上市公司,非金融类上市公司的估计结果展示在表 6.14 中。研究发现，当排除金融类上市公司后，正跳显著影响下期股票收益率，且影响方向为负。进一步分析发现，模型六中非金融类上市公司负跳显著影响股票收益率，但影响程度小于正跳。

表 6.14 非金融类上市公司正、负跳跃对股票收益率的横截面影响

变量	模型一	模型二	模型三	模型四	模型五	模型六
截距	2.203***	15.995***	16.436***	3.518	4.270	3.212
	(0.754)	(3.988)	(3.811)	(3.977)	(3.816)	(3.726)
JSN	−0.091	0.013	0.051	0.059	−0.140***	−0.132***
	(0.089)	(0.068)	(0.054)	(0.051)	(0.049)	(0.050)
JSP	−0.698***	−0.755***	−0.757***	−0.713***	−0.258***	−0.272***
	(0.084)	(0.080)	(0.076)	(0.071)	(0.074)	(0.075)
BETA		0.142	0.119	0.184	0.226*	0.189
		(0.130)	(0.115)	(0.114)	(0.125)	(0.118)

续表

变量	模型一	模型二	模型三	模型四	模型五	模型六
LMV		−0.621***	−0.639***	−0.094	−0.107	−0.098
		(0.165)	(0.158)	(0.161)	(0.152)	(0.154)
BM		0.055	0.046	−0.044	−0.282	−0.294
		(0.422)	(0.408)	(0.408)	(0.424)	(0.427)
MOM			0.233	0.433	0.637**	0.691***
			(0.279)	(0.279)	(0.264)	(0.248)
LILQD				0.767***	0.705***	0.723***
				(0.099)	(0.093)	(0.089)
IVOL					−0.747***	−0.602***
					(0.096)	(0.084)
CSK						0.420
						(0.270)
CKT						0.534***
						(0.174)
调整 R^2	1.600%	6.411%	7.529%	8.345%	8.772%	9.559%

注：表格报告了 Fama-MacBeth 横截面回归系数的平均值；括号内是考虑异方差和自相关的 Newey-West 标准误 *、**、*** 分别表示在 0.1、0.05、0.01 的水平下统计显著

七、国有上市公司和非国有上市公司的分析

由于国有上市公司的目的并不是严格利润最大化，这一点不同于非国有上市公司（Li et al., 2024），因而根据上市公司经营性质将沪深股票区分为国有上市公司和非国有上市公司，讨论两类公司跳跃对资产定价的作用，估计结果如表 6.15 和表 6.16 所示。国有上市公司中跳跃对下期股票收益率的解释力高于非国有上市公司，比如，模型六国有上市公司跳跃的解释力为 10.890%，非国有公司为 8.650%。将上市公司区分为国有上市公司和非国有上市公司后，正跳对收益率的影响提高，比如，国有上市公司中模型六正跳的影响系数为−0.252，非国有公司为−0.357，它们均在 0.01 的水平下统计显著，研究结论保持稳健。

表 6.15 国有上市公司正、负跳跃对股票收益率的横截面影响

变量	模型一	模型二	模型三	模型四	模型五	模型六
截距	1.993***	13.631***	13.978***	2.080	2.914	2.154
	(0.755)	(3.310)	(3.147)	(3.059)	(2.930)	(2.855)
JSN	−0.008	0.086	0.110*	0.113*	−0.087	−0.074
	(0.074)	(0.071)	(0.064)	(0.066)	(0.072)	(0.073)

续表

变量	模型一	模型二	模型三	模型四	模型五	模型六
JSP	−0.654***	−0.713***	−0.720***	−0.689***	−0.245***	−0.252***
	（0.099）	（0.088）	（0.086）	（0.083）	（0.092）	（0.092）
BETA		0.145	0.099	0.161	0.194	0.149
		（0.127）	（0.110）	（0.108）	（0.120）	（0.112）
LMV		−0.522***	−0.537***	−0.034	−0.052	−0.052
		（0.132）	（0.126）	（0.116）	（0.111）	（0.111）
BM		0.137	0.122	0.027	−0.202	−0.234
		（0.437）	（0.417）	（0.420）	（0.439）	（0.438）
MOM			0.117	0.317	0.535*	0.582**
			（0.308）	（0.304）	（0.286）	（0.262）
LILQD				0.668***	0.622***	0.634***
				（0.110）	（0.105）	（0.101）
IVOL					−0.743***	−0.586***
					（0.121）	（0.119）
CSK						0.592**
						（0.252）
CKT						0.521***
						（0.149）
调整 R^2	1.851%	7.526%	8.689%	9.415%	9.937%	10.890%

注：表格报告了 Fama-MacBeth 横截面回归系数的平均值；括号内是考虑异方差和自相关的 Newey-West 标准误
*、**、*** 分别表示在 0.1、0.05、0.01 的水平下统计显著

表 6.16 非国有上市公司正、负跳跃对股票收益率的横截面影响

变量	模型一	模型二	模型三	模型四	模型五	模型六
截距	2.502***	16.601***	16.908***	2.836	3.717	2.611
	（0.762）	（4.326）	（4.079）	（4.561）	（4.441）	（4.336）
JSN	−0.127	−0.040	0.010	0.020	−0.170***	−0.169***
	（0.087）	（0.072）	（0.064）	（0.059）	（0.054）	（0.056）
JSP	−0.792***	−0.834***	−0.828***	−0.778***	−0.344***	−0.357***
	（0.088）	（0.098）	（0.095）	（0.088）	（0.080）	（0.084）
BETA		0.144	0.134	0.203*	0.230**	0.193*
		（0.126）	（0.111）	（0.107）	（0.114）	（0.109）
LMV		−0.639***	−0.646***	−0.054	−0.073	−0.066
		（0.180）	（0.170）	（0.189）	（0.181）	（0.183）

续表

变量	模型一	模型二	模型三	模型四	模型五	模型六
BM		0.105	0.079	0.071	−0.161	−0.185
		(0.382)	(0.375)	(0.374)	(0.387)	(0.384)
MOM			0.218	0.417	0.606**	0.655**
			(0.288)	(0.293)	(0.278)	(0.266)
LILQD				0.851***	0.780***	0.800***
				(0.104)	(0.098)	(0.092)
IVOL					−0.707***	−0.564***
					(0.090)	(0.091)
CSK						0.152
						(0.325)
CKT						0.528**
						(0.205)
调整 R^2	1.515%	5.520%	6.627%	7.517%	7.953%	8.650%

注：表格报告了 Fama-MacBeth 横截面回归系数的平均值；括号内是考虑异方差和自相关的 Newey-West 标准误
*、**、*** 分别表示在 0.1、0.05、0.01 的水平下统计显著

第六节 本 章 小 结

在随机贴现因子框架下，股票价格和随机贴现因子服从相关的跳跃扩散过程，股票收益率受到由布朗运动驱动的扩散风险和泊松过程驱动的跳跃风险的影响，当系统性跳跃出现时，跳跃对资产定价产生影响。本章利用中国股票市场 2007 年 1 月 1 日至 2023 年 12 月 31 日所有上市公司的 5 分钟高频交易数据，采用非参数跳跃识别方法检验股票的跳跃性，构造股价跳跃幅度变量，研究了中国股票市场的股价跳跃对资产定价的影响。

第一，中国股票市场以正向跳跃为主，但其跳跃性在各个时期的表现并不相同。从 2007 年初至 2008 年底美国金融危机期间，中国股票市场的跳跃性由整体的正跳跃转向负跳跃；从 2008 年底至 2009 年初，股票市场从负跳跃到正跳跃有一个急剧的转变；2009 年以后，股票市场以正跳跃为主，并持续到 2015 年中期；2015~2016 年股市跳跃变动较大，2015 年中期以前股市大幅上涨，造成股价大幅上跳，2016 年之后，股市进入强监管时期，加上股指期货市场的限制措施出台导致期货市场成交量巨幅下降，整个市场的波动变小，从而跳跃幅度变小。

第二，股票的跳跃幅度与特质性波动率存在 0.175 的正相关，与其他控制变量的相关性均较弱，相关性在 0.1 以下。负跳与正跳负相关，与公司规模正相关，

与非流动性指标和特质性波动率负相关；正跳与特质性波动率之间存在较强的正相关性，与其他控制变量相关性较弱。

第三，单排序分析表明，随着跳跃由小到大排列，组合收益率由高到低排序，高-低组合年收益率为8.16%，相应的 t 统计量为-2.769；在双排序分析中，首先基于控制变量将股票分为五分位投资组合，形成各期末的价值加权五分位投资组合，其次根据跳跃变量，将控制变量排序分组的五分位投资组合再细分为五分位组，构造出 5×5 投资组合，分别控制公司规模、动量指标、非流动性指标、协偏度和协峰度后，发现跳跃与未来收益率之间存在显著的负相关关系，所有价差投资组合（高-低跳跃投资组合）收益率绝对值范围为每月 0.332%～0.846%，t 统计量绝对值在 2.397 和 5.784 范围内。

第四，跳跃对下期股票收益率的影响模型为基本回归模型，逐步增加市场贝塔、公司规模、账面市值比、动量指标、非流动性指标、特质性波动率、协偏度、协峰度等控制变量构建模型二至模型六。采用 Fama-MacBeth 回归方法估计模型一至模型六，首先以全部样本股票月度数据为基础，分月进行一次横截面回归并得到相应的回归系数，其次在每月横截面回归参数的基础上，将各回归系数在整个研究期间进行时间序列平均，并在原假设为 0 的条件下检验各回归系数的显著性，检验统计量为对于异方差自相关稳健的 Newey-West t 统计量。实证结果表明，股价跳跃幅度对股票的超额收益率的平均影响大小为-0.199，且在 0.01 的显著性水平下统计显著，显示当月股价跳跃对下月股票收益率具有预测力，产生显著的负向影响，当期股票向下跳跃 1%，下期股票收益率平均增加 0.199%。当月股价跳跃会对下月股票收益率产生显著的负向影响，这种影响并没有因为控制变量的加入而变得不显著，股价跳跃能够预测股票收益率变动；在控制变量方面，特质性波动率对下月股票收益率具有显著的负向影响，协峰度和非流动性指标具有显著的正向影响，动量指标对股票收益率的影响由于加入特质性波动率和协峰度后变得显著，市场贝塔、协偏度、公司规模和账面市值比对股票收益率基本没有显著的影响。基本回归模型的平均调整 R^2 为 0.327%，当加入所有控制变量后，调整 R^2 增加到 9.723%。

第五，将股价跳跃分解为正、负跳跃后，股价跳跃对股票收益率的影响变大，模型的预测能力提高。当期股价正跳对下期股票收益率的影响大幅度增加，负跳没有显著影响。当期正跳跃对下期股票超额收益率具有显著的负向影响，说明正跳跃发生时，下期股票收益率将会下降。正跳的影响超过负跳的影响且显著异于零，是因为中国股票市场正向跳跃的比例超过负向跳跃的比例，下期股票收益率更多地受到正跳跃的影响。

第六，采用不同的抽样频率（10 分钟和 15 分钟）、不同的显著性水平、不同的跳跃测度方法（基于 RRV）提取跳跃，并将股票区分为沪市和深市、排除 30%

壳资源股票、排除金融类上市公司、区分国有上市公司和非国有上市公司后，深入分析跳跃对资产收益率的影响，研究揭示，正跳显著影响下期股票收益率，影响方向为负，且在许多情形下跳跃对资产定价的解释力提高。

　　Black-Scholes 期权定价模型假设基础资产具有风险中性的对数正态分布，当实际资产价格发生正、负跳跃时，实际资产价格的分布会出现厚尾性，在这种情况下，考虑资产价格较大的突然变动对于期权定价将更为准确。进一步，当基础资产价格出现跳跃时，市场为非完备市场，通过基础产品无法完全对冲掉衍生产品的风险。中国金融市场已经启动股指期权交易，而本章研究揭示了中国股市具有显著的跳跃性，跳跃对资产价格产生显著的影响，如果中国股市出现无法分散的系统性跳跃风险，那么股指期权风险无法通过股票指数完全对冲。金融衍生产品的高杠杆率在提高市场效率的同时，风险也随之放大，因此金融衍生产品监管者需要考虑到股票指数价格出现大的跳跃的影响，避免金融衍生市场出现较大的波动，对于期权投资者而言，在投资过程中也需要充分考虑到跳跃对套期保值或者投资组合的影响，避免在衍生产品投资中出现较大的损失。

第七章 资产价格跳跃时的套期保值研究

第一节 套期保值比概述

自沪深 300 股指期货合约 2010 年 4 月 16 日上市交易以来，中国股票市场成为多空交易同时存在的市场，沪深 300 股指期货的交易对于完善我国资本市场的交易结构、构造一个健康多层次的金融市场体系具有重要意义。股票市场交易者将期货交易与现货交易结合起来，在现货市场上买进或卖出一定量的现货股票的同时，在期货市场上卖出或者买进与现货品种相同、数量相当但是方向相反的期货合约，当现货市场发生不利的价格变动时，交易者通过套期保值功能规避价格波动风险，从而对股票现货市场投资进行保值。股指期货之所以能够实现套期保值，是因为股票指数的现货价格和期货价格走势基本一致，现货价格与期货价格随期货合约到期日的临近，两者趋于一致。套期保值是用较小的基差风险代替较大的现货价格波动风险，套期保值的关键问题是套期保值比的确定，即在建立交易头寸时期货合约的总值与所保值的现货总值之间的比例关系。通过套期保值模型合理确定套期保值比可以提高套期保值绩效，有效地规避现货价格波动的风险。

最优套期保值比的大小取决于期货和现货的协方差以及期货的方差大小，这些方差、协方差的变化来自市场上各种信息对期货、现货的冲击。在这些信息中，有些信息是寻常的信息，寻常信息引起资产价格的连续变动，而有些异常信息可能超出投资者的预期，这时冲击股市的信息具有突发性，期货和现货市场价格会因为这种"意外"的信息而发生非连续的跳跃行为，产生跳跃性风险。计算套期保值比的普通最小二乘法（ordinary least squares，OLS）、VECM 模型和 MGARCH（multivariate generalized autoregressive conditional heteroskedasticity，多元广义自回归条件异方差）模型均对应于资产价格的连续变化，而没有考虑资产价格非连续的跳跃。当非连续的跳跃影响期货和现货的协方差以及期货的方差时，势必会影响到最优套期保值比，因此有必要构建模型刻画期货和现货的跳跃性，分析期货、现货跳跃时的套期保值绩效。

OLS 是早期计算最优套期保值比的方法，如 Stein（1961）和 Ederington（1979）的研究，但 OLS 会受到残差项的影响，正如 Bell 和 Krasker（1986）以及 Myers 和 Thompson（1989）所指出的，OLS 将会错误地估计最小风险套期保值比。由于期货、现货受到共同的经济因素影响,它们之间常常具有长期稳定的关系,Engle 和 Granger（1987）的协整理论同时考虑了金融时间序列的长期均衡关系和短期动态关系,被广泛地应用于期货市场研究。Ghosh（1993）利用标准普尔 500 指数期货进行套期保值,研究发现,由于忽略了期货和现货价格之间可能存在的协整关系,从传统 OLS 模型中获得的套期保值比将被低估。Lien 和 Luo（1993）、Lien（1996）的研究佐证了这一结论。可见,当现货市场和期货市场之间存在协整关系时,误差修正模型计算的套期保值比会更加优越。OLS 以及误差修正模型均假定期货和现货的方差是恒定的,并不随着时间变化而变化。随着 GARCH 模型的发展和广泛应用,人们对最优套期保值比的研究从静态的二阶矩扩展到动态的二阶矩,提出了一些基于条件方差的动态套期保值比计算方法。Park 和 Switzer（1995）利用标准普尔 500 指数期货和多伦多 35 指数期货的日数据研究了动态套期保值策略的效果,结果显示,在同时考虑交易成本的情况下,与传统的 OLS、包含协整的误差修正模型的套期保值策略相比,基于 GARCH 模型的动态套期保值比能够获得更加优越的套期保值效果。Baillie 和 Myers（1991）、Kavussanos 和 Nomikos（2000）的研究均支持这一结论。不过,Chakraborty 和 Barkoulas（1999）对五种外汇期货采用 GARCH(1,1)模型进行了套期保值效果的检验,结果表明,在五种外汇期货当中,只有一种采用动态的套期保值策略的效果显著优于静态的套期保值策略的效果。

国内对套期保值比的研究较晚,因此一些研究多将 GARCH 模型和 MGARCH 模型应用于中国期货市场最优套期保值比的研究和探讨中。如王骏等（2005）对中国硬麦和大豆期货的套期保值比和绩效进行了实证研究,得出考虑协整关系的误差修正模型和 GARCH 模型的套期保值比与绩效要比 OLS 模型和双变量向量自回归模型高的结论。彭红枫和叶永刚（2007）对铜期货的套期保值比进行了计算,结果表明,基于 OLS 的套期保值及基于二元 GARCH 模型的套期保值均能有效地对冲现货的价格风险,而基于二元 GARCH 模型的动态套期保值比基于 OLS 的静态套期保值有更好的保值效果。佟孟华（2011）研究了沪深 300 指数的套期保值效果,发现动态二元 GARCH(1,1)模型优于现有套期保值模型。这些研究均假设资产价格服从连续的扩散过程,然而,许多研究表明,非连续的跳跃是资产价格的重要组成部分,资产价格具有显著的跳跃性。如 Tauchen 和 Zhou（2011）、Lahaye 等（2011）对美国股票、债券、外汇市场进行研究,发现这些金融资产价格均具有显著的跳跃性。对中国股票市场价格跳跃的研究包括刘建桥和孙文全（2010）、陈浪南和孙坚强（2010）、王春峰等（2011）、赵华（2012）。在中国商品期货市场上,赵华和王一鸣（2011）的研究表明,铜、铝期货具有显著的时变跳跃性,且跳跃强度对现货价格变化具有显著的影响。

从国内外学者的研究中可以看出,对于最优套期保值比的确定,多数研究支持现货和期货价格之间存在协整关系，基于协整关系的误差修正模型的套期保值比优于利用简单的 OLS 得到的套期保值比，而基于（M）GARCH 模型的动态套期保值比又优于基于误差修正模型和 OLS 得到的静态套期保值比。当期货市场、现货市场由于突然的异常消息的影响而发生非连续的共跳时，期货和现货的关系以及波动大小均会发生变化，这种变化导致套期保值比在资产价格跳跃时产生变化，而这种非连续的跳跃又不同于扩散框架下资产价格连续变化。本章将资产价格的连续扩散过程扩展到跳跃扩散过程，构建 VECM-ARJI-MGARCH 模型，综合分析股指期货和现货的协整关系、时变跳跃强度和常跳跃强度下的共跳性以及时变波动率特征，进而计算资产价格跳跃时的动态套期保值比，分析期现共跳时的套期保值绩效。

第二节　套期保值理论

一、套期保值

套期保值是交易者将期货交易与现货交易结合起来，通过套期期货合约对现货市场上的商品经营进行保值的一种行为，主要是指生产经营者在现货市场上买进或卖出一定量的现货商品的同时，在期货市场上卖出或者买进与现货品种相同、数量相当、但是方向相反的期货合约，以期在现货市场发生不利的价格变动时，达到规避价格波动风险的目的。

套期保值之所以能够起到规避风险的作用，是因为期货市场上存在以下基本经济原理。

1）同种商品的现货价格和期货价格走势基本一致

现货市场与期货市场虽然是各自独立的两个市场，但由于某一特定商品的现货价格和期货价格在同一市场环境内会受到相同的经济因素的影响，因而一般情况下两个市场的价格变动趋势相同。套期保值就是利用这两个市场上的价格关联性，分别在现货市场和期货市场做方向相反的买卖，取得在一个市场上出现亏损的同时在另一个市场上盈利的结果，以达到锁定成本或收益的目的。

2）现货价格与期货价格随期货合约到期日的临近，两者趋于一致

期货交易的交割制度保证了现货市场价格与期货市场价格随期货合约到期日的临近，两者趋向一致。期货交易规定合约到期时，必须进行交割。到交割日，如果期货价格和现货价格不同，那么就存在无风险的套利机会，这种套利交易最终使期货价格和现货价格趋向一致。

3）套期保值是用较小的基差风险代替较大的现货价格波动风险

基差是指在期货合约有效期的任意时点上，现货价格与期货价格之间的差额。

期货价格与现货价格的变动从方向上来说是基本一致的，但是幅度并不一致，即基差的数值并不是恒定的。基差的变化使套期保值承担着一定的风险，套期保值者并不能完全将风险转移出去。套期保值者参与期货市场是为了避免现货市场价格变动较大的风险，而接受基差变动这一相对较小的风险。

二、套期保值理论的发展

第二次世界大战以前，经济学家对期货市场的研究并不复杂。期货交易被普遍认为是一种回避、减小或消除价格风险而进行套期保值的交易活动，在很多经济学家的眼里，期货市场等同于保险市场。如英国著名经济学家马歇尔就把套期保值看作一种保险方式，他认为，套期保值者不是为了投机，而是为了保险。空头套期保值者通过买期货对冲现货价格上涨的风险，把自己经营活动中所面临的外在变动风险和盈利的机会都转让给了市场。期货交易活动使套期保值者对价格波动风险进行保险。可见，早期的研究基本上都把期货市场作为防止商品价格波动的保险市场。

随后，英国著名经济学家凯恩斯、希克斯等从风险回避和保险的概念对期货市场进行了探讨，提出了正常交割延期费理论。根据他们的观点，套期保值者在期货市场所发生的损失，只不过是套期保值者因为投机者接受风险而支付的保险费。直到20世纪40年代，这种看法仍然是人们使用期货市场的主流解释。普通的商人进入期货市场的唯一动机就是能够进行套期保值。也就是说，期货交易能够减轻他所持有的头寸风险。霍夫曼认为期货交易的整个活动由接受风险的投机者和转移风险的套期保值者构成，套期保值者通过对现货的买进（或卖出期货）进行套期保值，他们把价格风险转移到持相反头寸的交易者身上。他认为对空头套期保值者来说，完全有效地消除风险是不太可能的，因为现货价格和期货价格只有完全平行地运动才能达到效果。如果有经验的套期保值者能够预期相关价格的变化，那么是能够获利的。因此，如果套期保值者对价格的预测准确，在基差上获得盈利，那么将尽可能地避免价差损失。综合来看，传统的经济学家认为，套期保值者出于风险厌恶的本性而参与期货交易，这种交易使自身所面临的各种价格风险得到转移，从而达到规避风险的目的。

20世纪50年代前后，斯坦福大学农业经济学家沃金批评了传统的期货理论，他认为，套期保值的核心并不是要消除风险，而是通过寻找基差方面的变化或预期的基差变化来谋取利润，也就是说，通过发现期货市场与现货市场之间的价格未来变化来寻找获利的机会。套期保值者所追求的目标不一定是要把风险全部转移出去，他只是避免了现货市场价格变动这一较大的风险，而接受了基差变动的较小的风险。沃金证明了现实生活中并不是所有的套期保值都能够完全消除风险，即期货市场上的风险规避在任何时候都不会是完美的，完全保值只是一种很偶然的经济现象。

20世纪60年代，约翰逊和斯坦因利用组合投资理论来研究套期保值。交易者在期货市场进行套期保值实质上是对期货市场与现货市场上的资产进行组合投资。他们发现许多套期保值者仅仅对他们所面对的风险进行部分套期保值，期货套期保值者进行期货交易的目的在于在既定的风险条件下最大限度地获得利润，或在预期收益一定的前提下把风险降到最低，而不仅是锁定交易者在现货市场部分的收益。

在期货套期保值理论上，许多研究专注于对最优套期保值比率的探讨。Ederington（1979）根据理论的演进，将其分为传统套期保值理论、收益最大化的套期保值理论与组合投资套期保值理论。

1. 传统套期保值理论

传统套期保值理论也被称为经典的套期保值理论、"幼稚"套期保值理论、简单套期保值理论等，是指投资者在期货交易中建立一个与现货交易方向相反、数量相等的交易部位，即套期保值比率为1。由于在某一特定的社会经济系统内，商品的期货价格和现货价格受大体相同的因素影响，两种价格的走势基本一致，在期货合约到期时由于套利行为将使商品的期货价格和现货价格趋于一致，这样就可以用一个市场的利润来弥补另外一个市场的损失。传统套期保值理论主要从正常交割延期费理论发展而来。

传统套期保值理论将重点放在期货市场的风险规避机制上，虽然该理论假设与现实情况存在着一定的不一致性，实际中的套期保值效果并不非常理想，但对指导套期保值者进行实际操作依然具有很大的借鉴意义，直到今天仍然是实务操作中许多套期保值策略的理论基础，同时传统套期保值理论也为随后的理论发展奠定了坚实的基础。

2. 收益最大化的套期保值理论

传统的套期保值由数量相等的正反两个头寸组成，而且由于商品期货价格与现货价格趋于一致，达到套期保值目的。但事实上，套期保值者以及一些学者早已意识到套期保值并不仅仅意味着风险规避。

大量的定量研究证明，多数的套期保值是为了确保利润而不仅仅是避险。套期保值者的运作与投机者有很大的相似性，但是由于在现货市场上也持有头寸，他们就会关心相对而不是绝对的价格变化。一些套期保值是期望现货价格、期货价格关系的变化而不是期望其价格一起移动。这种观点实质就是把套期保值看作现货和期货间的套利行为，是从可预测的两个价格关系的变化来获利，而不是降低风险。套期保值者承担了基差风险，因此，套期保值被看作基差投机，它期望通过对基差的低买高卖，获得无风险收益。

3. 组合投资套期保值理论

组合投资套期保值理论将套期保值看作组合投资理论的一种简单应用，是将风险规避的传统套期保值理论同预期收益最大化理论相统一。

这种理论用 Markowitz 的组合投资理论来解释套期保值，组合投资理论认为，交易者进行套期保值实际上是对现货市场和期货市场的资产进行组合投资。套期保值者根据组合投资的预期收益和预期收益的方差（即风险）来确定现货市场和期货市场的交易头寸，以使收益风险最小化或者效用函数最大化。在传统套期保值交易中，套期保值的比率恒等于 1。而组合投资套期保值理论认为，套期保值者在期货市场上保值的比率是可以选择的，最佳套期保值的比率取决于套期保值的交易目以及现货市场和期货市场价格的相关性。

同传统套期保值相比，组合投资套期保值的目的不一定是锁定交易者在现货市场头寸的收益，因此套期保值者在期货市场上不一定持有同现货市场等量的头寸，不要求保值比率必须为 1，而且在套期保值期间，组合投资套期保值比率是根据套期保值者的风险偏好程度、对期货市场价格的预期以及对这种预期的置信程度来确定的，并且随时间而变化。

第三节 研究方法

一、套期保值比

套期保值是根据现货市场和期货市场的投资构造投资组合，从而消除或者减少组合价值的波动。假定一个组合由 C_S 单位的现货多头和 C_F 单位的期货空头构成，S_t 和 F_t 分别表示现货和期货 t 期的价格。由于期货合约用来减少现货头寸的波动，其所构造的组合称为套期保值组合，套期保值组合的收益率为

$$R_h = \frac{C_S S_t R_S - C_F F_t R_F}{C_S S_t} = R_S - h R_F \tag{7.1}$$

其中，$h = C_F F_t / C_S S_t$ 为套期保值比；R_S 和 R_F 为现货和期货从 t 时刻到 $t+1$ 时刻的收益率。最常用的套期保值比是最小方差套期保值比，即最小化套期保值组合的风险得到的最优套期保值比。套期保值组合的收益率的方差 v 可以表示为

$$v = \text{Var}(R_S) - 2h\text{Cov}(R_S, R_F) + h^2 \text{Cov}(R_F) \tag{7.2}$$

求 v 的最小值，得到最小方差的套期保值比为

$$h^* = \frac{\text{Cov}(R_S, R_F)}{\text{Var}(R_F)} = \rho \frac{\sigma_S}{\sigma_F} \qquad (7.3)$$

其中，σ_S 为现货收益率的标准差；σ_F 为期货收益率的标准差；ρ 为现货收益率和期货收益率之间的相关系数；h^* 为最优套期保值比。

二、静态和动态套期保值比模型

为了在实践中应用套期保值比，需要讨论不同的估计套期保值比的方法。本节主要研究两种静态套期保值比和两种动态套期保值比的估计方法，对于静态最优套期保值比的估计，应用较为广泛的是 OLS 模型和 VECM 模型。对于动态套期保值比，先介绍文献中常用的 MGARCH 模型，然后将误差修正模型、MGARCH 模型和时变跳跃强度相结合构造新的模型。

1. OLS 模型

传统的套期保值比估计主要是通过 OLS 估计现货对数价格变化对期货对数价格变化的回归方法：

$$\Delta \ln S_t = \alpha + \beta \Delta \ln F_t + \varepsilon_t \qquad (7.4)$$

其中，$\ln S_t$、$\ln F_t$ 分别为现货价格和期货价格的对数，则 $\Delta \ln S_t$、$\Delta \ln F_t$ 为现货对数收益率和期货对数收益率；斜率系数 β 的估计为最优套期保值比的值，即 $h^* = \beta = \text{Cov}(\Delta \ln S_t, \Delta \ln F_t)/\text{Var}(\Delta \ln F_t)$；$\beta$ 为截距项；ε_t 是误差项。然而，如果 OLS 是有效的，OLS 回归方程的假设必须得到满足，当数据没有满足假设时，如误差项出现异方差或者自相关，OLS 估计的套期保值比将不再是最优的。

2. VECM 模型

OLS 模型并没有考虑现货价格和期货价格的非平稳性，当两个变量是非平稳的，但它们之间存在协整关系时，可以建立 VECM 模型估计套期保值比，该模型同时考虑了现货价格和期货价格的非平稳性、长期均衡关系以及短期动态关系。

第一步，估计现货价格和期货价格之间的协整方程：

$$\ln S_t = a + b \ln F_t + u_t \qquad (7.5)$$

第二步，建立 VECM 模型：

$$\Delta \ln S_t = \mu_s + \lambda_s \hat{u}_{t-1} + \sum_{i=1}^{k} \alpha_{si} \Delta \ln S_{t-i} + \sum_{i=1}^{k} \beta_{si} \Delta \ln F_{t-i} + \varepsilon_{st}$$
$$\Delta \ln F_t = \mu_f + \lambda_f \hat{u}_{t-1} + \sum_{i=1}^{k} \alpha_{fi} \Delta \ln S_{t-i} + \sum_{i=1}^{k} \beta_{fi} \Delta \ln F_{t-i} + \varepsilon_{ft} \qquad (7.6)$$

其中，式（7.5）中 a 和 b 分别为截距和斜率；式（7.6）中 $\hat{u}_{t-1}$ 为误差修正项，来自方程（7.5）的误差项 u_t，表示期货和现货长期均衡关系的偏离；$\mu_i(i=s,f)$ 为截距；$\lambda_i(i=s,f)$ 为误差修正项的影响；$\alpha_{ji}(j=s,f)$ 为现货价格短期变动的影响；$\beta_{ji}(j=s,f)$ 为期货价格短期变动的影响；$\varepsilon_{it}(i=s,f)$ 为误差项。同样可得 $h^* = \text{Cov}(\Delta \ln S_t, \Delta \ln F_t)/\text{Var}(\Delta \ln F_t)$。

3. VECM-MGARCH 模型

OLS 模型和 VECM 模型均假定现货市场和期货市场的风险为常数，这意味着不管在何时进行套期保值，最小方差套期保值比都是相同的。Engle（恩格尔）建立的 ARCH（GARCH）模型能够估计时变的条件方差，从而在套期保值期间形成动态的套期保值比。本节构造 VECM-MGARCH 模型。残差向量 $\varepsilon_t = (\varepsilon_{st}, \varepsilon_{ft})^{\text{T}}$ 服从多元正态分布，即 $\varepsilon_t | \Omega_{t-1} \sim N(0, H_t)$，$\Omega_{t-1}$ 为 $t-1$ 时刻的条件信息集合，$H_t = \begin{bmatrix} \sigma_{ss,t} & \sigma_{sf,t} \\ \sigma_{sf,t} & \sigma_{ff,t} \end{bmatrix}$ 为方差协方差矩阵。使用 Engle 和 Kroner（1995）提出的 BEKK 模型，即 $H_t = C_0^{\text{T}} C_0 + A^{\text{T}} \varepsilon_{t-1} \varepsilon_{t-1}^{\text{T}} A + B^{\text{T}} H_{t-1} B$，$C_0$ 为下三角矩阵，A、B 为两个矩阵，具体表述为

$$H_t = \begin{bmatrix} c_{11} & 0 \\ c_{21} & c_{22} \end{bmatrix}^{\text{T}} \begin{bmatrix} c_{11} & 0 \\ c_{21} & c_{22} \end{bmatrix} + \begin{bmatrix} a_{11} & a_{12} \\ a_{21} & a_{22} \end{bmatrix}^{\text{T}} \begin{bmatrix} \varepsilon_{st-1}^2 & \varepsilon_{st-1}\varepsilon_{ft-1} \\ \varepsilon_{st-1}\varepsilon_{ft-1} & \varepsilon_{ft-1}^2 \end{bmatrix} \begin{bmatrix} a_{11} & a_{12} \\ a_{21} & a_{22} \end{bmatrix}$$

$$+ \begin{bmatrix} b_{11} & b_{12} \\ b_{21} & b_{22} \end{bmatrix}^{\text{T}} H_{t-1} \begin{bmatrix} b_{11} & b_{12} \\ b_{21} & b_{22} \end{bmatrix} \tag{7.7}$$

式（7.6）和式（7.7）构成 VECM-MGARCH 模型，运用极大似然法可得到参数的估计值并计算出每一时刻的条件方差和条件协方差，则 t 时刻的最优套期保值比为 $h_t^* = \dfrac{\text{Cov}(\Delta \ln S_t, \Delta \ln F_t | \Omega_{t-1})}{\text{Var}(\Delta \ln F_t | \Omega_{t-1})}$。

4. VECM-ARJI-MGARCH 模型

上述的套期保值比估计模型仅考虑到资产价格的连续变化，而处于快速发展阶段的中国股票市场易于受到外部异常消息的影响而发生突然的、非连续的跳跃，从而期货和现货之间的套期保值比也可能由于跳跃影响而发生显著变化。Chan 和 Maheu（2002）提出使用自回归跳跃强度（autoregressive jump intensity，ARJI）模型，该模型结合 GARCH 模型形成单变量 ARJI-GARCH 模型以分析资产收益率跳跃的动态现象。包含跳跃的 GARCH 模型，既考虑到平滑的时变波动率，又涵盖了突然的跳跃行为，跳跃到达的频率是动态变化的、非恒定的。沪深 300 指数代表中国股市的整体变动情况，影响个股的特定信息并不意味着影响整个市场，

因此沪深 300 指数以及相应的股指期货易于受到相同的、影响整个市场跳跃的异常信息的影响，这样期货、现货就会发生共同跳跃，这时期货和现货具有相同的时变跳跃特征。综合考虑股指期货和现货的长期均衡关系、共跳性以及时变方差协方差特征，构建 VECM-ARJI-MGARCH 模型：

$$R_{S,t} = \mu_s + \lambda_s \hat{u}_{t-1} + \sum_{i=1}^{k} \alpha_{si} R_{S,t-i} + \sum_{i=1}^{k} \beta_{si} R_{F,t-i} + \varepsilon_{s,t} + J_t$$

$$R_{F,t} = \mu_f + \lambda_f \hat{u}_{t-1} + \sum_{i=1}^{k} \alpha_{fi} R_{S,t-i} + \sum_{i=1}^{k} \beta_{fi} R_{F,t-i} + \varepsilon_{f,t} + J_t \qquad (7.8)$$

$$\varepsilon_t = \left(\varepsilon_{s,t}, \varepsilon_{f,t}\right)^T, \quad \varepsilon_t \mid \Omega_{t-1} \sim N(0, H_t)$$

其中，随机扰动向量 $\varepsilon_t = \left(\varepsilon_{s,t}, \varepsilon_{f,t}\right)^T$ 与 J_t 相互独立，其方差协方差矩阵 H_t 具有 MGARCH 模型的 BEKK 设定形式，即 $H_t = C_0^T C_0 + A^T \varepsilon_{t-1} \varepsilon_{t-1}^T A + B^T H_{t-1} B$，其中，$C_0$、$A$ 和 B 为参数矩阵，具体如式（7.7）所示。期现共跳成分为 $J_t = \sum_{k=1}^{n_t} \pi_{t,k} - E\left(\sum_{k=1}^{n_t} \pi_{t,k} \mid \Omega_{t-1}\right)$，$J_t$ 为零均值过程；$\pi_{t,k}$ 为市场上异常信息所造成的现货收益率和期货收益率发生共同跳跃时的跳跃幅度，它服从均值为 θ、标准差为 δ 的正态分布，即 $\pi_{t,k} \sim N(\theta, \delta^2)$；$n_t$ 为时间 $t-1$ 和 t 之间的跳跃次数，它是控制时间 $t-1$ 和 t 之间的跳跃次数的离散计数过程且服从参数随时间变动的泊松分布，即

$$P(n_t = j \mid \Omega_{t-1}) = \frac{\exp(-\lambda_t)\lambda_t^j}{j!}, \quad j = 0,1,\cdots \qquad (7.9)$$

其中，$\lambda_t \equiv E[n_t \mid \Omega_{t-1}] = \text{Var}[n_t \mid \Omega_{t-1}]$ 为条件跳跃强度，表示时间区间内异常信息所产生的跳跃次数。时变跳跃强度 λ_t 服从一个内生的 $\text{ARMA}(1,1)$ 过程（Chan and Maheu，2002）：

$$\lambda_t = \lambda + \rho \lambda_{t-1} + \gamma \xi_{t-1} \qquad (7.10)$$

其中，$\lambda_t > 0$，$\lambda > 0$，$\rho \geqslant \gamma$，$\gamma > 0$，ξ_{t-1} 为跳跃强度残差，即

$$\xi_{t-1} \equiv E[n_{t-1} \mid \Omega_{t-1}] - \lambda_{t-1} = \sum_{j=1}^{\infty} j P(n_{t-1} = j \mid \Omega_{t-1}) - \lambda_{t-1} \qquad (7.11)$$

根据 $R_t = (R_{S,t}, R_{F,t})^T$ 和贝叶斯准则，可以得到 t 时刻发生 j 次跳跃的后验概率：

$$P(n_t = j \mid \Omega_t) = \frac{f(R_t \mid n_t = j, \Omega_{t-1}) P(n_t = j \mid \Omega_{t-1})}{P(R_t \mid \Omega_{t-1})}, \quad j = 0,1,\cdots \qquad (7.12)$$

其中，$f(R_t \mid n_t = j, \Omega_{t-1})$ 为条件密度函数，服从正态分布。

VECM-ARJI-GARCH(1,1)模型的对数似然函数为

$$\ln L = \sum_{t=1}^{N} \ln\{P(R_t \mid \Omega_{t-1})\} \tag{7.13}$$

其中，

$$P(R_t \mid \Omega_{t-1}) = \sum_{j=0}^{\infty} f(R_t \mid n_t = j, \Omega_{t-1}) P(n_t = j \mid \Omega_{t-1}) \tag{7.14}$$

$$f(R_t \mid n_t = j, \Omega_{t-1}) = (2\pi)^{-N/2} \mid \tilde{H}_{j,t} \mid^{-1/2} \exp\left(-\frac{1}{2} u_{j,t}^{\mathrm{T}} \tilde{H}_{j,t}^{-1} u_{j,t}\right)$$

$$u_{j,t} = \begin{pmatrix} R_{S,t} - \mu_s - \lambda_s \hat{u}_{t-1} - \sum_{i=1}^{k} \alpha_{si} R_{S,t-i} - \sum_{i=1}^{k} \beta_{si} R_{F,t-i} - j\theta + \lambda_t \theta \\ R_{F,t} - \mu_f - \lambda_f \hat{u}_{t-1} - \sum_{i=1}^{k} \alpha_{fi} R_{S,t-i} - \sum_{i=1}^{k} \beta_{fi} R_{F,t-i} - j\theta + \lambda_t \theta \end{pmatrix} \tag{7.15}$$

其中，$u_{j,t}$ 为包含跳跃成分的误差项。由于 $\varepsilon_t = (\varepsilon_{s,t}, \varepsilon_{f,t})^{\mathrm{T}}$ 独立于 J_t，因此 $\tilde{H}_{j,t}$ 由两部分构成：正态随机扰动项 ε_t 的方差协方差矩阵 H_t 和跳跃成分的方差协方差矩阵（具有相同元素 $j\delta^2$）。

由最大化对数似然函数（7.13）可以得到式（7.7）、式（7.8）和式（7.10）中的参数估计值。一旦充分设定现货收益率和期货收益率的联合分布，就可以计算动态的最优套期保值比，最小方差套期保值比为 $h_t^* = \dfrac{\mathrm{Cov}(\Delta \ln S_t, \Delta \ln F_t \mid \Omega_{t-1})}{\mathrm{Var}(\Delta \ln F_t \mid \Omega_{t-1})}$。

第四节　传统套期保值模型与 VECM-ARJI-MGARCH 模型的构建

一、数据选取与统计分析

本节采用沪深 300 指数及其股指期货作为研究对象，股指的数据来源于 Wind 资讯，股指期货价格来源于 CSMAR 高频数据库。中国股票市场每交易日 15:00 结束，其日收盘价作为日价格的代表，而股指期货市场每交易日 15:15 交易结束，15:15 的收盘价常常作为股指期货日价格的代表，这样股指现货和股指期货日价格之间存在非同步交易问题，会导致不正确的结论。为了避免非同步交易问题的影响，以股指期货 15:00 的收盘价作为期货日价格的代表。此外，对于期货价格，由于每一期货合约都有一定的持续期，为保证数据的连续性，股指期货价格为当月期货合约的 15:00 的收盘价构造的期货价格时间序列。数据的样本区间为 2010

年4月20日到2013年6月30日。在整个样本区间内,价格样本容量为771。2010年4月20日至2013年3月31日为样本内区间,对股指期货、现货的最优套期保值比进行估计和样本内的比较,2013年4月1日至2013年6月30日为样本外区间,利用最后三个月的数据进行样本外套期保值有效性的检验和比较。

对现货价格 S_t 和期货价格 F_t 进行对数化处理,并求出对数收益率,即 $R_{S,t}=100\times(\ln S_t - \ln(S_{t-1}))$,$R_{F,t}=100\times(\ln F_t - \ln(F_{t-1}))$。表7.1为沪深300指数现货和期货的价格和收益率在样本内、样本外和全样本的统计分析结果。就收益率而言,在样本内、样本外和全样本期间,期货的收益率均值均小于现货,说明期货下跌程度要略大于现货,但二者的标准差比较接近,期货市场的波动大小并没有明显大于现货市场。从分布来看,期货和现货收益率偏度多小于0,样本内和全样本期间现货的负偏程度大于期货;二者峰度均大于3,具有尖峰厚尾的特征,但期货收益率在样本内、样本外和全样本期间的峰度均大于现货收益率,特别是期货收益率在2013年4月1日至2013年6月30日期间的峰度几乎是现货收益率的1.5倍,表明这一期间期货价格出现较多的极值。

表7.1 股指现货和期货收益率和价格的统计分析

样本构成		样本内 (2010.4.20~2013.3.31)		样本外 (2013.4.1~2013.6.30)		全样本 (2010.4.20~2013.6.30)	
		现货	期货	现货	期货	现货	期货
收益率序列的描述统计分析	均值	−0.034	−0.036	−0.224	−0.262	−0.048	−0.052
	中位数	−0.024	−0.079	−0.136	−0.064	−0.043	−0.078
	标准差	1.412	1.411	1.496	1.559	1.418	1.422
	偏度	−0.077	0.056	−1.477	−2.078	−0.196	−0.150
	峰度	4.485	5.219	7.612	11.011	4.816	5.931
对数价格序列的ADF检验结果	水平序列	−1.726 [0.418]	−1.748 [0.406]	—	—	−1.454 [0.557]	−1.381 [0.593]
	差分序列	−27.376 [0.000]	−27.692 [0.000]	—	—	−28.163 [0.000]	−28.195 [0.000]
τ		−8.286[0.000]		—		−7.561[0.000]	

注:方括号内为ADF检验(augmented-Dickey-Fuller test,增广迪基-富勒检验)单侧概率值;τ 为Engle-Granger两步法的 τ 统计量

在建立VECM模型之前需要对股指现货和期货的平稳性以及协整关系进行分析。表7.1中ADF单位根检验表明,现货和期货对数价格的水平序列在样本内和全样本期间不能拒绝存在单位根的原假设,现货价格和期货价格是非平稳的。而对于它们的一阶差分序列,ADF检验拒绝存在单位根的原假设,这表明期货和现货对数价格为一阶单整过程,对数价格差分序列即对数收益率序列是平稳的时

间序列。对于二者之间的协整关系，使用常用的 Engle-Granger 两步法进行检验，使用现货对数价格对期货对数价格进行回归，检验其残差的 τ 统计量，结果表明期货价格和现货价格之间存在协整关系，即二者之间存在长期均衡关系。

二、静态套期保值模型分析

对于静态最优套期保值比的估计，本节使用常用的 OLS 模型和 VECM 模型进行估计。表 7.2 给出了 OLS 模型估计结果。可以看出，期货收益率对现货收益率具有显著的影响，期货收益率可以解释现货收益率 93.4%的变动。斜率系数给出整个估计期间的最优套期保值比为 0.967。

表 7.2　OLS 模型估计结果

变量	常数项	$\Delta\ln F$	R^2
估计值	0.001（0.014）	0.967***（0.010）	0.934

注：圆括号内为标准误
***表示在 0.01 的水平下统计显著

对于 VECM 模型，根据 AIC（Akaike information criterion，赤池信息量准则）和系数的显著性确定模型的形式。由于现货收益率和期货收益率没有显著的自相关性，VECM 模型并没有包括二者的滞后项，而仅仅包括误差修正项，得到的估计结果如表 7.3 所示。Ljung-Box 检验表明残差序列不存在自相关性，但期货收益率残差的平方具有一定的自相关性。VECM 模型估计结果显示，误差修正项对期货价格和现货价格的变化产生不同的影响，其中，现货价格由于长期均衡项的影响向下调整，而期货价格向上调整，并且长期均衡项对期货价格变化产生显著的影响。根据估计得到现货收益率、期货收益率的方差和协方差，计算得到相应的最优套期保值比为 0.976，大于 OLS 模型回归得到的套期保值比。

表 7.3　VECM 模型估计结果

变量	常数项	λ_i	LB(5)	LB^2(5)
$R_S(i=1)$	−0.036（0.053）	−0.049（0.114）	5.722[0.334]	5.932[0.313]
$R_F(i=2)$	−0.025（0.053）	0.263**（0.113）	9.275[0.100]	9.887[0.078]

注：估计结果的圆括号内为标准误，方括号内为 P 值；LB(q) 和 LB^2(q) 分别为滞后期为 q 的残差及其平方的 Ljung-Box 检验，现货收益率、期货收益率的方差分别为 1.990 72 和 1.973 32，它们之间的协方差为 1.925 77；对数似然函数值为−1485.288
**表示在 0.05 的水平下统计显著

三、VECM-MGARCH 模型分析

OLS 模型和 VECM 模型得到的套期保值比均为常数，因为它们没有捕捉到

方差协方差的动态变化,而双变量 VECM-MGARCH 模型能够较好地捕捉时变二阶矩变化,被广泛应用于动态套期保值比的估计,VECM-MGARCH 模型估计结果如表 7.4 所示。应用 Ljung-Box 统计量检验标准化残差及其平方的自相关性,检验结果显示,VECM-MGARCH 模型的标准化残差及其平方均不具有自相关性,Ljung-Box 统计量的 P 值均大于 VECM 模型,并且 VECM-MGARCH 模型的对数似然函数值也远远大于 VECM 模型,因此,VECM-MGARCH 模型优于 VECM 模型。

表 7.4 VECM-MGARCH 模型估计结果

变量	λ_i	a_{i1}	a_{i2}	b_{i1}	b_{i2}	LB(5)	LB²(5)
$R_S(i=1)$	-0.246**	0.581***	-0.730***	1.059***	-0.476***	5.611	4.230
	(0.112)	(0.179)	(0.179)	(0.080)	(0.065)	[0.345]	[0.517]
$R_F(i=2)$	0.102	1.125***	-1.233***	0.274***	0.241***	8.268	4.714
	(0.115)	(0.180)	(0.179)	(0.084)	(0.072)	[0.142]	[0.452]

注:对数似然函数值为-1387.874;估计结果的圆括号内为标准误,方括号为 P 值;LB(q) 和 LB²(q) 分别为滞后期为 q 的残差及其平方的 Ljung-Box 检验;VECM 模型和 MGARCH 模型中的常数项均略去

***、**分别表示在 0.01、0.05 的水平下统计显著

从表 7.4 的 VECM-MGARCH 模型估计结果来看,长期均衡项对股指现货和期货价格变化影响方向和 VECM 模型估计结果相同,但仅仅对现货价格变化产生显著的影响。在 MGARCH 模型参数估计中,所有参数均统计显著异于零,这说明无论是股指期货市场还是现货市场均存在显著的 ARCH 效应(a_{11} 和 a_{22} 系数表示)和 GARCH 效应(b_{11} 和 b_{22} 系数表示),并且两个市场之间存在显著的波动溢出效应。这种期现之间的相互影响、相互作用正是期货市场能够起到套期保值作用的重要原因。根据估计得到的时变方差和协方差可以得到动态的最优套期保值比,套期保值比为 0.647~1.070,均值为 0.990,均值大于 OLS 模型和 VECM 模型得到的静态套期保值比 0.967 和 0.976,其变动如图 7.1 所示,套期保值比在整个估计区间随着环境和市场的变化大幅波动。

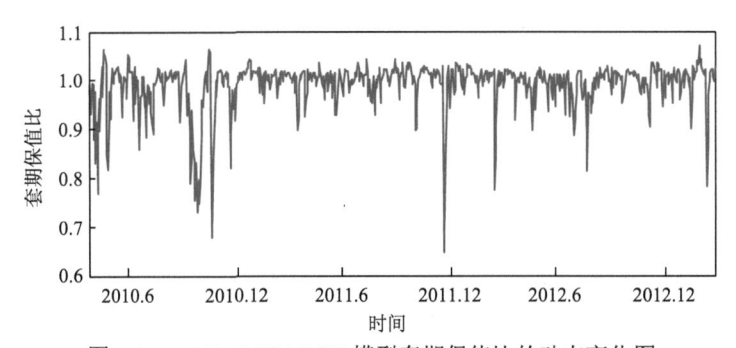

图 7.1 VECM-MGARCH 模型套期保值比的动态变化图

四、VECM-ARJI-MGARCH 模型分析

本节构建 VECM-ARJI-MGARCH 模型不仅对期货和现货的协整关系、时变方差协方差特征进行研究，还探究现共跳时的跳跃强度特征，分为常跳跃强度模型和时变跳跃强度模型两种情况进行讨论，估计结果如表 7.5 所示。

表 7.5　VECM-ARJI-MGARCH 模型估计结果

参数		常跳跃强度模型		时变跳跃强度模型	
		$R_S(i=1)$	$R_F(i=2)$	$R_S(i=1)$	$R_F(i=2)$
VECM 部分	μ_i	−0.018（0.052）	−0.028（0.050）	−0.012（0.049）	−0.022（0.047）
	λ_i	−0.248***（0.091）	0.090（0.090）	−0.237***（0.086）	0.100（0.086）
MGARCH 部分	c_{i1}	−0.001（0.041）	0.238***（0.081）	−0.001（0.040）	0.227（0.013）
	c_{i2}	0	0.253***（0.080）	0	0.244（0.015）
	a_{i1}	−0.222*（0.125）	0.324**（0.131）	−0.244***（0.017）	0.342***（0.027）
	a_{i2}	−0.759***（0.124）	0.827***（0.131）	−0.772***（0.035）	0.848***（0.042）
	b_{i1}	0.764**（0.332）	−1.727***（0.320）	1.099***（0.023）	−0.338***（0.038）
	b_{i2}	1.120***（0.065）	0.267***（0.103）	0.301***（0.026）	0.321***（0.045）
跳跃部分	θ	0.071（0.062）		0.077（0.053）	
	δ	1.196***（0.123）		1.197***（0.077）	
	λ	1.186***（0.243）		0.132***（0.009）	
	ρ	—		0.890***（0.008）	
	γ	—		0.037（0.068）	
残差分析	LB(5)	6.232[0.284]	5.590[0.348]	1.994[0.850]	3.628[0.604]
	LB²(5)	4.547[0.474]	5.524[0.355]	4.122[0.532]	7.164[0.209]
ln$L$		−1332.246		−1329.052	

注：估计结果的圆括号内为标准误，方括号为 P 值；LB(q) 和 LB²(q) 分别为滞后期为 q 的残差及其平方的 Ljung-Box 检验

*、**、***分别表示在 0.1、0.05、0.01 的水平上统计显著

首先，分析模型的拟合效果。与 VECM-MGARCH 模型相比，没有包括跳跃成分的 VECM-MGARCH 模型的对数似然函数值为−1387.874（表 7.4），根据常跳跃强度和时变跳跃强度的 VECM-ARJI-MGARCH 模型的对数似然函数值计算似然比统计量，似然比统计量分别为 111×[−2×(−1332.246+1387.874)]和 118×[−2×(−1329.052+1387.874)]，其对应的 χ^2 统计量概率值接近于零，所以包含跳跃成分的 VECM-ARJI-MGARCH 模型显著优于没有跳跃成分的 VECM-MGARCH 模型。进一步地，比较常跳跃强度和时变跳跃强度的 VECM-ARJI-MGARCH 模型发现，时变跳跃强度模型的对数似然函数值高于常跳跃强度模型，可见，时变跳跃强度

VECM-ARJI-MGARCH 模型效果较好，并且标准化残差及其平方的自相关检验也证明了这一点。

其次，在 VECM 部分和 MGARCH 部分，VECM-ARJI-MGARCH 模型与 VECM-MGARCH 模型的估计结果比较接近，长期均衡项仅仅对现货市场价格的变化形成统计显著的负的影响，MGARCH 模型中波动聚集性和持续性统计显著，股指期货市场和现货市场之间存在显著的波动溢出效应。

最后，就期现市场的共跳性而言，估计结果表明，跳跃幅度的标准差和跳跃强度显著异于零，而跳跃幅度的均值统计上并不显著，说明期货市场和现货市场具有显著的共跳性。与常跳跃强度模型相比，时变跳跃强度模型中的跳跃幅度的均值和标准差的大小和显著性变化不大，跳跃强度残差的影响并不显著，但跳跃强度具有显著的一阶自相关性，自相关系数大小为 0.890，说明当期 1 单位的跳跃强度，6 天后才能够衰减一半，因此跳跃强度表现出较高的持续性。这正如图 7.2 所显示的，高的跳跃强度跟随着高的跳跃强度，如 2010 年底和 2012 年底；低的跳跃强度也跟随着低的跳跃强度，如 2012 年 6 月前后。

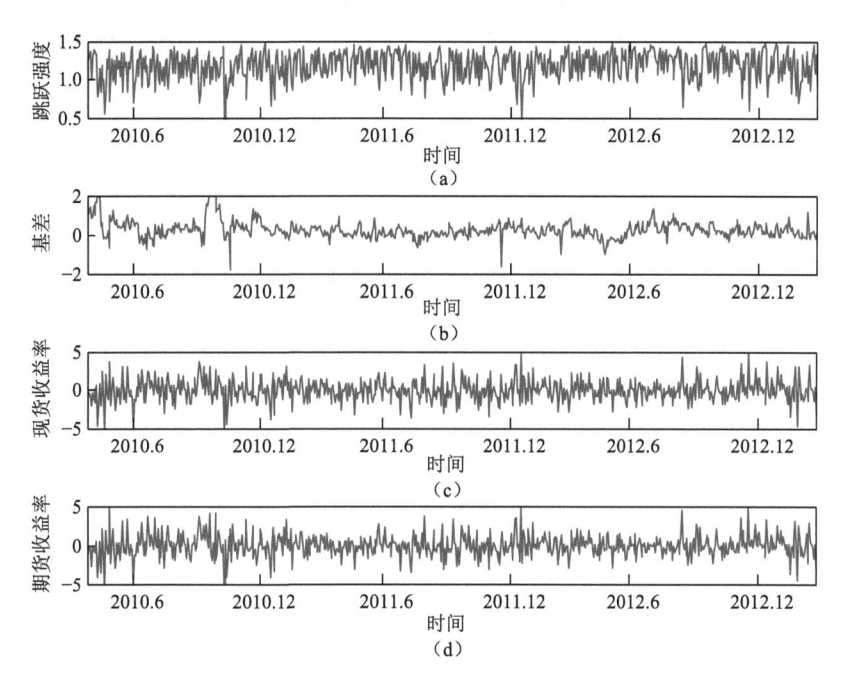

图 7.2　时变跳跃强度、基差及收益率变化图

图 7.2 不仅给出了时变跳跃强度变化情况，还报告了期货和现货基差、期货收益率、现货收益率的图形。对比图中的四个图形可以发现，跳跃强度与期货收益率、现货收益率的关系较为紧密，当收益率大幅上下波动时，也就是暴涨暴跌

时期，跳跃强度相应增高，这时市场更容易产生跳跃。市场大幅变动时期常常伴随各种信息冲击股票现货市场和期货市场，如果这种信息是超预期的，市场由于超预期的影响而快速变动，便会出现期货和现货价格的共跳现象。

期货收益率和现货收益率受到两部分的冲击：正态扰动项 $\varepsilon_t = (\varepsilon_{s,t}, \varepsilon_{f,t})^T$ 和共同跳跃成分 J_t。根据式（7.15）或者 $\tilde{H}_{j,t}$ 计算期货收益率的方差以及期、现收益率的协方差，代入最小方差套期保值比公式，可以求出 VECM-ARJI-MGARCH 模型动态套期保值比，常跳跃强度和时变跳跃强度的动态套期保值比如图 7.3 所示。常跳跃强度和时变跳跃强度的套期保值比的变化方向和趋势基本保持一致，但由于时变跳跃强度的动态特征，图 7.3（b）中的套期保值比变化程度更大一些，也较为剧烈。

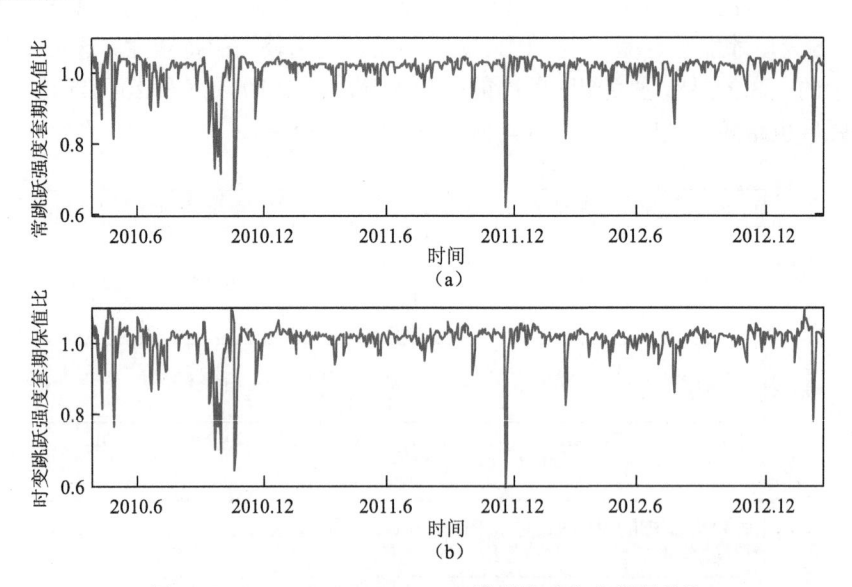

图 7.3 VECM-ARJI-MGARCH 模型的动态套期保值比

为了进一步分析不同模型下动态套期保值比的差异性，表 7.6 列出了 VECM-MGARCH 模型和两种跳跃强度的 VECM-ARJI-MGARCH 模型的动态套期保值比的基本统计分析结果。由前面分析可知，OLS 模型和 VECM 模型的套期保值比分别为 0.967 和 0.976，可见三种动态套期保值比的均值都大于静态的套期保值比。在三种动态套期保值比中，常跳跃强度的 VECM-ARJI-MGARCH 模型的套期保值比均值最大，时变跳跃强度的 VECM-ARJI-MGARCH 模型的变化范围最大，最大套期保值比和最小套期保值比均出现在时变跳跃强度的 VECM-ARJI-MGARCH 模型中，这与图 7.3（b）一致。从分布来看，虽然三种动态套期保值比均呈现负偏、尖峰分布特征，但包含跳跃成分 VECM-ARJI-MGARCH 模型的偏度绝对值和峰度远远大于 VECM-MGARCH 模型，常跳跃强度模型的分布偏离程度绝对值最大。

表 7.6 动态套期保值比的统计分析

统计量	VECM-MGARCH 模型	VECM-ARJI-MGARCH 模型（常跳跃强度）	VECM-ARJI-MGARCH 模型（时变跳跃强度）
均值	0.990	1.009	1.007
中位数	1.006	1.021	1.018
最大值	1.070	1.076	1.125
最小值	0.647	0.620	0.589
标准差	0.052	0.045	0.049
偏度	−2.978	−4.252	−3.955
峰度	14.419	27.103	25.015

五、套期保值绩效比较

为了比较静态套期保值比和动态套期保值比的实际绩效，本节根据 Ederington（1979）提出的常用的衡量套期保值绩效指标进行对比。该套期保值绩效指标为相对于未参与套期保值时现货头寸的方差，套期保值组合方差的减少程度，定义为 $\text{Eff} = 1 - \text{Var}(\Delta\ln S_t - h_t^* \Delta\ln F_t) / \text{Var}(\Delta\ln S_t)$。该指标反映了进行套期保值相对于不进行套期保值风险降低的程度。本节分析样本内（2010 年 4 月 20 日至 2013 年 3 月 31 日）和样本外（2013 年 4 月 1 日至 2013 年 6 月 30 日）两种情况下的计算结果，可以比较全面地分析不同套期保值比的绩效。

样本内套期保值绩效的比较直接根据所估计得到的静态和动态套期保值比计算套期保值组合方差，并与未套期保值现货头寸的方差进行比较。对于样本外套期保值绩效比较，OLS 模型和 VECM 模型的样本外套期保值比与样本内数据计算出来的套期保值比相同。就动态套期保值比而言，对考虑方差时变特征的 VECM-MGARCH 模型以及包含跳跃成分的 VECM-ARJI-MGARCH 模型来说，首先需要对套期保值比进行预测，每交易日加入新的信息后重新进行一次模型估计并预测得到新的套期保值比，其次根据新的套期保值比计算套期保值绩效。具体而言，对于 VECM-MGARCH 模型，根据模型（7.7）得到的样本内方差协方差矩阵估计值及残差估计下一期的方差协方差，再进一步计算下一期的套期保值比。而对于 VECM-ARJI-MGARCH 模型，正态扰动项 $\varepsilon_t = (\varepsilon_{s,t}, \varepsilon_{f,t})^{\text{T}}$ 下一期的方差协方差矩阵根据模型（7.7）进行预测；对于共同跳跃成分 J_t，下一期的跳跃强度根据模型（7.10）进行预测，然后计算得到下一期套期保值比，总计得到三个月共

56个样本外套期保值比。

表 7.7 列出了样本内和样本外基于各种模型得到的套期保值绩效。先进行样本内套期保值绩效比较。在无套期保值的情况下，现货收益率为负数，方差较大为 1.994，进行套期保值以后，所有的套期保值模型都大大地降低了风险，但套期保值组合方差在降低的同时，组合的平均收益率并没有相应地降低，套期保值组合的收益率均为正数。由 OLS 模型和 VECM 模型估计得到的静态套期保值比的套期保值绩效基本接近，可以降低 93%以上的风险。比较动态套期保值比和静态套期保值比，动态套期保值比的套期保值绩效均优于静态套期保值比，三种情况下均可以降低 94%以上的风险，其中，VECM-MGARCH 模型绩效最高，常跳跃强度与时变跳跃强度的绩效比较接近。

表7.7 套期保值绩效比较

模型	样本内 均值	样本内 方差	样本内 Eff	样本外 均值	样本外 方差	样本外 Eff
无套期保值模型	−0.034	1.994	—	−0.224	2.237	—
OLS 模型	0.001	0.132	93.402%	0.029	0.090	95.988%
VECM 模型	0.001	0.132	93.394%	0.031	0.091	95.929%
VECM-MGARCH 模型	0.004	0.113	94.325%	0.046	0.099	95.571%
VECM-ARJI-MGARCH 模型（常跳跃强度）	0.004	0.116	94.196%	0.019	0.081	96.397%
VECM-ARJI-MGARCH 模型（时变跳跃强度）	0.003	0.115	94.223%	0.022	0.079	96.452%

对样本外的套期保值来说，没有做套期保值的现货收益率为负数，方差为 2.237，套期保值组合的方差大幅度降低，静态套期保值比的模型和 VECM-MGARCH 模型可以降低 95%以上的风险，但 VECM-MGARCH 模型在样本外并不优于 OLS 模型和 VECM 模型。比较而言，包含跳跃成分的 VECM-ARJI-MGARCH 模型套期保值绩效较好，可以降低 96%以上的风险。对比五种情况下的套期保值绩效可以看出，时变跳跃强度的绩效最好，还可以看出，套期保值组合的平均收益率均为正数，说明样本外套期保值既降低了风险，又提高了组合的平均收益率。

综合分析样本内和样本外的套期保值绩效，动态套期保值比的套期保值绩效总体优于静态套期保值比，同时在样本外动态套期保值绩效比较中包含跳跃成分的 VECM-ARJI-MGARCH 模型套期保值绩效优于 VECM-MGARCH 模型，特别是具有时变跳跃强度的 VECM-ARJI-MGARCH 模型的样本外套期保值绩效最好。

第五节 本章小结

本章构建 VECM-ARJI-MGARCH 模型研究了 2010 年 4 月 20 日到 2013 年 6 月 30 日中国金融期货交易所股指期货和沪深 300 指数共跳特征以及套期保值绩效，得出以下结论。

第一，VECM-ARJI-MGARCH 模型综合地分析了期货和现货的协整关系、时变方差协方差特征以及时变跳跃性，拟合效果优于没有考虑跳跃成分的 VECM-MGARCH 模型，但并没有显著改变 VECM-MGARCH 模型的条件均值和条件方差方程估计结果。股指期货和现货之间具有长期协整关系，存在显著的波动聚集性和持续性，期货市场和现货市场之间存在显著的波动溢出效应。

第二，股指期货市场和现货市场具有显著的共跳性，跳跃幅度的标准差和跳跃强度显著异于零，时变跳跃强度受到滞后期跳跃强度的显著影响，跳跃强度表现出较高的持续性特征。

第三，OLS 模型和 VECM 模型的套期保值比分别为 0.967 和 0.976，动态套期保值比的均值都大于静态的套期保值比，常跳跃强度的 VECM-ARJI-MGARCH 模型的套期保值比均值最大，时变跳跃强度的 VECM-ARJI-MGARCH 模型的变化范围最大，并且三种动态套期保值比均呈现负偏、尖峰分布特征。

第四，动态套期保值比的套期保值绩效总体优于静态套期保值比，样本外包含跳跃成分的 VECM-ARJI-MGARCH 模型套期保值绩效优于 VECM-MGARCH 模型，时变跳跃强度的 VECM-ARJI-MGARCH 模型的样本外套期保值绩效最好。

金融资产价格包括连续部分和非连续的跳跃部分，资产价格的连续变化由扩散过程来描述，当期货市场、现货市场由于突然的异常消息的影响而发生非连续的共跳时，期货和现货的关系和波动大小均会发生变化，这可能对期货和现货的协方差以及期货的方差产生影响，这种影响导致套期保值比在资产价格跳跃时产生变化，而这种非连续的跳跃又不同于连续扩散框架下资产价格连续变化，因而在对冲现货市场波动风险的时候，仅仅考虑资产价格连续部分的套期保值是不充分的，综合考虑资产价格连续部分和跳跃部分的套期保值有利于更全面地捕捉基差风险、降低套期保值风险，从而更有效地规避现货价格波动的风险。

第八章 股票市场的跳跃贝塔：模型与无模型

第一节 系统性跳跃风险

随着注册制改革的全面实施以及股票涨跌幅的逐步放开[①]，中国资本市场正发生着深层次的结构性变化，股票市场的波动风险也将随之变大，特别是股票价格大幅度变动的跳跃风险。跳跃是股票价格波动的重要组成部分，直接影响着股票市场风险的度量，这给资产配置和风险管理带来了一定的困难。金融市场上经常会发生大规模的资产价格跳跃，并且同涨同跌现象明显，相对于连续资产价格变动，这种系统性跳跃风险具有瞬时性与高强度的特征。尽管特别大的跳跃风险不经常出现，但是一旦发生会对金融市场造成严重的冲击，产生较大的市场风险，投资者也可能遭受巨大的损失，比如，2015年中国股市的"千股跌停"现象。本书对跳跃风险的研究既是近年来金融经济学研究的重点和热点问题，又为全面注册制下的中国资本市场的跳跃风险管理提供思路。

跳跃风险这一概念的产生源自 Jarrow 和 Rosenfeld（1984）的研究，他们指出市场组合的收益率中包含跳跃成分，从而提出了跳跃风险的概念，并将其列入系统性风险的范畴。Jacod 和 Todorov（2009）基于高次幂变差构造了双资产共跳检验量，发现外汇市场的共跳现象明显。Bollerslev 等（2008）通过 n 个证券收益率交叉相乘构造出统计量识别共同跳跃，验证了美国股市系统性跳跃的存在，欧丽莎等（2011）也利用该方法检验了中国股市的系统性跳跃。跳跃风险作为一种普遍存在且无法分散的风险因素，对资产定价具有重要的影响。Broadie 等（2007）、Todorov 和 Bollerslev（2010）发现跳跃风险相比扩散风险可以带来更高的风险溢酬。在跳跃的作用方面，左浩苗和刘振涛（2011）采用非参数方法估计跳跃风险，研究发现跳跃成分对市场收益率有稳健的预测作用。陈国进等（2016）研究表明已实现跳跃波动率在一定程度上可以通过线性方式解释股票组合的横截面收益。

[①] 2019 年 7 月 22 日首批科创板公司上市交易，科创板股票涨跌幅设置为 20%，2020 年 8 月 24 日创业板改革并试点注册制落地实施，所有创业板股票涨跌幅度同时从 10%全部调整为 20%。2023 年 2 月 1 日，全面实行股票发行注册制改革正式启动。2023 年 2 月 17 日，中国证监会发布全面实行股票发行注册制相关制度规则，自公布之日起施行《中华人民共和国国民经济和社会发展第十四个五年规划和 2035 年远景目标纲要》提出的全面实行股票发行注册制。

瞿慧和陈静雯（2019）发现跳跃波动和符号跳跃可以提升期权的定价能力。王若昕和马锋（2021）研究表明含有跳跃的动量模型可获得更高的组合收益。

根据金融经济学理论，CAPM 中的贝塔系数是衡量个股系统性风险的指标，但是当存在跳跃风险时，传统的贝塔系数无法度量个股这种突发的系统性跳跃风险，学者尝试从不同方面推进这一主题。Todorov 和 Bollerslev（2010）、Bollerslev 等（2016）将 CAPM 中的市场风险因子分解为连续和非连续两个部分，构建出跳跃贝塔（简称无模型跳跃贝塔）衡量系统性跳跃风险。更进一步，Li 等（2017）提出了跳跃回归模型，认为市场跳跃及市场跳跃附近的时点更加具有推断意义，该模型以市场跳跃时点为桥梁连接了个股跳跃与市场跳跃，在假定随机扰动项为异方差高斯混合分布的条件下，得到了跳跃贝塔（简称模型跳跃贝塔）的最优权重估计量。目前，国内关于个股系统性跳跃风险的研究较少，简志宏和李彩云（2013）、陈淼鑫和赖云清（2019）等参照 Todorov 和 Bollerslev（2010）、Bollerslev 等（2016）的研究框架，计算了我国的跳跃贝塔变量。简志宏和李彩云（2013）发现短期内连续性贝塔和无模型跳跃贝塔的稳定性都较差；陈淼鑫和赖云清（2019）发现我国股票市场上的系统性跳跃风险报酬显著为正。

资产跳跃的实证研究多借助于高频数据，高频收益率主要围绕着零值上下波动，数据的正负性可能含有一定的信息内容。早期的研究常常忽视收益率正负号的信息，之后，符号信息开始受到学术界的重视，区分高频数据的正负性也成为高频数据研究的一个热点。Barndorff-Nielsen 等（2010）根据收益率的变动方向将已实现波动率进行分解，并证明了它们的渐进性质；Patton 和 Sheppard（2015）的实证表明不同方向的股价跳跃对波动率具有不对称的影响；Bollerslev 等（2020a）将已实现协方差矩阵分解为两个同符号（正或负）的矩阵与一个混合符号的矩阵，以 HAR 模型作为基准进行扩展，对已实现波动率进行预测；Bollerslev 等（2020b）将已实现正半方差与已实现负半方差的差别定义为符号跳跃变差，研究发现个股的符号跳跃变差与未来收益率呈负相关关系。上述研究均表明高频收益率的正负号信息具有研究价值，基于收益率符号对变量进行分解有助于揭示正负符号的信息价值，分析不同方向的波动率和跳跃的非对称影响。

国内外文献从多个方面研究了跳跃的特征及作用，不过关于跳跃贝塔的研究相对较少，还少见文献对比无模型跳跃贝塔和模型跳跃贝塔的不同特征，本章利用中国股市的高频数据研究跳跃贝塔及其在投资组合中的作用。本章采用跳跃回归模型估计出模型跳跃贝塔变量，并与无模型跳跃贝塔进行了对比，拓展了该领域的研究成果；考虑到市场正向变动与负向变动的非对称问题，在进一步的研究中，根据市场跳跃的方向对跳跃回归模型进行了扩展，分别构建了正跳回归模型和负跳回归模型，以探讨个股跳跃对市场正向跳跃和负向跳跃的不同敏感程度；比较了模型跳跃贝塔、正跳贝塔、负跳贝塔和无模型跳跃贝塔在投资组合中的不同作用。因此，本章研究具有一定的实践意义。

第二节　模型和无模型跳跃贝塔的估计方法

一、模型跳跃贝塔估计

借鉴 Li 等（2017）的理论框架，令 X 和 Y 分别表示市场对数价格过程和个股对数价格过程，其所服从的随机过程由漂移项、随机扩散与跳跃三个部分组成，定义 $Z=(X,Y)^{\mathrm{T}}$，假设 Z 在 $[0,T]$ 上服从以下形式的伊藤半鞅过程：

$$Z_t = Z_0 + \int_0^t b_s \mathrm{d}s + \int_0^t \sigma_s \mathrm{d}W_s + J_t \tag{8.1}$$

$$J_t = \sum_{s \leqslant t} \Delta Z_s = \left(\int_0^t \Delta X_s \mathrm{d}\mu_{X,s}, \int_0^t \Delta Y_s \mathrm{d}\mu_{Y,s} \right)^{\mathrm{T}} \tag{8.2}$$

其中，b_t 为漂移项，表示期望收益率；σ_t 为扩散项，表示价格未发生跳跃时的波动率；W 为一个二维的标准布朗运动；$J_t = (J_{(X,t)}, J_{(Y,t)})^{\mathrm{T}}$ 为跳跃部分，当 X 在 t 时点发生跳跃时，$\mathrm{d}\mu_{X,t}=1$，未发生跳跃时，$\mathrm{d}\mu_{X,t}=0$，对 Y 同理。Z 在 t 时点的跳跃幅度 $\Delta Z_t \equiv Z_t - Z_{t-}$，其中，$Z_{t-} \equiv \lim_{s \uparrow t} Z_s$；$Z$ 在 t 时点的协方差矩阵为 $c_t \equiv \sigma_t \sigma_t^{\mathrm{T}}$，其中，$\sigma_t$ 为二维方阵，表示过程 Z 在 t 时点的波动率。

假设过程 X 和 Y 在 $[0,T]$ 中只包含有限次数的跳跃。市场跳跃时点的集合表示为 $C = \{\tau : \mathrm{d}\mu_{X,\tau}=1, \tau \in [0,T]\}$，其对应序数的集合为 $P = \{p \geqslant 1: \tau_p \in C\}$，即 $(\tau_p)_{p \geqslant 1}$ 表示 X 在 $[0,T]$ 上发生第 p 次跳跃的时点，跳跃回归模型为

$$\Delta Y_\tau = \beta \Delta X_\tau + \varepsilon_\tau, \quad \Delta X_\tau \varepsilon_\tau = 0, \quad \tau \in C \tag{8.3}$$

其中，β 为回归系数；$(\varepsilon_\tau)_{\tau \in C}$ 为相互独立的随机扰动项序列，由于 X 和 Y 的波动率在跳跃前后可能出现变化，因此，模型假设每一个 ε_τ 服从一个均值为零的异方差高斯混合分布，该分布是两个均值为零、方差不同的高斯分布的和。

设定样本的采样频率 $\Delta_n \to 0$，对应日内观测值个数为 $M = 1/\Delta_n$，对于任一时点 $0 \leqslant i \leqslant n \equiv T/\Delta_n$，$Z$ 在离散时间 $i\Delta_n$ 下的观测值为 $Z_{i\Delta_n}$，则 Z 的变化值可表示为

$$\Delta_i^n Z \equiv Z_{i\Delta_n} - Z_{(i-1)\Delta_n}, \quad i=1,2,\cdots,n \tag{8.4}$$

选择序列 v_n 作为截断阈值以分离样本中的跳跃性收益率与扩散性收益率，为保证阈值具有时变性的特征，设定其为已实现 BV 的函数：

$$v_n = \alpha \times \sqrt{\mathrm{BV}_t} \times \Delta_n^\omega, \quad \alpha > 0, \quad \omega \in (0,0.5) \tag{8.5}$$

$$BV_t = \frac{\pi}{2} \frac{M}{M-1} \sum_{(t-1)/\Delta_n+2}^{t/\Delta_n} \left|\Delta_{i-1}^n X\right|\left|\Delta_i^n X\right| \to \int_{t-1}^t \sigma_s^2 \mathrm{d}s \tag{8.6}$$

当 $\Delta_n \to 0$, $n \to \infty$ 时, 式 (8.5) 中的截断门限 v_n 保证扩散性收益率几乎全被消去, 近似使得被保留的为跳跃性收益率, 因此, 样本中市场跳跃时点的集合为 $I_n = \{i : 1 \leqslant i \leqslant n, |\Delta_i^n X| > v_n\}$。对于连续时间下的每个跳跃时点 $\tau \in C$, 都有一个 j 使得跳跃时点 τ 发生在 $[(j-1)\Delta_n, j\Delta_n]$ 中, 则有 $I = \{j : 1 \leqslant j \leqslant n, \tau \in [(j-1)\Delta_n, j\Delta_n], \tau \in C\}$。根据 Li 等 (2017) 的证明, 有以下推论: $P(I_n = I) \to 1$; $[(i-1)\Delta_n, \Delta_i^n Z] \xrightarrow{P} (\tau, \Delta Z_\tau)_{\tau \in C}$。

以上推论表明样本内观测值的区间起点和区间内变化值 $[(i-1)\Delta_n, \Delta_i^n Z]$ 是跳跃时点与跳跃幅度 $(\tau, \Delta Z_\tau)_{\tau \in C}$ 的一致估计量, 根据该推论可以分离出市场跳跃, 并得到其对应的跳跃时点。

基于跳跃回归模型, 得到一个形式类似于 OLS 估计量的一致估计量 $\tilde{\beta}_n$:

$$\tilde{\beta}_n = \frac{\sum_{i \in I_n} \Delta_i^n X \Delta_i^n Y}{\sum_{i \in I_n} \left(\Delta_i^n X\right)^2} \tag{8.7}$$

定义 $I_n' = \{i \in I_n : 1 + k_n \leqslant i \leqslant n - k_n\}$, 其中, k_n 为跳跃时点前后方差的估计窗口, 满足 $k_n \to \infty$ 且 $k_n \Delta_n \to 0$; $v_n' = (v_{(X,n)}', v_{(Y,n)}')^T$ 为截断门限, 用来保留跳跃点附近的扩散性收益率。对于每个 $i \in I_n'$ 可估计前跳跃点方差矩阵和后跳跃点方差矩阵分别为

$$\hat{c}_{n, i+} = \frac{1}{k_n \Delta_n} \sum_{j=1}^{k_n} \left(\Delta_{i+j}^n Z\right)\left(\Delta_{i+j}^n Z\right)^T I_{\{-v_n' \leqslant \Delta_{i+j}^n Z \leqslant v_n'\}} \tag{8.8}$$

$$\hat{c}_{n, i-} = \frac{1}{k_n \Delta_n} \sum_{j=0}^{k_n-1} \left(\Delta_{i-k_n+j}^n Z\right)\left(\Delta_{i-k_n+j}^n Z\right)^T I_{\{-v_n' \leqslant \Delta_{i-k_n+j}^n Z \leqslant v_n'\}} \tag{8.9}$$

最优权重函数为

$$w^*\left(\hat{c}_{n,i+}, \hat{c}_{n,i-}, \tilde{\beta}_n\right) = \frac{2}{(-\tilde{\beta}_n, 1)\left(\hat{c}_{n,i+} + \hat{c}_{n,i-}\right)(-\tilde{\beta}_n, 1)^T} \tag{8.10}$$

模型跳跃贝塔的最优权重估计量为

$$\hat{\beta}^d = \frac{\sum_{i \in I_n'} w^*\left(\hat{c}_{n,i+}, \hat{c}_{n,i-}, \tilde{\beta}_n\right) \Delta_i^n X \Delta_i^n Y}{\sum_{i \in I_n'} w^*\left(\hat{c}_{n,i+}, \hat{c}_{n,i-}, \tilde{\beta}_n\right) \left(\Delta_i^n X\right)^2} \tag{8.11}$$

最优权重估计量的渐进分布为

$$\Delta_n^{-1/2}(\hat{\beta}^d - \beta) \xrightarrow{L-s} \zeta_\beta \quad (8.12)$$

其中，$\zeta_\beta \equiv \dfrac{\sum_{p \in P} w(c_{\tau_{p-}}, c_{\tau_p}, \beta) \Delta X_{\tau_p} s_p}{\sum_{p \in P} w(c_{\tau_{p-}}, c_{\tau_p}, \beta) \Delta X_{\tau_p}^2}$，$s_p \equiv \left(-\dfrac{\sum_{p \in P} \Delta X_{\tau_p} \Delta Y_{\tau_p}}{\sum_{p \in P} (\Delta X_{\tau_p})^2}, 1\right) R_p$，$R_p \equiv \sqrt{\kappa_p} \sigma_{\tau_{p-}} \xi_{p-} + \sqrt{1-\kappa_p} \sigma_{\tau_{p+}} \xi_{p+}$，$(\kappa_p, \xi_{p-}, \xi_{p+})_{p \in P}$ 为相互独立的随机变量，κ_p 为单位区间上的均匀分布，ξ_{p-} 与 ξ_{p+} 为二元标准正态分布，$\sigma_{\tau_{p-}}$ 和 $\sigma_{\tau_{p+}}$ 为跳跃时点前后协方差矩阵的平方根。由于渐进分布不是常见分布，在实证中可以运用蒙特卡罗模拟的方法得到估计量渐进分布的分位数信息。

二、无模型跳跃贝塔估计

Li 等（2017）基于跳跃回归模型构建的跳跃贝塔的估计量仅仅用到了市场跳跃及市场跳跃附近时点的信息，这与 Todorov 和 Bollerslev（2010）、Bollerslev 等（2016）提出的估计量是不同的，他们通过高次幂的形式近似消去扩散性收益率，无模型跳跃贝塔的计算公式为

$$\hat{\beta}_{TB}^d = \left(\dfrac{\sum_{i=1}^n (\Delta_i^n X)^2 (\Delta_i^n Y)^2}{\sum_{i=1}^n (\Delta_i^n X)^4}\right)^{1/2} \quad (8.13)$$

三、正跳贝塔和负跳贝塔：模型跳跃贝塔的分解

考虑到市场正向变动与负向变动的影响具有不对称性，为了对系统性跳跃风险进行更细致的研究，本节根据市场跳跃的方向将基准模型分解为两个部分——正向跳跃部分和负向跳跃部分，这时，跳跃回归模型（8.3）可演变为

$$\Delta Y_\tau = \beta^{d+} \Delta X_\tau I_{\{\Delta X_\tau > 0\}} + \beta^{d-} \Delta X_\tau I_{\{\Delta X_\tau < 0\}} + \varepsilon_\tau, \quad \Delta X_\tau \varepsilon_\tau = 0 \quad (8.14)$$

其中，$I_{\{\cdot\}}$ 为指示函数，用来区分正向与负向的市场跳跃。跳跃回归的基准模型式（8.3）中实际上隐含了个股对市场正向变动和负向变动具有相同敏感程度的假设，即 $\beta^{d+} = \beta^{d-}$。

保持 Li 等（2017）的理论模型的假设不变，构造出正跳贝塔与负跳贝塔的估计量。根据跳跃性收益率的符号可以先将市场跳跃时点集合 I_n 分解为正向跳跃时点的集合 $I_n^+ = \{i: 1 \leqslant i \leqslant n, \Delta_i^n X > v_n\}$ 和负向跳跃时点的集合 $I_n^- = \{i: 1 \leqslant i \leqslant n, \Delta_i^n X < -v_n\}$，在此基础上本节将式（8.14）表示为两个相同的模型形式，样本的

正向跳跃回归模型和负向跳跃回归模型分别为

$$\Delta_i^n Y = \hat{\beta}^{d+} \Delta_i^n X + e_i, \quad i \in I_n^+ \tag{8.15}$$

$$\Delta_i^n Y = \hat{\beta}^{d-} \Delta_i^n X + e_i, \quad i \in I_n^- \tag{8.16}$$

类似于跳跃贝塔的最优权重估计量，可以得到正跳跃贝塔和负跳跃贝塔的估计量为

$$\hat{\beta}^{d+} = \frac{\sum_{i \in I_n'^+} w^{*+}\left(\hat{c}_{n,i+}, \hat{c}_{n,i-}, \tilde{\beta}_n^+\right) \Delta_i^n X \Delta_i^n Y}{\sum_{i \in I_n'^+} w^{*+}\left(\hat{c}_{n,i+}, \hat{c}_{n,i-}, \tilde{\beta}_n^+\right) \left(\Delta_i^n X\right)^2} \tag{8.17}$$

$$\hat{\beta}^{d-} = \frac{\sum_{i \in I_n'^-} w^{*-}\left(\hat{c}_{n,i+}, \hat{c}_{n,i-}, \tilde{\beta}_n^-\right) \Delta_i^n X \Delta_i^n Y}{\sum_{i \in I_n'^-} w^{*-}\left(\hat{c}_{n,i+}, \hat{c}_{n,i-}, \tilde{\beta}_n^-\right) \left(\Delta_i^n X\right)^2} \tag{8.18}$$

其中，e_i 为误差项；最优权重函数 $w^{*+}(\cdot)$ 和 $w^{*-}(\cdot)$ 的构造类似于式（8.10），估计量 $\tilde{\beta}_n^+$ 和 $\tilde{\beta}_n^-$ 类似于式（8.7），区别在于样本的市场跳跃点 i 的定义域不同。

第三节　跳跃贝塔的特征分析

一、数据处理与参数设定

本节选择2019年6月30日的沪深300指数的成份股作为股票样本，沪深300指数作为市场组合。样本区间设定为2007年1月1日至2019年11月30日。根据Todorov和Bollerslev（2010）、Wang等（2015）的研究，设定采样频率为5分钟，数据来源于CSMAR高频数据库。为避免新上市股票的价格异常变动对结果的影响，本节剔除了新股上市第1年的交易数据，并删除了处理后数据不足1年的股票，最终样本由277只股票组成。

对于资产价格跳跃行为的研究不包含隔夜收益率，对5分钟数据而言，每个交易日包含48个收益率观测值，即 Δ_n 为1/48。参照Todorov和Bollerslev（2010）、Wang等（2015）的研究，本节选择参数 α 为3，ω 为0.49，设定跳跃点前后的估计窗口 k_n 为24，以保证使用扩散性收益率计算连续性波动。

二、模型跳跃贝塔的估计

对277只股票分别进行模型跳跃贝塔估计，依据样本中流通市值的大小选择市值最大的九只股票作为代表进行展示，以便对跳跃回归模型产生直观的印象。图8.1为九只股票个股跳跃与市场跳跃的散点图与回归直线，可以看出大多数股

票的个股跳跃与市场跳跃之间具有一定的依存关系，当市场发生跳跃时，个股大概率会表现出同方向的跳跃。表 8.1 展示了上述股票的模型结果，在 95% 的置信度下，个股贝塔系数的估计值都显著不为零，表明市场的跳跃行为对个股收益率的跳跃具有显著的影响，验证了中国股票市场上存在系统性跳跃风险。跳跃贝塔作为衡量跳跃之间敏感程度的风险指标，其数值大小反映出个股系统性跳跃风险的强弱，上述九只股票中，中信证券对市场跳跃的敏感程度最高，恒瑞医药最低。$\hat{\sigma}^-$ 与 $\hat{\sigma}^+$ 分别表示残差在跳跃点前后的平均波动，可以看出个股在跳跃发生之后的波动水平要略小于跳跃发生之前的波动水平，这说明个股在收益率发生跳跃的同时，其波动也出现了跳跃行为。从模型的拟合效果来看，回归直线对观测值的拟合程度较好，有一半以上模型的拟合优度超过了 60%，这反映出贝塔系数可以用来捕捉个股跳跃与市场跳跃的线性关系，单独研究收益率序列中的跳跃成分是有意义的。

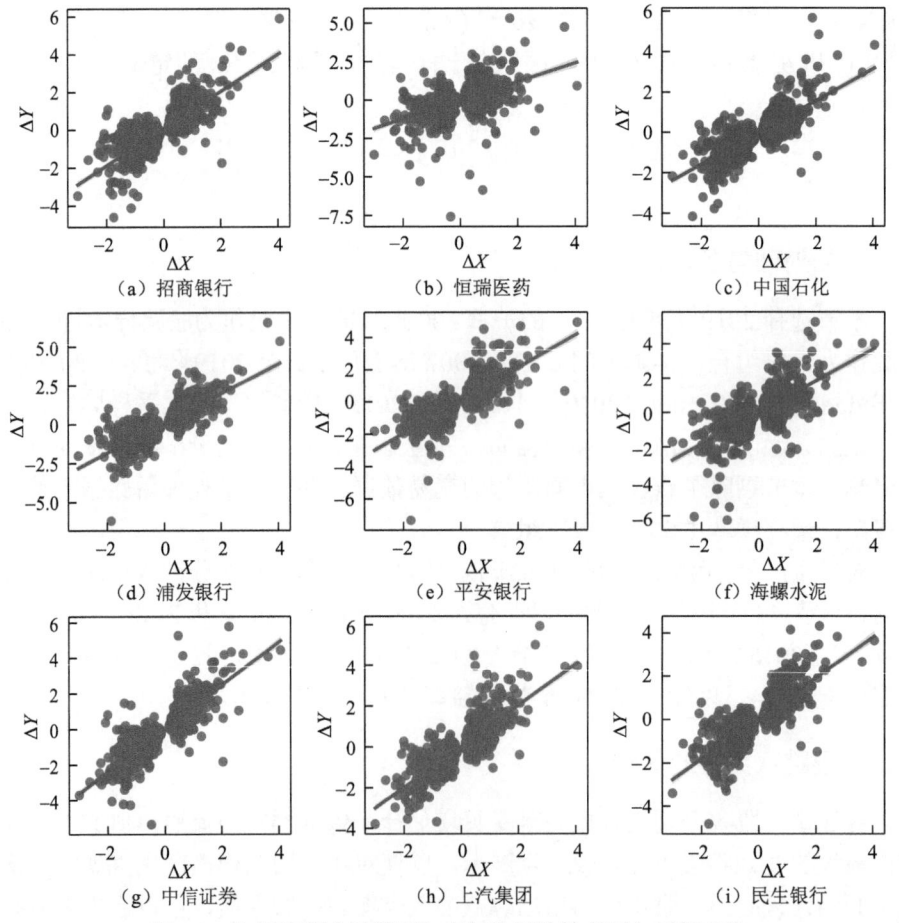

图 8.1　九只股票个股跳跃与市场跳跃的散点图与回归直线

表 8.1　2007～2019 年个股跳跃回归模型的参数估计与检验

股票名称	$\hat{\beta}^d$	95%置信区间	P 值	$\hat{\sigma}^-$	$\hat{\sigma}^+$	R^2
招商银行	0.9887	[0.9745,1.0003]	0.0000	0.0136	0.0125	0.6803
恒瑞医药	0.6380	[0.6214,0.6545]	0.0000	0.0171	0.0164	0.3286
中国石化	0.6659	[0.6510,0.6809]	0.0000	0.0143	0.0128	0.4352
浦发银行	0.9224	[0.9092,0.9355]	0.0000	0.0138	0.0127	0.6274
平安银行	0.9781	[0.9628,0.9933]	0.0000	0.0142	0.0130	0.6040
海螺水泥	0.9285	[0.9127,0.9443]	0.0000	0.0160	0.0154	0.5300
中信证券	1.2194	[1.2057,1.2333]	0.0000	0.0143	0.0121	0.7405
上汽集团	0.9460	[0.9298,0.9622]	0.0000	0.0154	0.0145	0.6002
民生银行	0.8531	[0.8393,0.8669]	0.0000	0.0136	0.0123	0.5607

三、模型与无模型跳跃贝塔的估计

考虑到贝塔可能具有时变性，本节将采用滚动窗口的方法进行估计，以 12 个月作为贝塔值的估计窗口，每个月滚动估计一次，即个股在第 T 月的跳跃贝塔值由 $T-11$ 月至 T 月的高频观测值估计得出[①]。在滚动窗口的估计下，可得到样本股的各贝塔值的月度序列。图 8.2 和表 8.2 报告了各贝塔的均值走势和描述性统计。

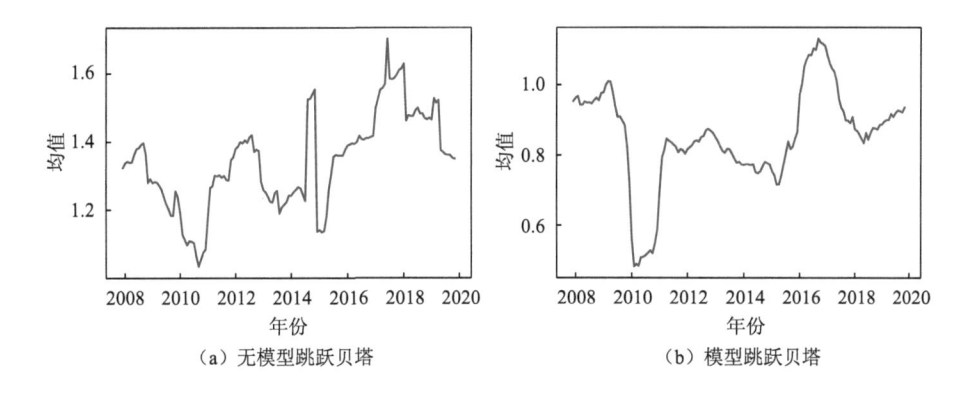

（a）无模型跳跃贝塔　　　　　　（b）模型跳跃贝塔

---

① 采用 12 个月的滚动窗口估计贝塔是现有文献中的常见选择，一方面是为了保证贝塔估计的时变性，另一方面是保证具有足够的观测值估计模型跳跃贝塔。

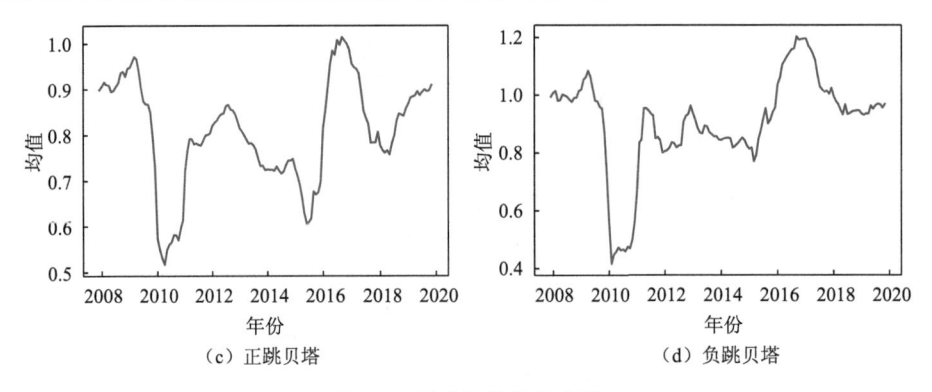

图 8.2 贝塔值的均值序列

表 8.2 各跳跃贝塔的描述性统计

项目		无模型跳跃贝塔	模型跳跃贝塔	正跳贝塔	负跳贝塔
描述性统计分析	均值	1.3557	0.8588	0.8072	0.9179
	标准差	0.3401	0.3061	0.3326	0.3380
	偏度	0.5645	0.0521	0.2570	0.0217
	25%分位数	1.1277	0.6479	0.5861	0.6888
	中位数	1.3328	0.8558	0.8003	0.9188
	75%分位数	1.5557	1.0659	1.0146	1.1487
各贝塔的相关性	无模型跳跃贝塔	1	0.6453	0.4884	0.6726
	模型跳跃贝塔	—	1	0.9025	0.8726
	正跳贝塔	—	—	1	0.6103
	负跳贝塔	—	—	—	1

对比图 8.2（a）和图 8.2（b）以及描述性统计的结果发现，无论是从数值还是从变化趋势等角度来看，两种方法估计的跳跃贝塔都存在明显的差别。在 0.01 的显著性水平下，无模型跳跃贝塔的均值显著大于模型跳跃贝塔（t 值为 315.63），由此可见，两种估计方式得到的结论完全不同。观察贝塔的数值可以看出，以模型跳跃贝塔作为个股的系统性跳跃风险的衡量指标，会得到大部分股票的跳跃变动小于市场的跳跃变动，但采用无模型跳跃贝塔来衡量该风险时，则会得到大部分股票的跳跃变动大于市场的跳跃变动。此外，无模型跳跃贝塔的总体波动更大，就估计量的有效性而言，模型跳跃贝塔更具优势。从变化规律来看，无模型跳跃贝塔的走势更加多变且无明显规律，而模型跳跃贝塔的变化趋势与市场状态之间存在一定的关联，具有规律性。在市场相对平稳的阶段，模型跳跃贝塔的变化幅度不大，为 0.7～0.9，它的突变主要发生在市场的下跌期（2008 年的国际金融危机与 2015 年的股灾）。当市场下跌时，个股对市场的日内跳跃变得更加敏感，

系统性跳跃风险增加，在市场暴跌的一段时间后，系统性跳跃风险下降至正常水平。

四、正跳贝塔与负跳贝塔

由图 8.2（c）和图 8.2（d）可以看出分解后的正负贝塔走势基本一致，这并不意外，不过值得注意的是，正负贝塔在数值上存在显著的差异。在 0.01 的显著性水平下，负跳贝塔的均值显著大于正跳贝塔（t 值为 65.08），这意味着个股的负向系统性跳跃风险更大，这与投资者的损失厌恶有关，他们对于市场的负向变动更加敏感，从而对于市场负向跳跃的反应更加强烈。此外，负跳贝塔的变化相对于正跳贝塔更剧烈一些，波动范围也相对更大，这表明负向的系统性跳跃风险相比于正向的更容易受到市场变化的影响。上述结果表明基准的跳跃回归模型中隐含的假设 $\beta^{d+} = \beta^{d-} = \beta^d$ 是不符合现实情况的，对跳跃贝塔进行分解有利于更加准确地刻画系统性跳跃风险。

第四节 基于跳跃贝塔的投资决策分析

一、模型跳跃贝塔、无模型跳跃贝塔与股票收益率

将股票的贝塔系数与收益率联系起来，从构建投资组合的角度出发，进一步探讨各跳跃贝塔的特征与差异。首先，通过单变量分组的方式检验跳跃贝塔与收益率的关系，根据第 T-1 月的贝塔值将样本股按从小到大的顺序等分成五组，每组股票构成一个等权重的投资组合，计算每个组合第 T 月的平均月收益率，得到五个组合的月度收益率序列。

表 8.3 和图 8.3 分别报告了基于不同跳跃贝塔分组后的组合平均月收益率和累计收益率，可以看出无论根据哪种贝塔分组，平均贝塔值最大的组合总是获得最小的收益，相反地，贝塔值更小的组合则在未来表现更好。在 CAPM 中，股票的期望收益与市场风险是正相关的，而实证结果却显示个股承担的系统性跳跃风险与其预期收益呈现出负向的关系，这一证据说明市场上存在跳跃贝塔异象，这可能是投资者的非理性行为与认知偏差引起的错误定价。跳跃总是和非预期信息冲击密切相关（赵华和秦可佶，2014），当非预期信息冲击股票时，投资者往往做出过度反应，随着套利对股价的纠正，下一期股票收益率与股价跳跃的方向相反，从而产生贝塔异象。

表 8.3 组合的月平均贝塔值与收益率

分组	无模型跳跃贝塔 贝塔值	无模型跳跃贝塔 收益率	模型跳跃贝塔 贝塔值	模型跳跃贝塔 收益率	正跳贝塔 贝塔值	正跳贝塔 收益率	负跳贝塔 贝塔值	负跳贝塔 收益率
1（低）	0.95%	0.48%	0.47	0.87%	0.39	0.85%	0.50	0.58%
2	1.19%	0.70%	0.72	0.63%	0.65	0.55%	0.77	0.79%
3	1.33%	0.69%	0.86	0.52%	0.79	0.74%	0.91	0.49%
4	1.48%	0.49%	0.99	0.42%	0.95	0.28%	1.06	0.32%
5（高）	1.72%	0.11%	1.19	0.08%	1.21	0.13%	1.27	0.26%

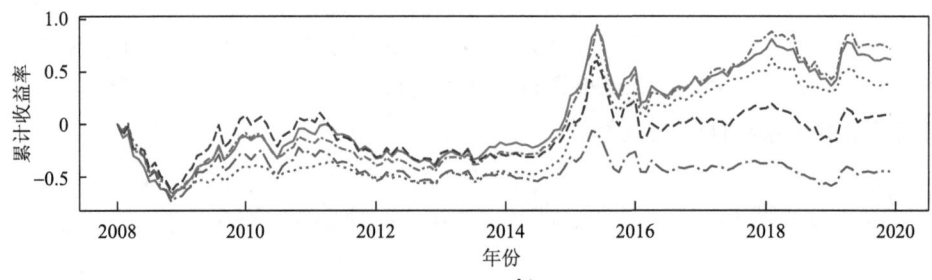

（a）基于无模型跳跃贝塔 $\hat{\beta}_{\text{TB}}^{d}$ 分组的累计收益率

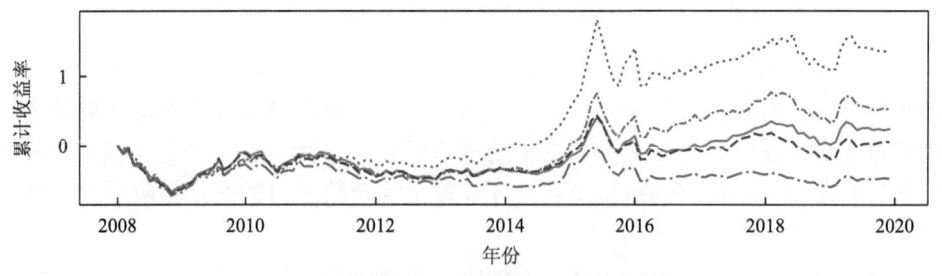

（b）基于模型跳跃贝塔 $\hat{\beta}^{d}$ 分组的累计收益率

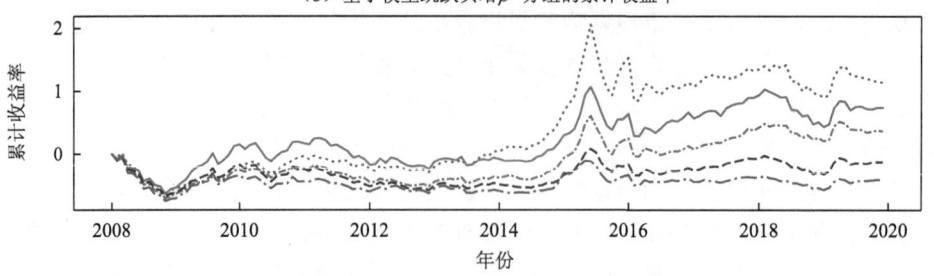

（c）基于正跳贝塔 $\hat{\beta}^{d+}$ 分组的累计收益率

第八章 股票市场的跳跃贝塔：模型与无模型

（d）基于负跳贝塔 $\hat{\beta}^{d-}$ 分组的累计收益率

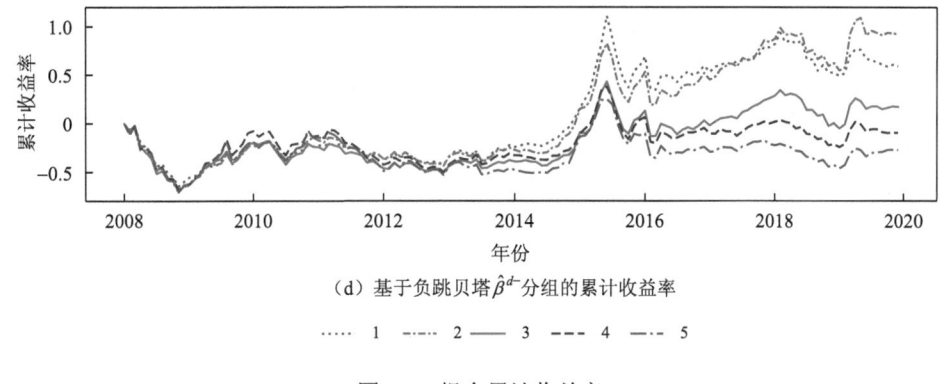

······ 1 ─·─ 2 ── 3 ─── 4 ─··─ 5

图 8.3 组合累计收益率

除上述共同特征外，对比图 8.3（a）和图 8.3（b）及表 8.3 中基于无模型跳跃贝塔和模型跳跃贝塔分组的结果，本节发现基于模型跳跃贝塔的分组收益具有单调性和明显的极值差异性。随着组合贝塔值的增大，其对应的收益率依次下降，从贝塔值最高组到最低组，月平均收益率提高了 0.79%。而基于无模型跳跃贝塔的分组收益不具有单调性，贝塔值最低组的月平均收益率仅比最高组高出 0.37%。因此，从对股票的区分能力而言，模型跳跃贝塔相对无模型跳跃贝塔更具优势，表现出一定的收益预测能力。

观察图 8.3（c）和图 8.3（d）及表 8.3 中基于正跳贝塔和负跳贝塔分组的结果，负跳贝塔值最大的组合可获得 0.26% 的月平均收益率，而正跳贝塔值最大的组合仅获得 0.13% 的月平均收益率，这说明市场正负跳跃的影响是非对称的。承担更大的负向系统性跳跃风险能够获得高的收益，而承担更大的正向系统性跳跃风险却无法获得高的收益，这也进一步验证了正负贝塔存在差异，投资者对待市场正负跳跃的态度是不同的，对负向跳跃更加敏感，并对承担负向的系统性跳跃风险要求更高的回报。对比正跳贝塔、负跳贝塔与组合收益率的关系发现，正跳贝塔高、低分组的组合收益率相差 0.72%，且随着正跳贝塔由小变大，其对应的组合收益率由大到小；负跳贝塔高、低分组的组合收益率差为 0.32%，各组合收益率变化并没有表现出单调性。因此，虽然负跳贝塔值最大的组合收益率高于正跳贝塔值最大的组合，但正跳贝塔构造的组合更能够体现出股票之间的差异性。

为了进一步论证跳跃贝塔与收益之间的负相关性，下面对贝塔值的信息系数（information coefficient，IC）序列进行分析。在每一个横截面上，计算出本月贝塔值与下个月收益率之间的相关系数，将其作为本月的信息系数。由于皮尔逊相关系数的使用有严格的条件，要求数据必须从正态分布中成对地获得，且至少在逻辑范围内是等距的，这使得数据很难完全符合条件。因此，使用秩相关系数是更好的选择，它是一种与分布无关的检验方法，可以很好地度量变量之间关联性的强弱。表 8.4 为各贝塔 Rank-IC 序列的描述性统计分析，通常而言，Rank-IC 的绝对值大于 0.03 时可认为两者之间的相关性是显著的。在样本期内，跳跃贝塔在 90%左右的月份中都与未来收益显著相关，Rank-IC 的均值为负且显著，这也进一步验证了股票市场上存在跳跃贝塔异象。

表 8.4 各贝塔 Rank-IC 序列的描述性统计分析

项目	无模型跳跃贝塔	模型跳跃贝塔	正跳贝塔	负跳贝塔
显著期数占比	0.9020	0.8951	0.9020	0.9231
胜率	0.5944	0.5874	0.5644	0.5944
均值	−0.0348	−0.0384	−0.0331	−0.0302
标准差	0.2051	0.2084	0.2029	0.1787
t 检验值	−2.0306	−2.2034	−1.9533	−2.0178

二、模型跳跃贝塔、无模型跳跃贝塔与超额阿尔法

在上述研究中发现跳跃贝塔值与未来收益之间存在负相关的关系，那么能否利用跳跃贝塔的这一性质进行股票套利决策呢？本节进一步构造了对冲投资组合，定义第 T 月的对冲投资组合为在月初买入跳跃贝塔值最小的投资组合同时卖出跳跃贝塔值最大的投资组合（每 T 月根据股票 $T-1$ 月的贝塔值从小到大的顺序等分为 10 个组合），并在月末卖出，重新构建对冲投资组合。为了控制风险对投资组合收益的贡献，采用经典 CAPM 和三因子模型[①]对构建的投资组合进行风险调整，从而分析对冲投资组合的风险与收益。使用投资组合每月的收益率进行 CAPM 和三因子模型回归的结果如表 8.5 所示。

表 8.5 对冲投资组合的风险与收益

变量	无模型跳跃贝塔 CAPM	无模型跳跃贝塔 F-F	模型跳跃贝塔 CAPM	模型跳跃贝塔 F-F	正跳贝塔 CAPM	正跳贝塔 F-F	负跳贝塔 CAPM	负跳贝塔 F-F
alpha	0.0073 (0.0054)	0.0058 (0.0053)	0.0119** (0.0059)	0.0093* (0.0055)	0.0118* (0.0060)	0.0090 (0.0056)	0.0055 (0.0051)	0.0034 (0.0049)
rmrf	−0.4264*** (0.0641)	−0.4618*** (0.0640)	−0.2843*** (0.0696)	−0.3735*** (0.0675)	−0.2569*** (0.0710)	−0.3533*** (0.0682)	−0.2835*** (0.0602)	−0.3505*** (0.0592)

---

① 三因子模型中的市场因子（rmrf）、规模因子（smb）、价值因子（hml）的数据来源于 CSMAR 股票数据库。

续表

变量	无模型跳跃贝塔		模型跳跃贝塔		正跳贝塔		负跳贝塔	
	CAPM	F-F	CAPM	F-F	CAPM	F-F	CAPM	F-F
smb		0.3823***		0.7102***		0.7635***		0.5639***
		(0.1418)		(0.1495)		(0.1511)		(0.1311)
hml		0.3889**		-0.1408		-0.1749		0.0279
		(0.1545)		(0.1629)		(0.1646)		(0.1429)
调整R^2	0.2336	0.2924	0.0994	0.2174	0.0782	0.2151	0.1299	0.2213

注：括号中是估计参数的标准误；F-F 表示 Fama-French 三因子模型
*、**、***分别表示在 0.1、0.05、0.01 的水平下统计显著

由表 8.5 可以看出，基于模型跳跃贝塔构建的投资组合在风险调整后仍然具有显著的超额收益。在 CAPM 下，对冲组合取得了 0.0119 的超额收益率，组合的贝塔系数为-0.2843，表明该组合承担了比市场组合更低的风险，不过它的收益变动方向与市场相反。加入规模和价值因子后，组合的阿尔法（alpha）也能达到 0.0093，只下降了 0.0026。规模因子的回归系数显著，而价值因子的回归系数不显著，说明该组合的部分超额收益可以被股票的规模差异解释。而基于无模型跳跃贝塔构建的投资组合在风险调整后的阿尔法更低且不显著，在三因子模型下，组合的超额收益率为 0.0058，市场贝塔系数为-0.4618，说明该组合对市场变动的敏感性更高，容易受到市场风险的影响。从调整 R^2 来看，基于模型跳跃贝塔构建的对冲组合对 CAPM 和三因子模型回归的拟合优度分别低于基于无模型跳跃贝塔的，这表明该投资组合的收益不能很好地被市场因子、规模因子和价值因子解释。因此，模型跳跃贝塔与无模型跳跃贝塔包含的信息不同，模型跳跃贝塔包含除三因子之外影响预期收益的更多信息。

区分正负贝塔后，本节发现根据正跳贝塔构建的对冲组合的表现与基于模型跳跃贝塔的基本相同，它们的超额收益都高于基于负跳贝塔构造的组合，且基本显著为正。这表明跳跃贝塔与收益之间的相关性主要受到正向跳跃的影响，跳跃贝塔的多空收益大多来源于正跳贝塔，这和表 8.3 的分析结果一致。

为了保证对冲投资策略具有现实意义，本节考虑了策略实现过程中的交易成本。设定交易费用为万分之三的双边手续费和千分之一的单边印花税，价格冲击成本为千分之二。图 8.4 展示了对冲投资策略在 2008 年 1 月至 2019 年 11 月的净值变化情况，选择沪深 300 指数作为市场基准。表 8.6 报告了各对冲策略的绩效评价。结果显示基于模型跳跃贝塔和正跳贝塔构建的对冲投资策略表现优于市场，在样本期内分别获得了 74.59%和 72.70%的超额收益率。两个策略的年化收益率、夏普比率以及最大回撤率等绩效指标也都基本相同，均优于市场。而基于无模型跳跃贝塔和负跳贝塔构建的投资策略与市场表现基本相同，拥有和市场组合相近

的收益率与波动率。

图 8.4 对冲投资策略的净值

表 8.6 各对冲策略的绩效评价

指标	$\hat{\beta}_{TB}^d$	$\hat{\beta}^d$	$\hat{\beta}^{d+}$	$\hat{\beta}^{d-}$	市场
累计收益率	−26.28%	47.96%	46.07%	−35.43%	−26.63%
超额收益率	0.34%	74.59%	72.70%	−8.80%	—
年化收益率	−2.52%	3.34%	3.23%	−3.60%	−2.56%
波动率	25.75%	25.82%	26.05%	22.70%	28.33%
夏普比率	−20.95%	1.83%	1.39%	−28.51%	−19.17%
最大回撤率	61.61%	47.91%	44.98%	61.14%	68.83%

注：以上海银行间三个月同业拆放利率作为无风险利率，为 2.87%

第五节 本章小结

本章以 Li 等（2017）的跳跃回归模型为基础，提出正向跳跃回归模型和负向跳跃回归模型，利用 2007 年 1 月 1 日至 2019 年 11 月 30 日的沪深 300 指数及其成份股的 5 分钟数据，探讨了中国股市的模型跳跃贝塔和无模型跳跃贝塔的特征及在投资组合中的作用。同时，本章从多个角度讨论了模型跳跃贝塔与无模型跳跃贝塔之间的差异。

第一，跳跃回归模型表现出较好的拟合效果，市场的跳跃行为对个股具有显著的影响，验证了中国股票市场上存在系统性跳跃风险。进一步研究发现，模型跳跃贝塔与市场状态之间具有一定的关联：当市场比较平稳时，模型跳跃贝塔的变动幅度较小，其突变主要发生在市场的上涨期与下跌期。

第二，基于正跳贝塔排序的组合收益率随着股票组合的正跳贝塔由大变小，各收益率的值不断增加，高、低分组的组合收益率相差 0.72%，而基于负跳贝塔排序的组合收益率不具有单调性，高、低分组的组合收益率差仅为 0.32%，正跳贝塔更能够体现出股票组合的差异性。

第三，跳跃贝塔值与组合未来收益率呈现负相关的关系，系统性跳跃风险较小的组合倾向于获得更高的收益，表明市场上存在跳跃贝塔异象。研究发现，根据模型跳跃贝塔构建的对冲组合可以获得显著为正的经三因子模型调整后的超额收益，加入交易成本后，对冲策略表现优于市场，相对于市场的超额收益率为 74.59%。

第四，基于回归模型的股市跳跃贝塔（模型跳跃贝塔）优于无模型跳跃贝塔。在表现特征方面，无模型跳跃贝塔普遍更大，大约是模型跳跃贝塔的 1.5 倍，波动较大，且呈现无规律性变化。在构建投资组合方面，模型跳跃贝塔对股票的区分能力更强，基于模型跳跃贝塔分组的股票组合收益率随着贝塔增大，组合收益率单调下降，而基于无模型跳跃贝塔分组的组合收益率不具有单调性。在对冲投资策略方面，由三因子模型可知，基于模型跳跃贝塔构建的组合获得显著的阿尔法，而基于无模型跳跃贝塔构建的组合不存在显著的阿尔法。

本章的研究发现揭示了中国股票市场上跳跃贝塔的特征，在学术理论和投资实践方面都具有一定的参考意义。中国股市上具有不可分散的系统性跳跃风险，而传统的市场贝塔系数无法度量个股的这种突发风险，引入跳跃贝塔有助于细致地剖析个股的风险特征，对风险管理具有积极的作用。本章发现市场上存在跳跃贝塔异象，而经典 CAPM 中的市场贝塔并不显著，本章的研究发现为经典 CAPM 的扩展和深化提供了新的视角，值得未来做出进一步的研究和讨论。最后，随着中国股市注册制的全面实施以及股票涨跌停幅度的放开，股市的跳跃风险将随之增大，本章的研究结论对投资组合构造和跳跃风险对冲具有一定的参考意义。

第九章 资产价格的共跳研究

第一节 多资产价格的共跳概述

共跳是多个资产或者多个市场的共同跳跃。跳跃作为金融资产价格变动的基本特征，自 Merton（1976）研究股票市场资产价格的跳跃以来，跳跃就受到国际学术界的高度关注。随着计算机技术的发展和高频数据的获取，金融资产价格跳跃和共跳性的研究已经成为国际金融经济学领域中重要的前沿问题。根据金融风险传染理论，金融体系中一个市场的波动会通过价格的变化引起其他市场的波动，从而体现出市场间价格的相互影响及信息的传递。我国金融市场体系建设步伐的加快、金融市场一体化的发展、期货期权及其他可以在市场间套利的衍生金融工具的积极推进对加强市场间的联动关系具有极大的作用，投资者跨市场操作使得风险和危机在不同市场之间传导速度加快、传导渠道增多。研究金融市场之间的价格跳跃和共跳既可以为投资者进行资产配置、规避风险提供理论指导，也可以帮助监管者以及政策制定者了解金融市场间联动关系的现状、评价政策的效果，为进一步深化市场改革提供思路。研究共跳与宏观经济信息的关系还有助于我们了解各金融市场波动风险的来源以及传播途径，从而有助于建立金融风险预警机制并制定风险管理政策。

对于证券市场的跳跃，Ang 和 Piazzesi（2003）通过实证研究发现跳跃只发生在通货膨胀率、失业率等宏观信息的公布日。Maheu 和 McCurdy（2004）采用 GARCH-Jump 模型探讨了市场信息发布与个股收益率及波动率跳跃的关系，结果表明正常信息引起价格平滑的变化，而异常信息引起跳跃，二者共同决定了收益率的分布。宏观信息冲击包括预期的信息冲击和未预期的意外信息冲击，对于二者对资产价格的不同影响，Pearce 和 Roley（1985）指出，资产价格仅对宏观信息的未预期部分做出反应，因为宏观信息的预期部分已经反映到资产价格中，他们的实证结果也证明，预期到的经济指标值对股价的影响并不显著，而未预期到的信息冲击才显著地影响股价。后来的文献大多参考该文献，仅仅分析非预期宏观信息对资产价格变动的影响。如 Johannes（2004）指出，并不是所有宏观信息都会引起跳跃，只有发布的信息真实值不同于预期值时才会产生跳跃，因此，跳跃的关键是未预期到的信息而不是信息本身；Dungey 等（2009）的研究也得出类似的结论；Cui 和 Zhao（2015）研究了中国债券市场日内跳跃概率与宏观信息冲击的关系，研究发现多个未预期到的宏观信息冲击显著地影响债券市场的跳跃。

随着对金融市场跳跃行为研究的进一步成熟和加深，学者开始关注并研究多个市场的共跳行为。Gilder（2009）初步研究了宏观信息发布对跳跃和共跳的影响，该研究将共跳分成系统性共跳和非系统性共跳，通过对两种共跳的特征进行分析后发现，无论是单个股票的跳跃还是两种股票的共跳，其跳跃频率以及跳跃幅度的分布都是对称的。Li 和 Zhang（2013）研究了中国股票市场和美国股票市场之间的溢出效应和共跳性，他们发现美国股票市场对中国股票市场有短期的溢出效应，并且在 2007 年国际金融危机后两个市场存在明显的共跳行为。Gilder 等（2014）构造了一个股票的市场组合，并研究该组合与个股的共跳性，他们提供了市场组合与个股存在共跳的证据。Bibinger 和 Winkelmann（2015）提出了在非同步观测值及市场微观结构下识别多变量高频共跳的方法，并利用实证数据证实这一方法的有效性。Wang 等（2015）研究了中国股指期货市场、现货市场的共跳特征，结果表明两个市场存在显著的共跳，当期货市场或者现货市场跳跃时，二者有 1/3 的概率发生共跳。

除了上述对共跳的相关性质的研究外，学者还研究了不同市场、不同资产之间产生共跳行为的原因。他们主要从宏观信息的角度出发，大多数实证研究发现宏观信息的发布至少能部分解释共跳行为。Gilder（2009）研究了美国东部标准时间 10:00 发布的宏观信息与跳跃和股票共跳之间的关系，发现两者之间并无明显联系，而 Dungey 等（2009）研究了美国利率期限结构的跳跃和共跳性，发现大多数的共跳可以用宏观信息的发布来解释。Dungey 和 Hvozdyk（2012）研究了宏观信息发布与美国债券期货市场、现货市场之间共跳的关系，研究发现非农就业人口、CPI、GDP 及商品零售总额等指标的意外冲击可以显著地影响共跳。Chatrath 等（2014）研究了宏观信息发布对货币市场跳跃及共跳的影响，研究发现市场中 22%～56%的跳跃可被宏观信息发布解释。

与国外学者丰富的研究相比，国内对跳跃的研究还相对薄弱，主要关注跳跃过程的特征及跳跃对资产价格和波动性预测的影响。陈浪南和杨科（2013）、柳会珍等（2014）分析了波动率中的跳跃成分对波动率预测以及尾部风险的影响。对于跳跃的研究并不只限于股票现货市场，国内的学者对期货市场的跳跃也进行了研究。赵华和王一鸣（2011）指出中国期货价格的跳跃具有时变性，并分析了跳跃时变性对现货价格的影响；陈海强和张传海（2015）分析了股指期货推出前后跳跃的强度、幅度以及活跃指数的变化。也有少量研究逐渐关注跳跃的来源。王春峰等（2011）识别了日内的跳跃时刻和次数，并通过考虑市场信息到达时间与跳跃时间的关系，挖掘跳跃的本质。结果显示绝大多数重大信息的发布都会引发显著的跳跃，跳跃的本质是对市场重大的信息融入价格的反应。赵华和秦可佶（2014）讨论了股价跳跃和宏观信息发布的关系，发现 GDP 等宏观经济信息的意外冲击显著地影响跳跃的概率，但没有考虑宏观信息发布对跳跃幅度的影响。

中国股票市场和债券市场是中国证券市场最重要的组成部分，它们的共同变动关系一直是监管部门和金融实践部门密切关注的重点与热点。对监管层而言，准确把握股债之间的共同关系，有助于稳定金融市场并防范和化解金融系统性风险。从企业来看，股权融资和债权融资是企业主要的直接融资方式，厘清股债之间的共同跳跃风险对企业选择融资方式、降低融资成本和融资风险等具有重要的参考价值。从投资者角度来看，股票与债券作为投资者特别是机构投资者配置金融资产的主要品种，投资者选择不同时期配置不同的资产或者对两种资产配置的再平衡都会导致投资组合业绩出现较大波动，因而对两者共同变动关系特别是共同跳跃特征的研究可以帮助投资者在构建有效资产组合、降低组合风险方面提供启发性建议和理论支持。股票和债券作为最主要的投资产品，能够为投资者带来丰富的投资收益，但在股债双牛或者股债双熊的时候，投资权重在二者之间的再平衡所能够降低风险的作用有限，这时候就体现出衍生产品的作用，如股指期货和债券期货。衍生产品不仅能够增强资本市场的避险功能，还能完善资本市场的结构和交易机制。选择合适的套期保值比可以实现对基础产品风险的完美对冲，但是当衍生产品市场出现跳跃时，期货和现货之间的对冲将不再是完美对冲，研究二者之间的共跳特征及作用，对于理解衍生产品市场的变动特征、探索期现之间的变动规律具有重要的理论和现实意义。国内研究股票市场和债券市场以及股指期货和现货市场关系的文献有很多，但是这些文献大多数是从金融市场的联动性以及溢出效应的角度出发探讨两个市场的关系，很少研究不同金融市场的共跳特征及来源。股票市场和债券市场是否存在共跳？共跳的频率是否存在某种规律？两个市场共跳的原因是什么？共跳对于投资组合的方差和协方差具有什么作用？本章试图对这些问题进行了深入的探讨和分析。

从风险测量和证券投资管理的角度而言，描述现货与期货价格共跳的特征和动态以及了解决定共跳的经济因素是非常重要的。高频数据的使用有助于准确地捕捉宏观信息发布与资产价格跳跃的关系，日内的资产组合管理需要识别并关注各个市场的跳跃。而本章将通过高频数据来研究股票市场和债券市场、股票现货和期货市场上的高频共跳。特别地，本章将通过从已实现协方差中提取跳跃协方差的方式来研究这些共跳的特征并探索共跳在协方差预测中发挥的作用，检测宏观经济消息与这些共跳之间的密切联系。

第二节　共跳识别方法与蒙特卡罗模拟

Bollerslev 等（2013）的方法直接在资产价格中识别跳跃，该方法为识别跳跃提供了一个灵活的非参数估计方法，并允许尾端存在一般动态相关性，对于价格过程的连续部分没有施加任何的限制。利用高频数据分析不同市场间同时发生的跳跃是一个值得深入研究的领域。Barndoff-Nielsen 和 Shephard（2004）通过扩展双幂协变差和 RV 到多元等价协方差来定义日频率下的联合跳跃，但相应的多元跳跃检验并不是完全可操作的。Jacod 和 Todorov（2009）扩展了 BNS 的工作来检验联合跳跃，他们的方法由两个联合跳跃的检验组成，然而这两种方法将在某些特定的范围内发生冲突。为了有效减少大量非系统性跳跃的影响，Bollerslev 等（2008）设计了一个应用于普通跳跃的检验，该检验明确地利用了互协方差去识别股票中大量的不可分散跳跃。然而，这种检验方法缺乏一个可靠的渐进分布，因此该方法依赖一个基于模拟的辅助过程。

本节使用 Bollerslev 等（2013）提出的资产间跳跃的单变量分析，该分析基于式（2.10），同时根据不同资产或者不同市场上跳跃发生的时间来定义共跳的发生。这种跳跃识别方法不但可以识别多资产的共跳，而且能确定共跳发生的时间。特别地，在股票和债券或者现货和期货市场的跳跃被 BTL 方法识别后，当探测到跳跃在两个市场中同时发生时，则定义发生一次共跳。因此，不同资产或者不同市场发生在时间 t_j 的共跳定义为

$$\text{Cojump}_{t_j} = I\left(\text{Jump}_{t_j}^A \text{Jump}_{t_j}^B\right), \quad t=1,2,\cdots,T, \quad j=1,2,\cdots,n \quad (9.1)$$

其中，$I(\cdot)$ 为非零参数的指示函数，同时 $\text{Jump}_{t_j}^A$ 和 $\text{Jump}_{t_j}^B$ 分别为资产 A 和资产 B 的价格跳跃。关于识别方法的有效性，Bollerslev 等（2013）做了大量的蒙特卡罗模拟实验，同时 Li 等（2016）展示了该方法在跳跃的尾部风险估计上具有良好的表现。本节还将基于一系列不同的估计标准，采用更深一步的实验来确定该方法的有效性。

在将共跳识别方法应用到真实数据前，通过蒙特卡罗模拟法来检测其有效性，该检测方法通过创建一个二变量价格过程去模拟中国股指现货和期货市场真实的联合动态过程。P_t^S 和 P_t^F 分别为股指现货和股指期货的价格。考虑两个模拟方案：第一个方案假设了一个参数跳跃扩散模型，第二个方案通过对真实收益率数据的多次抽样来建立一个非参数模型。

在第一个方案中，P_t^S 和 P_t^F 服从一个仿射跳跃扩散模型，其中，波动过程假设服从 Heston（1993）的随机波动模型：

$$\begin{aligned} P_t^S - P_0^S &= \int_0^t \sqrt{V_s^S}\, dW_s^S + \sum_{s \leqslant N_t^{co}} Z_s^{co,S} + \sum_{s \leqslant N_t^S} Z_s^{idio,S} \\ P_t^F - P_0^F &= \int_0^t \sqrt{V_s^F}\, dW_s^F + \sum_{s \leqslant N_t^{co}} Z_s^{co,F} + \sum_{s \leqslant N_t^F} Z_s^{idio,F} \end{aligned} \quad (9.2)$$

$$V_t^S - V_0^S = \kappa^S \int_0^t (\theta^S - V_s^S)\mathrm{d}s + \sigma_v^S \int_0^t \sqrt{V_s^S}\mathrm{d}B_s^S$$

$$V_t^F - V_0^F = \kappa^F \int_0^t (\theta^F - V_s^F)\mathrm{d}s + \sigma_v^F \int_0^t \sqrt{V_s^F}\mathrm{d}B_s^F$$

其中，W_t^S、W_t^F、B_t^S 和 B_t^F 为标准的布朗运动；N_t^{co}、N_t^S 和 N_t^F 为强度恒为 λ^{co}、λ^S 和 λ^F 的泊松过程；$Z_s^{co,S}$、$Z_s^{co,F}$、$Z_s^{idio,S}$ 和 $Z_s^{idio,F}$ 为跳跃的大小。固定式（9.2）中的所有超参数以便让其反映真实的收益率过程。特别地，θ^S 和 θ^F 分别控制了 V_t^S 和 V_t^F 的无条件方差，使 θ^S =1.0871，θ^F =1.0984，因此现货市场的年波动率为 $\sqrt{252\times1.0871}/100=16.55\%$，期货市场的年波动率为 $\sqrt{252\times1.0984}/100=16.64\%$，两个波动率均匹配了按照真实数据计算的平均连续方差。下面是参数 κ^S、κ^F、σ_v^S 和 σ_v^F 的校准。使用式（9.2）中 SV 过程下的时间离散，并使日增值 Δ=1，得到

$$V_{t+1}^F - V_t^F \approx \kappa^F(\theta^F - V_t^F) + \sigma_v^F\sqrt{V_t^F}\varepsilon_{t+1}^F, \quad \varepsilon_{t+1}^F \sim N(0,1) \quad (9.3)$$

式（9.3）表明 κ^F 和 σ_v^F 可以通过拟合一个对 V_{t+1}^F 的线性回归来估计，V_{t+1}^F 是一个基于真实数据计算得到的已实现连续方差的近似值。应用回归分析可以估计出持续性参数 κ^S =0.1209、κ^F =0.1756 以及每个波动率的参数 σ_v^S =0.3439、σ_v^F =0.4443。

对于式（9.2）中的混合泊松跳跃，参照 Wang 等（2015）对期货、现货跳跃和共跳的计算，固定跳跃的强度为 λ^{co} =186/1018=0.1827，同时两个非系统性跳跃的强度为 λ^S =(478−186)/1018=0.2868、λ^F =(633−186)/1018=0.4391。这些值表示一个近似于每周共跳的非条件跳跃强度的平均值，以及一个近似于每日跳跃的跳跃强度总值。假设共同跳跃大小的分布为 $(Z_s^{co,S}, Z_s^{co,F})$ （s=1,2,…），服从独立同分布的累积分布函数：

$$G(x^S, x^F) = C_\theta(F(x^S), F(x^F)) \quad (9.4)$$

其中，$F(\cdot)$ 为一个在 0.2 处截断的零均值和标准差为 0.65 的正态随机变量的累计分布函数，同时 Gumbel-Hougard 冈贝尔-霍加德 Copula 函数满足：

$$C_\theta(u_0, u_1) = \exp\left(-\left[(-\log u_0)^{1/\theta} + (-\log u_1)^{1/\theta}\right]^\theta\right), \quad u_0, u_1 \in [0,1] \quad (9.5)$$

在跳跃尾部引进了尾部依存关系（Bollerslev et al.，2013；Li et al.，2016），使 θ =14.2，因此两个跳跃之间的尾部依存系数等于 0.5。两个特质性跳跃分别被设为具有零均值且标准差分别为 0.49 和 0.51 的两个独立正态分布变量，同时两个特质性跳跃分布在 0.2 处截取。最后，设定 Corr(B_s^S, B_s^F) = 0.8050，Corr(W_t^S, W_t^F) = 0.9614，二者都等同于真实数据中已实现波动率和收益率的相关系数。同时假设

(W_t^S, W_t^F) 和 (B_s^S, B_s^F) 相互独立。先使用欧拉离散程序生成间隔为 1 分钟的超高频价格数据，然后使用 5 分钟收益率去检测共跳。

在第二个方案中，本节使用通过真实数据计算出的已实现连续方差 V_s^S 和 V_s^F 得到式（9.2）中的价格过程，而不是设定式（9.2）中的参数 SV 模型，这假设了每一交易日的波动率是局部恒定的。对于 $\mathrm{Corr}(W_t^S, W_t^F) = 0.9614$ 的双变量布朗运动，序列 $\{V_s^S, V_s^F\}$ 能够产生价格过程的扩散部分。对于跳跃部分，本节随机将已观测共跳和特质性跳跃分配到 T 个时间间隔之中。因此合成的价格过程可以在波动率聚集和跳跃强度及大小方面模拟真实现货市场和期货市场的情况。

本节从虚假共跳的概率（PSD）和真实共跳的概率（PTD）两方面来评估共跳识别方法的有效性。PSD 表示从非真实共跳的观测值中错误识别出共跳的比例，而 PTD 表示从真实共跳的观测值中正确识别出共跳的比例，PSD 和 PTD 可以理解为传统统计假设检验中的检验水平和检验功效。此外，还通过比较识别出的共跳已实现相关系数及方差和真实共跳的已实现相关系数及方差，来评估这些重要的已实现测度是否会因为这些值是被识别出而不是被直接观测到的而偏离真实值。通过 1000 次模拟二维价格过程，保存每 5 分钟的价格。对于每一次模拟，计算出模拟结果，最终结果总结在表 9.1 中。

表 9.1 共跳识别方法蒙特卡罗模拟结果

场景	PSD	PTD	True Corr	Det Corr
场景一	0.001	0.561	0.984	0.987
	（0.000）	（0.001）	（0.000）	（0.000）
场景二	0.001	0.616	0.947	0.951
	（0.000）	（0.001）	（0.000）	（0.000）

注：场景一为参数跳跃扩散模型，场景二为由实际收益率数据抽样的非参数模型；True Corr 是模拟的平均共跳相关系数，Det Corr 是识别到的平均共跳相关系数；括号内为统计量标准误

表 9.1 中的 PSD 表示在 0.1%的度量单位下检验出虚假共跳的概率，PTD 表示这些检验能够正确检测出共跳的概率。注意模拟中平均跳跃大小近似于 0.6%，这个值实质上要比 Bollerslev 等（2013）的结果小（0.91%），同时与 Andersen 等（2007c）的结果几乎相同。就算是如此小的跳跃，根据 Andersen 等（2007c）的报告，共跳检验过程依旧具有 56%~62%的检验功效，与 Andersen 等（2007c）的结果一致。进一步地，在表 9.1 中可以发现已实现测度在被探测共跳和真实共跳中是非常接近的。在任意一个模拟方案中，已探测共跳的相关系数始终与真实共跳的相关系数在第二个小数位上保持一致。总体而言，共跳识别方法能够在可靠地识别共跳的同时不损害共跳的重要性质，因此，这个方法可以有效地识别出共跳并可在随后的部分直接使用。

第三节　股票市场和债券市场的共跳研究

一、数据选取

本节选取沪深 300 指数和上证国债指数的 5 分钟高频数据来研究中国股票市场和债券市场的跳跃及共跳的特征。沪深 300 指数是上交所、深交所联合发布的反映 A 股市场整体走势的指数，是反映两个市场整体走势的"晴雨表"。上证国债指数是以上交所上市的所有固定利率国债为样本，按照国债发行量加权而成，以 2002 年 12 月 31 日为基期，基点为 100 点。为了能充分获取信息又能减少微观结构噪声的影响，本节选取了 5 分钟高频数据。样本区间为 2007 年 1 月 4 日至 2022 年 12 月 31 日，交易时间为 9:30～11:30 与 13:00～15:00，数据来源于 CSMAR 高频数据库。

对于反映宏观信息影响的宏观经济数据的选取，本节根据数据的可得性以及主要在证券市场交易期间发布的特点，选取了九个主要宏观信息指标：国内生产总值（GDP）、货币供应量（M2）、消费者价格指数（CPI）、生产者价格指数（PPI）、采购经理指数（PMI）、固定资产投资同比增速（FI）、工业增加值同比增速（IVA）、贸易差额（TB）和社会消费品零售总额增速（CG）。本节选取了 9:30～11:30 和 13:00～15:00 交易时间内发布的信息。第三章、第四章对宏观经济指标的预期无偏性以及统计性质做了详细了描述，本章不再做出赘述。

二、股票和债券市场跳跃以及共跳特征分析

图 9.1 描绘了股票市场和债券市场跳跃成分的变动情况。股票市场在 2007～2009 年市场波动较大，而债券市场在 2008～2010 年波动较大。图 9.1（a）显示，当市场大幅波动时，市场的跳跃幅度也较高，因为给定的数据频率只有幅度比收益率的扩散成分大时，才能够确定为跳跃，收益率波动较大时往往伴随着较大的跳跃。2007～2009 年，股票市场的跳跃幅度较大，这可能是因为股市处于牛熊转换时期，交易活跃且频繁。2014 年至 2015 年上半年，由于沪港通的开通，国外资金通过沪港通投资中国股市，带来了中国股市的一轮牛市，2015 年下半年，由于证券监管部门严查场外配资，股市流动性枯竭，股市大幅下跌，这一期间市场出现了较大的波动和较高的跳跃幅度。2015～2016 年中国股市由于杠杆的作用，股票市场上涨和下跌时均大幅跳跃，特别是股市下跌时出现千股跌停的股灾。债券市场 2008～2010 年的跳跃幅度较高，这可能与应对国际金融危机、中国经济增速快速回落、经济面临硬着陆的风险以及政府推出应对国际金融危机的一揽子计划以促进经济平稳较快增长有关，并且这一期间也爆发了美国次贷危机和欧洲主

权债务危机。此外,当市场发生跳跃时,跳跃具有明显的集聚性和时变性,大的跳跃后面往往有大幅跳跃,小的跳跃后紧接着有小幅跳跃。

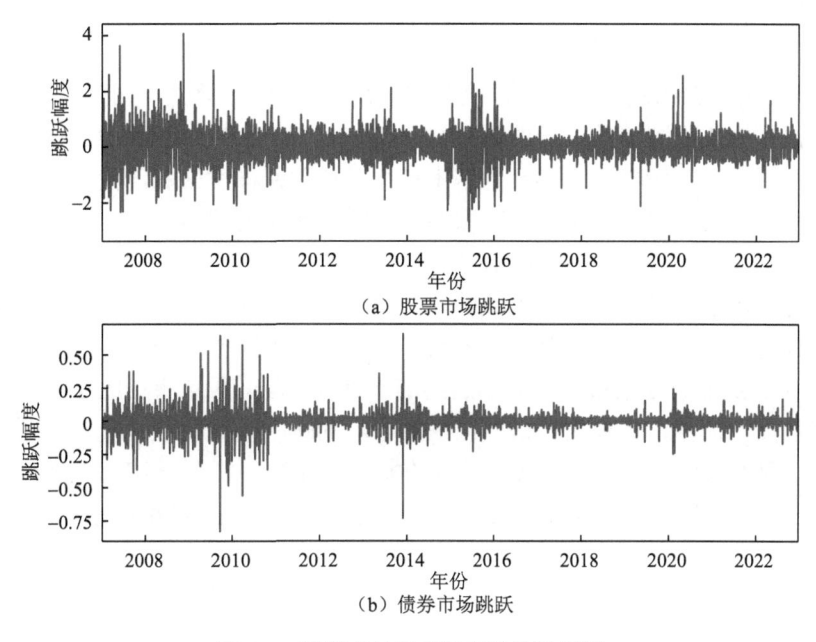

图 9.1 股票市场和债券市场的跳跃图

图 9.2 展示了股票市场和债券市场在一天中不同交易时间的共跳强度。图形显示,共跳强度在一天中不同阶段的表现特征并不相同。最大的共跳强度发生在开盘阶段,这是由于证券市场在隔夜期间没有交易发生,隔夜信息的影响集中发

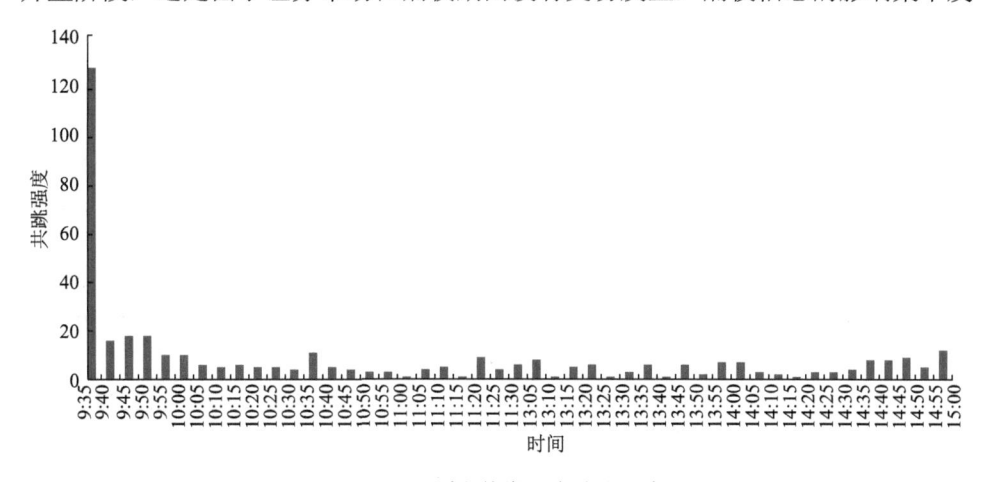

图9.2 股票和债券日内共跳强度

生在开盘阶段。随后,共跳强度逐渐下降,但在午间收盘前共跳强度又再次增大,这与上午发布的宏观信息的滞后影响以及对午间休市信息的提前反应有关。此外,股票市场和债券市场在最后收盘前的共跳强度略高于下午其他时间,这可能是对收盘后预期信息的反应。

表9.2为股票市场与债券市场跳跃和共跳特征分析。虽然第四章基于10分钟高频数据分析了中国债券市场的跳跃特征,但为了比较股市跳跃以及共跳的特征,这里给出了5分钟债券市场跳跃的基本特征。从跳跃概率来看,债券市场发生跳跃的概率远远高于股票市场的跳跃概率,为股市跳跃的四倍以上,说明债券市场更容易发生跳跃。股票市场的跳跃存在周内效应,其中,周一发生跳跃的可能性最大、周二最小。在债券市场跳跃的周内效应中周三跳跃概率最大、周一最小。从跳跃幅度来看,当发生跳跃时,股票市场的平均跳跃幅度较大,为债券市场的20多倍,这是由于股票市场的波动远远高于债券市场。股票市场的平均跳跃幅度在周三最高,债券市场在周一最高;债券市场的跳跃幅度周五最低,股票市场周四最低,周五次低。两个市场共跳发生的概率为0.214%,周一和周五发生共跳的概率高于周二、周三、周四,周三发生共跳的概率最低。从共跳的条件概率来看,当股票市场发生跳跃时,两个市场更容易发生共跳,这是由于股票市场的跳跃个数低于债券市场。

表9.2 股票市场和债券市场跳跃和共跳特征分析

项目	全部	周一	周二	周三	周四	周五
观测值	186 768	36 384	37 584	37 920	37 680	37 200
股票跳跃个数	3 482	696	692	703	704	687
P(股市跳跃)	1.864%	1.913%	1.841%	1.854%	1.868%	1.847%
债券跳跃个数	15 359	2 954	3 093	3 191	3 077	3 044
P(债市跳跃)	8.224%	8.119%	8.230%	8.415%	8.166%	8.183%
$E(|跳跃幅度|\|股市跳跃)$	0.536	0.536	0.540	0.546	0.524	0.532
$E(|跳跃幅度|\|债市跳跃)$	0.020	0.022	0.020	0.019	0.019	0.018
P(共跳)	0.214%	0.286%	0.186%	0.179%	0.204%	0.215%
P(共跳|股市跳跃)	11.459%	14.943%	10.116%	9.673%	10.938%	11.645%
P(共跳|债市跳跃)	2.598%	3.521%	2.263%	2.131%	2.502%	2.628%

注:$E(|跳跃幅度|\|股市跳跃)$($E(|跳跃幅度|\|债市跳跃)$)表示股票市场(债券市场)跳跃时的平均跳跃幅度(绝对值)

表9.2中股票市场的跳跃概率(1.864%)、债券市场的跳跃概率(8.224%)以及共跳概率(0.214%)远大于发达国家证券市场(Lahaye et al., 2011),这在一定程度上反映出中国证券市场有一些投机气氛,投资者更多关注的是资本利得,在交易上容易追涨杀跌,导致资产价格大幅度变化。债券市场跳跃比股票市场频

繁，可能是由于债券交易不活跃、价格不连续。股票市场的平均跳跃幅度远远大于债券市场，除了市场的因素外还可能是因为本节选取的沪深300指数选自上交所、深交所两个证券市场，覆盖了两个市场六成左右的市值，而上证国债指数只包含上交所上市的所有固定利率国债，两者的风险分散程度不一样。

三、匹配共跳与宏观信息发布

对于共跳与宏观信息发布的关系，通过四个概率——P(共跳|信息发布)、P(信息发布|共跳)、P(共跳|信息日)及P(信息日|共跳)进行分析。虽然Balduzzi等(2001)的文献对发达国家市场均研究的是信息发布后1小时内的影响，但Cui和Zhao(2015)发现不仅宏观信息发布对中国债券市场存在滞后影响，而且债券市场会提前对宏观信息冲击做出反应。因此，本节研究跳跃、共跳与宏观信息发布前、后1小时的关系。P(共跳|信息发布)是指宏观信息发布前、后会引起共跳的概率，P(信息发布|共跳)是指共跳的发生有多大的概率是由宏观信息发布引起的，这两个指标是不同的概念，比如，"黑天鹅"事件很可能引起价格的共跳，此时P(共跳|信息发布)很高，但由于"黑天鹅"事件发生的概率很小，价格共跳往往是由其他因素造成的，故此时P(信息发布|共跳)很小。P(共跳|信息日)类似P(共跳|信息发布)，表示信息发布的当天发生共跳的概率；P(信息日|共跳)类似于P(信息发布|共跳)，表示共跳的发生多大程度是因为当天发布了宏观信息。表9.3反映了共跳与宏观信息发布的关系。研究的九个经济指标中，就P(共跳|信息日)而言，在GDP（15.254%）、M2（14.286%）、PPI（13.462%）、CPI（12.821%）、PMI（11.656%）信息日发生共跳的比例较高，而在FI（7.190%）和TB（7.092%）信息日发生共跳的比例较低。P(共跳|信息发布)显示，考虑信息发布前、后1小时内对共跳的影响，两个市场在GDP、PMI、PPI发布时发生共跳的概率较大，分别为11.864%、10.429%、10.897%。P(共跳|信息日)大于P(跳跃|信息发布)，这说明两个市场的共跳更容易发生在信息日。

表9.3 共跳与宏观信息发布的关系

概率	CPI	GDP	FI	PMI	PPI	CG	TB	IVA	M2
P(共跳|信息日)	12.821%	15.254%	7.190%	11.656%	13.462%	10.390%	7.092%	10.063%	14.286%
P(信息日|共跳)	5.013%	2.256%	2.757%	4.762%	5.263%	4.010%	2.506%	4.010%	1.504%
P(共跳|信息发布)	9.615%	11.864%	5.229%	10.429%	10.897%	7.143%	7.801%	7.547%	7.143%
P(信息发布|共跳)	3.759%	1.754%	2.005%	4.261%	4.261%	2.757%	2.757%	3.008%	0.752%

注：P(共跳|信息日)=100%×(共跳与信息日匹配个数/信息日个数)；P(信息日|共跳)=100%×(共跳与信息日匹配个数/跳跃个数)；P(共跳|信息发布)和P(信息发布|共跳)类似

四、非预期宏观信息对共跳的影响

由于共跳与各个市场的跳跃幅度之间没有明确的函数关系，无法将共跳幅度准确定义为各个市场跳跃幅度的函数，为此，本节将通过定性指标即使用概率模型来研究宏观信息发布与共跳的关系。

考虑如下 Logit 模型：

$$CJ_i^* = \mu + \eta_i + \sum_{l=-12}^{12} \beta_{-l} S_{i-l}^j + \varepsilon_i, \quad j=1,2,\cdots,9 \quad (9.6)$$

$$Cojump_i = I(CJ_i^* > 0)$$

其中，$I(CJ_i^* > 0)$ 为指示函数，CJ_i^* 为潜变量，若股票市场和债券市场在 i 时刻发生共跳，则 $Cojump_i = 1$，否则 $Cojump_i = 0$；j 为宏观经济变量的标号，书中共研究了九个宏观经济变量，因此 j 的取值在 1 到 9 之间；η_i 控制了星期效应；S_{i-l}^j 为第 j 个宏观经济指标在领先/滞后 l 期的标准化宏观信息冲击，本节选择了滞后 12 期进行研究；β_{-l} 为 S_{i-l}^j 领先/滞后 l 期的影响系数，表 9.4 报告了 Logit 模型的回归结果。

从表 9.4 中发现，共跳与非预期宏观经济冲击之间存在着显著的关系。在 10% 的显著性水平下，所研究的九个经济指标国内生产总值(GDP)、货币供应量(M2)、消费者价格指数（CPI）、生产者价格指数（PPI）、采购经理指数（PMI）、固定资产投资同比增速（FI）、工业增加值同比增速（IVA）、贸易差额（TB）和社会消费品零售总额增速（CG）对共跳的发生存在显著的领先或者滞后影响。这九个宏观指标对共跳均具有领先影响，影响最多能提前 55 分钟；对共跳具有滞后影响的为 CPI、PPI、CG、TB 和 M2，CPI 的影响最持久，为滞后 11 期。综合来看，市场共跳在 CPI、PPI、GDP 和 PMI 等经济指标发布前 5~10 分钟，PPI、CPI、CG、TB、GDP、IVA 和 M2 发布前 25~30 分钟，PPI、CPI、FI 和 IVA 等经济指标发布前 45~55 分钟，PPI、CPI 和 M2 等经济指标发布后 15 分钟内、CPI、CG 和 TB 等经济指标发布后 45~55 分钟内产生显著反应。可见，宏观信息发布对股票市场和债券市场产生影响，引起各市场资产价格的大幅变动，从而出现共跳。

不同方向的信息冲击对资产价格共跳的影响也不同。宏观经济指标 CPI 和 PPI 对共跳的领先效应的影响系数多为正值，而对共跳的滞后效应的影响系数多为负值。这意味着当价格指数宏观经济信息发布后，宏观经济信息的负向冲击会显著地增加共跳的概率，而正向冲击会降低共跳的概率，市场对负向冲击的反应更为强烈。这说明有些宏观信息的正向信息冲击会显著降低相应市场的共跳概率，而负向信息冲击会增加相应市场的共跳概率。这既体现了信息冲击影响的非对称性，也表明了并不是所有的信息冲击都会加剧共跳，正向的冲击甚至可以减小市场的波

表 9.4 宏观信息冲击对股市和债市共跳的影响

估计系数	PMI	PPI	CPI	CG	FI	TB	GDP	IVA	M2
β_{12}	−0.617 (0.405)	0.005 (1.668)	0.031 (1.698)	0.120 (2.102)	0.053 (1.961)	−0.0004 (2.060)	−0.134 (2.881)	0.022 (1.684)	−0.080 (3.293)
β_{11}	0.410 (0.902)	0.005 (1.668)	0.031 (1.698)	−0.299 (0.608)	1.432** (0.621)	−0.003 (2.068)	−0.134 (2.881)	0.906*** (0.317)	−0.081 (3.294)
β_{10}	−0.003 (1.595)	−0.890* (0.538)	1.660*** (0.538)	0.955 (1.923)	0.398 (2.217)	−0.003 (2.068)	−0.134 (2.881)	0.144 (1.589)	−0.081 (3.294)
β_{9}	−0.003 (1.595)	1.243*** (0.477)	0.031 (1.698)	0.120 (2.102)	0.053 (1.961)	1.371 (0.983)	−0.134 (2.881)	0.022 (1.684)	−0.081 (3.294)
β_{8}	0.601 (0.557)	0.005 (1.668)	0.031 (1.698)	0.120 (2.102)	0.053 (1.961)	−0.003 (2.067)	−0.134 (2.881)	0.022 (1.684)	−0.068 (3.327)
β_{7}	−0.003 (1.595)	0.005 (1.668)	0.031 (1.698)	0.120 (2.102)	0.053 (1.961)	1.380 (0.975)	−0.134 (2.881)	0.022 (1.684)	−0.068 (3.327)
β_{6}	−0.003 (1.595)	0.005 (1.668)	0.031 (1.698)	0.120 (2.102)	0.053 (1.961)	−1.193* (0.684)	−0.134 (2.881)	0.022 (1.684)	−0.056 (3.356)
β_{5}	0.621 (0.532)	1.269*** (0.462)	1.600*** (0.556)	2.033** (0.821)	−0.325 (0.309)	1.298 (1.003)	1.464*** (0.429)	0.848*** (0.322)	−2.604*** (0.616)
β_{4}	0.357 (1.026)	0.004 (1.654)	0.031 (1.695)	0.156 (2.070)	0.090 (2.049)	−1.103 (0.742)	−0.123 (2.765)	0.037 (1.548)	−0.054 (3.457)
β_{3}	0.638 (0.510)	0.004 (1.654)	0.031 (1.695)	2.656*** (0.603)	0.795 (1.517)	−0.008 (2.026)	0.596 (1.261)	−0.479 (0.387)	−0.054 (3.457)

续表

估计系数		PMI	PPI	CPI	CG	FI	TB	GDP	IVA	M2
β_2		−1.187**	0.004	1.282*	0.956	1.023	−1.009	1.422***	0.420	−0.054
		(0.469)	(1.654)	(0.746)	(1.901)	(1.123)	(0.829)	(0.430)	(0.778)	(3.457)
β_1		−0.553	−1.093***	0.031	0.156	0.090	−0.008	−0.123	0.037	−0.054
		(0.429)	(0.408)	(1.695)	(2.070)	(2.049)	(2.026)	(2.765)	(1.548)	(3.457)
β_0		0.014	1.564***	1.835***	0.156	0.090	−0.009	−0.126	0.037	−0.054
		(1.530)	(0.369)	(0.452)	(2.072)	(2.050)	(2.025)	(2.761)	(1.548)	(3.457)
β_{-1}		0.164	0.009	0.028	0.156	0.091	−0.475	−0.126	0.037	2.100**
		(1.451)	(1.675)	(1.699)	(2.072)	(2.056)	(1.496)	(2.761)	(1.548)	(0.887)
β_{-2}		0.014	−1.468***	−1.173**	0.156	0.091	−0.010	−0.126	0.037	−0.042
		(1.530)	(0.360)	(0.585)	(2.072)	(2.056)	(2.023)	(2.761)	(1.548)	(3.432)
β_{-3}		0.014	0.518	−1.218**	−0.113	0.091	−0.010	−0.126	−0.366	−0.042
		(1.530)	(1.226)	(0.555)	(1.061)	(2.056)	(2.023)	(2.761)	(0.557)	(3.432)
β_{-4}		0.014	0.009	0.028	0.156	0.091	−0.012	−0.126	0.037	−0.042
		(1.530)	(1.675)	(1.699)	(2.072)	(2.056)	(2.021)	(2.761)	(1.548)	(3.432)
β_{-5}		−0.362	0.009	0.028	0.156	0.091	−0.012	−0.126	0.037	−0.042
		(0.726)	(1.675)	(1.699)	(2.072)	(2.056)	(2.021)	(2.761)	(1.548)	(3.432)
β_{-6}		0.014	0.009	0.028	0.156	0.091	−0.012	−0.126	0.037	−0.043
		(1.530)	(1.675)	(1.699)	(2.072)	(2.056)	(2.021)	(2.761)	(1.548)	(3.428)
β_{-7}		0.164	0.009	0.028	0.156	0.091	−0.015	−0.126	0.037	−0.043
		(1.451)	(1.675)	(1.699)	(2.072)	(2.056)	(2.014)	(2.761)	(1.548)	(3.428)
β_{-8}		0.560	0.009	0.028	0.156	0.091	−0.015	−0.126	0.037	−0.043
		(0.625)	(1.675)	(1.699)	(2.072)	(2.056)	(2.014)	(2.761)	(1.548)	(3.428)

续表

估计系数		PMI	PPI	CPI	CG	FI	TB	GDP	IVA	M2
β_{-9}		0.014	−0.878	0.028	0.156	0.091	2.148***	−0.126	0.037	−0.043
		(1.530)	(0.545)	(1.699)	(2.072)	(2.056)	(0.517)	(2.761)	(1.548)	(3.428)
β_{-10}		0.624	0.009	0.028	1.789*	0.091	2.126***	−0.126	0.037	−0.043
		(0.533)	(1.675)	(1.699)	(0.983)	(2.056)	(0.523)	(2.761)	(1.548)	(3.428)
β_{-11}		0.014	0.009	−1.232**	0.156	0.091	−0.015	−0.126	0.037	−0.043
		(1.530)	(1.675)	(0.547)	(2.072)	(2.056)	(2.014)	(2.761)	(1.548)	(3.428)
β_{-12}		0.014	0.009	0.028	0.156	0.091	−0.015	−0.126	0.037	−0.043
		(1.530)	(1.675)	(1.699)	(2.072)	(2.056)	(2.014)	(2.761)	(1.548)	(3.428)
μ		−0.617	−6.169***	−6.164***	−6.165***	−6.152***	−6.167***	−6.154***	−6.158***	−6.156***
		(0.405)	(0.113)	(0.113)	(0.113)	(0.113)	(0.113)	(0.113)	(0.113)	(0.113)
$\ln L$		−2831.822	−2824.410	−2827.946	−2832.770	−2838.094	−2829.043	−2833.944	−2835.781	−2834.707

注：括号内为 t 统计量标准误；为了节省篇幅，这里省略了星期效应；$\ln L$ 为对数似然函数值
*、**、*** 分别表示在 0.1、0.05、0.01 的水平下统计显著

动。这种现象的原因可能是在中国的资本市场中,"政策主导"的观念深入投资者心中,当宏观经济形势优于预期时往往意味着政策层面的风平浪静,同时稳定了投资者的情绪、减少了市场波动;而当宏观经济形势低于甚至严重低于预期时,往往会有一定的政策出台、市场变化多,投资者的热情会受到影响,进而加剧了市场大幅波动。

反映经济增长驱动因素的指标 CG 和 FI 以及反映经济总量的指标 GDP 和 IVA 发布时,它们对共跳的提前影响均为正,可见反映宏观经济形势超预期的指标发布会导致股市和债市共跳的发生;宏观经济指标 M2、CG 和 TB 对共跳滞后效应的影响为正,说明这些宏观指标发布后,经济数据超预期时会显著地增加共跳的概率。

五、同时发布的宏观信息对共跳的影响

当宏观信息变量指标发布时,可能同时发布多个宏观经济指标。以上研究主要针对单一宏观信息对债券市场、股票市场跳跃幅度以及共跳的影响,不过一些宏观信息发布经常是同时进行的。为了增加结论的稳健性,参考 Balduzzi 等(2001)、Cui 和 Zhao(2015)的做法,在研究某个宏观信息冲击的影响时,把其他在同一个时点发布的比例大于 10% 的宏观信息变量也纳入模型中,以衡量同时发布情况下,每个宏观信息对共跳的影响。表 9.5 展示了同时发布的多个变量之间的关系,即当某一宏观指标发布时,其他同时发布的指标所占的比重。当 CPI 发布时,PPI 同时发布的次数占 CPI 发布总次数的比重为 82.692%,具有相当高的比重,主要因为多数情况下 CPI 和 PPI 会同一时间发布。另外,当 GDP 发布时,IVA、CG 和 FI 同时发布的比重都在 90% 以上,这是因为 GDP 作为经济总量指标,当其发布时,工业产出、消费和固定投资数据经常会同时发布。

表 9.5 宏观信息变量与同时发布宏观变量的关系

指标	CPI	PPI	PMI	IVA	M2	TB	CG	FI	GDP
CPI	—	82.692%	0	15.385%	4.487%	3.205%	14.744%	14.103%	7.692%
PPI	82.692%	—	0	16.667%	4.487%	6.410%	16.667%	16.026%	8.333%
PMI	0	0	—	0	0	0	0	0	0
IVA	15.094%	16.352%	0	—	5.031%	0.629%	86.164%	84.277%	37.107%
M2	16.667%	16.667%	0	19.048%	—	0	19.048%	11.905%	4.762%
TB	3.378%	6.757%	0	0.676%	0	—	0.676%	3.378%	0.676%
CG	14.935%	16.883%	0	88.961%	5.195%	0.649%	—	83.766%	35.714%
FI	14.379%	16.340%	0	87.582%	3.268%	3.268%	84.314%	—	36.601%
GDP	20.339%	22.034%	0	100%	3.390%	1.695%	93.220%	94.915%	—

注:表中第一列表示宏观信息发布的指标,第一行表示当某一指标发布时,同时发布的其他宏观经济指标;表中数值表示在某一指标发布时刻,其他同时发布的宏观经济指标发布次数所占的比重

按照 10%的选择标准，在研究 CPI 信息发布对共跳的影响时，将与 CPI 同时发布次数所占的比重超过 10%的其他宏观信息变量 PPI、IVA、CG 和 FI 也加入模型，PPI 的同步信息变量相同，且与 CPI 互为同步信息变量；GDP 的同步信息变量为 PPI、CPI、CG、IVA 和 FI；CG、IVA 和 FI 的同步信息变量为 CPI、PPI 和 GDP，且互为同步信息变量；其他变量如 PMI 和 TB 没有同步信息变量。采用如下的 Logit 模型研究同时发布的宏观信息对共跳的影响：

$$\text{CJ}_i^* = \mu + \eta_i + \sum_{l=-12}^{12} \beta_{-l} S_{i-l}^j + \sum_{m=1}^{m_j} \sum_{l=-12}^{12} \alpha_{-l}^m S_{i-l}^m + \varepsilon_i \quad (9.7)$$

$$\text{Cojump}_i = I\left(\text{CJ}_i^* > 0\right)$$

其中，S_{i-l}^m 为第 j 个宏观信息发布时第 m 个同步宏观信息的意外冲击，α_{-l}^m 为同时发布的宏观信息变量对共跳影响的系数，其他变量和参数定义如前。表 9.6 报告了 Logit 模型的估计结果。

表 9.6 同时发布的宏观信息对共跳影响的 **Logit** 模型回归结果

指标	显著系数					
	β_{10}	β_5	β_2	β_0	β_{-11}	
CPI	1.619***	1.301*	1.268*	1.620***	−1.242**	—
	(0.529)	(0.684)	(0.754)	(0.527)	(0.544)	
	β_{10}	β_9	β_5	β_1	β_0	β_{-2}
PPI	−1.129*	1.297***	0.924*	−1.248***	1.210***	−1.422***
	(0.598)	(0.497)	(0.516)	(0.448)	(0.413)	(0.445)
	β_2					
GDP	1.697***	—	—	—	—	—
	(0.557)					
	β_{11}	β_3	β_{-10}			
CG	−1.188*	2.540***	1.880*	—	—	—
	(0.696)	(0.901)	(1.016)			
	β_{11}					
IVA	1.151***	—	—	—	—	—
	(0.354)					

注：此处只列出宏观经济信息发布对共跳有显著影响的估计系数，并略去了该宏观经济指标的同步信息变量的估计结果。

*、**、***分别表示在 0.1、0.05、0.01 的水平下统计显著。

由表 9.6 的估计结果可以发现，如果考虑其他同时发布的宏观信息，显著的变量为 CPI、PPI、GDP、CG 和 IVA，不显著的变量为 FI，与表 9.4 相比，除 FI

变得不显著以外，其他宏观经济指标对共跳影响的显著性基本相同，总体结论基本保持一致。具体来看，当考虑 CPI（PPI）的同步信息变量时，CPI（PPI）对共跳形成显著影响的系数的估计值变化不大，正负方向一致。比如，CPI 对共跳的影响系数在领先 10 期、领先 5 期、领先 2 期、同期、滞后 11 期仍然是显著的，并且影响的方向保持不变，即 CPI 对共跳具有正向的领先影响，负向的滞后影响。GDP 对共跳影响的显著性系数由两个减少为一个，这可能因为 GDP 为季度发布的宏观指标、数据较少，容易受到同步信息发布变量的影响，不过 GDP 仍然在领先 2 期对共跳有显著影响。CG 和 IVA 的特征比较近似，当考虑了同步信息变量的共同作用时，它们对共跳存在显著影响的系数或发生变动或有所减少。综合来看，当加入宏观经济指标的同步信息变量后，显著影响共跳的宏观经济变量基本保持不变。

第四节　股票现货市场和股票期货市场的共跳研究

一、数据选取

本节检测 2010 年 4 月 16 日至 2022 年 12 月 31 日的沪深 300 指数和沪深 300 股指期货合约的共跳行为。沪深 300 股指期货合约于 2010 年 4 月 16 日在中国金融期货交易所上市。股指期货合约价值为股指期货指数点乘以合约乘数 300 元。在中国股指期货市场，合约的到期日期有四个——当月、下个月、下个季度以及下下个季度。因为主力合约（主要是当月到期合约）的交易行为和大量的交易量，本节使用主力合约价格去建立一个连续的期货价格序列。本节所有数据均来自 CSMAR 数据库的高频数据库。和 Andersen 等（2003a）、Huang 和 Tauchen（2005）、Bollerslev 等（2013）的研究一样，本节选择 5 分钟作为抽样频率。研究使用的交易时间为 9:30~11:30 以及 13:00~15:00[①]。研究使用的数据来自 3091 个交易日，每日拥有 48 个 5 分钟收益率数据，所以总共拥有 148 368 个收益率数据。

图 9.3 提供了两个资产中被识别出的跳跃的时间序列鸟瞰图，展示了两个市场具有共同的跳跃行为。首先，两类资产的跳跃频率没有显著的差异，这表明了股票现货市场与期货市场几乎具有相同的跳跃频率。其次，两个资产的跳跃大小具有相似的趋势，举例来说，比较 2015~2016 年股灾时期跳跃大小的趋势，非常容易看出两分图中跳跃大小曲线的形状非常相似，而且大幅度的跳跃几乎是同时发生的。通过观察发现，两个市场中的跳跃行为具有紧密的联动性。

---

① 2015~2016 年股灾之前，股指期货交易时间是 9:15~11:30 以及 13:00~15:15，为了降低衍生品交易对股市下跌的影响，2016 年之后改为 9:30~11:30 以及 13:00~15:00。

第九章 资产价格的共跳研究

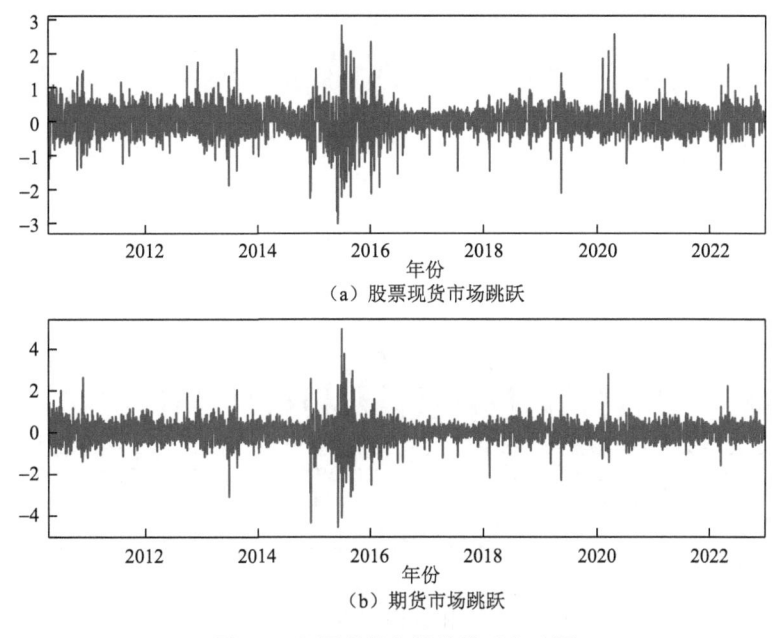

图 9.3 股票现货和期货跳跃变动图

表 9.7 总结了两类资产的 5 分钟收益率的统计指标。股票现货市场收益率的均值是大于零的，然而期货市场收益率的均值小于零。同时，股票现货和期货市场的收益率表明，沪深 300 股指期货收益率相比于沪深 300 股指收益率具有更大的标准差，尽管二者的标准差很相近。现货市场收益率分布呈现正偏态，期货市场呈现负偏态，它们同时显示出超额峰度，但期货的峰度约是现货峰度大小的两倍，从极值来看，期货市场的极差范围大于股票现货市场。

表 9.7 股票现货市场和期货市场 5 分钟收益率的描述统计量

资产	均值	标准差	偏度	峰度	最小值	最大值
现货	0.0017	0.171	0.016	15.417	−3.014	2.818
期货	−0.0008	0.190	−0.031	27.172	−4.543	4.949

二、共跳特征分析

图 9.4 反映了在抽样时期交易日内每 5 分钟股票现货和期货共跳的强度。平均来说，相比其他交易时间，共跳在开盘半小时以及 11:00～11:30 具有更高的发生频率。这个现象的原因是宏观经济消息上午发布的频率大于下午。除了宏观经济新闻之外，其他因素如流动性冲击、隔夜信息也可能与两类资产的共跳具有密

切联系。

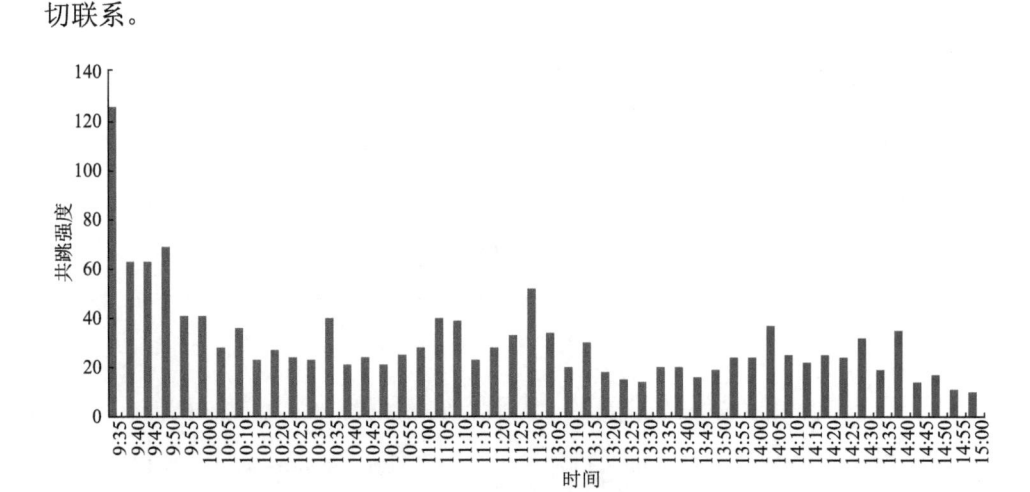

图 9.4 股票现货和期货共跳强度图

表 9.8 总结了两个市场中跳跃和共跳的描述性统计量。期货市场跳跃的概率高于现货市场，并且跳跃幅度也高于现货市场。股票现货市场和期货市场周一发生跳跃的概率最高，这可能是由于周一面临更多消息的冲击，不仅受到隔夜信息的影响，周末国内外消息也会影响到周一现货和期货市场的变化。将共跳发生的概率定为 P(共跳)，可以发现现货和期货市场中被观察到的共跳比例为 0.986%，周一发生共跳的概率最高，周三发生共跳的概率最低。为了展示两个市场中跳跃的联动结构，计算 P(共跳|跳跃)，即在跳跃情况下发生共跳的条件概率，该值被定义为在其中一个市场发生跳跃时，两个市场发生共跳的概率。表 9.8 的最后两行展示了在沪深 300 指数中，共跳对于跳跃的条件概率为 51.916%，而在沪深 300 股指期货中，共跳对于跳跃的条件概率为 43.335%，这表示当现货/期货市场发生跳跃时，有 40%~50% 的概率发生共跳。共跳在跳跃情况下具有很大的条件概率，这表明了两个市场的跳跃行为紧密联系，同时表明了当一个新闻出现时，两个市场很有可能同时对这个新闻做出反应。

表 9.8 股票现货和期货市场跳跃及共跳特征分析

项目	全部	周一	周二	周三	周四	周五
现货跳跃个数	2818	575	555	552	573	563
P(现货跳跃)	1.899%	1.997%	1.862%	1.834%	1.910%	1.898%
期货跳跃个数	3376	690	675	688	693	630
P(期货跳跃)	2.275%	2.396%	2.264%	2.286%	2.310%	2.124%

续表

项目	全部	周一	周二	周三	周四	周五
E(‖跳跃幅度‖|现货跳跃)	0.468	0.485	0.472	0.446	0.466	0.470
E(‖跳跃幅度‖|期货跳跃)	0.510	0.527	0.498	0.495	0.497	0.534
P(共跳)	0.986%	1.063%	0.976%	0.904%	1.037%	0.954%
P(共跳|现货跳跃)	51.916%	53.217%	52.432%	49.275%	54.276%	50.266%
P(共跳|期货跳跃)	43.335%	44.348%	43.111%	39.535%	44.877%	44.921%

注：E(‖跳跃幅度‖|现货跳跃)、E(‖跳跃幅度‖|期货跳跃)表示现货市场（期货市场）跳跃时的平均跳跃幅度（绝对值）

三、共跳对已实现协方差和方差预测的贡献

（一）HAR-RCov-CJI 模型和 HAR-RV-CJI 模型

协方差与方差在贝塔定价、最优证券投资组合和风险管理中扮演着重要的角色，本节将研究共跳是否提升协方差与方差的预测性。利用高频数据，Barndorff-Nielsen 和 Shephard（2004）采取了一种获得已实现协方差的事后方法，这种方法不需要知道潜在数据的产生过程。而 Jin 和 Maheu（2013）提出了一个联合收益率已实现协方差模型来进行密度预测。已实现协方差和 RV 之间具有强相关性的实证证明早已被 Andersen 等（2003a，2007a）、Chiriac 和 Voev（2011）讨论过了。这些证据与后面的实证结果结合起来表明，已实现协方差可以由一个缓慢衰退自相关（长记忆）的模型表示。Corsi（2009）的异质自回归模型相比于更复杂的 ARFIMA 模型而言，是一个基础简单的模型，它能够捕获波动的强相关性。Andersen 等（2007a）通过纳入跳跃成分扩展了 HAR 模型。同样地，本节也将共跳成分加到 HAR 模型中去检验共跳对于已实现协方差和 RV 预测的影响。

对于 t 日现货收益率 $r_s^{n,S}$ 和期货收益率 $r_s^{n,F}$，它们的已实现协方差定义为

$$\text{RCov}_t = \sum_{s=tn+1}^{tn+n} r_s^{n,S} r_s^{n,F}, \quad t=1,2,\cdots,T \tag{9.8}$$

已实现协方差的 HAR-RCov 模型和 RV 的 HAR-RV 模型被表示为

$$\text{RCov}_{t,t+h} = \alpha_0 + \alpha_d \text{RCov}_t + \alpha_w \text{RCov}_{t-5,t} + \alpha_m \text{RCov}_{t-22,t} + \varepsilon_{t,t+h} \tag{9.9}$$

$$\text{RV}_{t,t+h} = \alpha_0 + \alpha_d \text{RV}_t + \alpha_w \text{RV}_{t-5,t} + \alpha_m \text{RV}_{t-22,t} + \varepsilon_{t,t+h} \tag{9.10}$$

其中，α_0 为截距项；$Y_{t,t+h} \equiv h^{-1}(Y_{t+1}+Y_{t+2}+\cdots+Y_{t+h})$，$Y$ 是 RCov 或 RV 的值，当 $h=1,5,22$ 时，$\text{RCov}_{t,t+h}$（$\text{RV}_{t,t+h}$）分别为日、周、月的已实现协方差（RV）；系数 α_d、α_w、α_m 为短期、中期、长期协方差（方差）对于未来已实现协方差（RV）的影响。

为了探索共跳对已实现协方差和 RV 的影响，定义跳跃强度变量为

$$\text{CJI}_t = \sum_{i=1}^{n} I_{\text{cojump},i}, \quad t = 1, 2, \cdots, T \tag{9.11}$$

其中，$I_{\text{cojump},i}$ 为指示变量，如果 i 时刻发生共跳，则取 1，否则为 0。在此基础上，定义 HAR-RCov-CJI 模型和 HAR-RV-CJI 模型为

$$\begin{aligned}\text{RCov}_{t,t+h} = \alpha_0 &+ \alpha_d \text{RCov}_t + \alpha_w \text{RCov}_{t-5,t}\\ &+ \alpha_m \text{RCov}_{t-22,t} + \alpha_{\text{cj}} \text{CJI}_t + \varepsilon_{t,t+h}\end{aligned} \tag{9.12}$$

$$\text{RV}_{t,t+h} = \alpha_0 + \alpha_d \text{RV}_t + \alpha_w \text{RV}_{t-5,t} + \alpha_m \text{RV}_{t-22,t} + \alpha_{\text{cj}} \text{CJI}_t + \varepsilon_{t,t+h} \tag{9.13}$$

其中，α_{cj} 为共跳强度对于已实现协方差或 RV 的影响。

（二）共跳对已实现协方差和 RV 预测的影响

为了阐述已实现协方差和共跳的特征，绘制了图 9.5，图中包括了现货和期货市场中的已实现协方差以及 RV，时间从 2010 年 4 月 16 日到 2022 年 12 月 31 日。

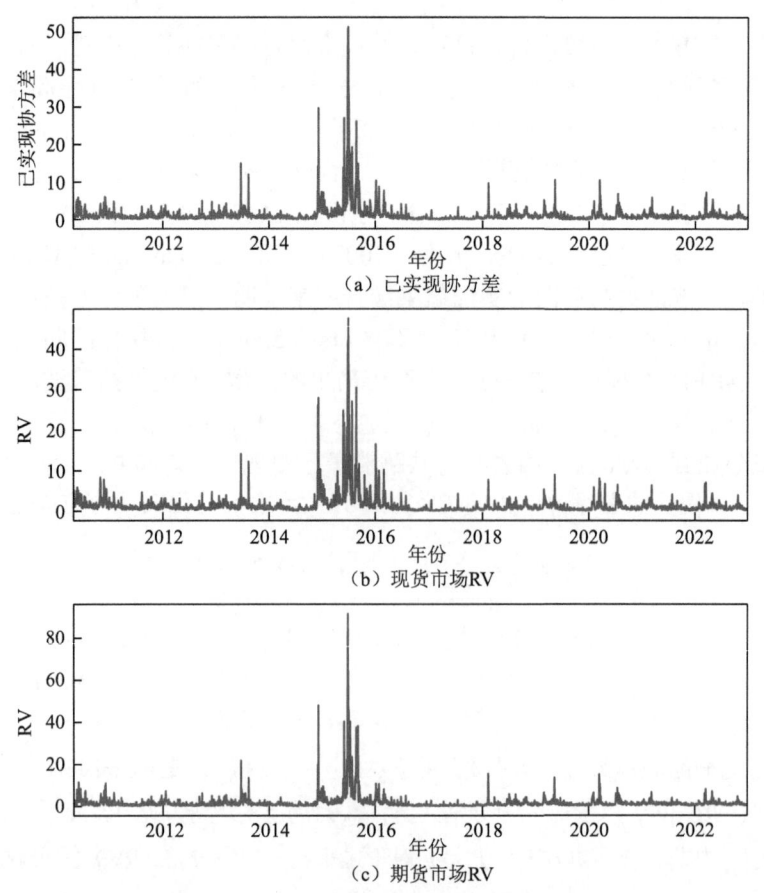

图 9.5 现货和期货已实现协方差和方差图

已实现协方差和 RV 展示出了很强的相关性，而且二者的高波动和低波动是非常持久的。在 2015~2016 年股灾这一阶段，股票现货市场和期货市场的风险较高，表现为已实现协方差和 RV 的变化幅度较大。

基于 Newey-West 的异方差一致估计量，分别估计式（9.9）定义的 HAR-RCov 模型以及式（9.12）定义的 HAR-RCov-CJI 模型。在表 9.9 中展示出了这些模型在日、周、月下各自的协方差样本外估计的结果。在 HAR-RCov 模型和 HAR-RCov-CJI 模型日、周和月的已实现协方差预测中，模型中 α_d、α_w 和 α_m 均统计显著，表明短期、中期和长期已实现协方差具有显著的影响，也证明了协方差的强相关性。当考虑共跳成分后，α_{cj} 在 0.01 的水平下统计显著，与 HAR-RCov 模型相比，HAR-RCov-CJI 模型的可决系数均有所提高。比较日、周和月的已实现协方差预测模型，共跳对日已实现协方差的影响最大，为 0.915，对月已实现协方差影响最小，为 -0.098。这些结果表明，在已实现协方差的预测中，共跳起到了重要的作用。

表 9.9 共跳对股票现货和期货市场已实现协方差的影响

参数	HAR-RCov 模型			HAR-RCov-CJI 模型		
	日	周	月	日	周	月
α_0	0.151***	0.256***	0.477***	−0.809***	0.316***	0.524***
	(0.038)	(0.092)	(0.085)	(0.047)	(0.096)	(0.092)
α_d	0.308***	0.321***	0.143***	0.313***	0.329***	0.149***
	(0.045)	(0.076)	(0.022)	(0.043)	(0.074)	(0.021)
α_w	0.487***	0.260***	0.159**	0.482***	0.252***	0.153*
	(0.071)	(0.085)	(0.080)	(0.073)	(0.084)	(0.081)
α_m	0.080**	0.208***	0.306***	0.080**	0.207***	0.305***
	(0.036)	(0.074)	(0.056)	(0.035)	(0.074)	(0.056)
α_{cj}				0.915***	−0.124***	−0.098***
				(0.048)	(0.033)	(0.031)
$\overline{R}^2$	0.5221	0.5554	0.4127	0.5224	0.5568	0.4139

注：括号内为 Newey-West 调整后的标准误
*、**、***分别表示在 0.1、0.05、0.01 的水平下统计显著

进一步分析共跳对 RV 的影响，表 9.10 和表 9.11 分别报告了共跳对股票现货市场和期货市场 RV 的影响。比较日、周、月的方差预测模型可以发现共跳成分对于预测周度方差以及月度方差有显著的影响。表 9.10 和表 9.11 中调整后的可决系数表明，与 HAR-RV 模型相比，加入共跳成分的 HAR-RV-CJI 模型的预测精度在周度和月度模型中提高。这个结果和 Andersen 等（2007a）的研究相似，不过

Andersen 等（2007a）的研究是从 RV 中提取跳跃成分来分析跳跃对 RV 预测的影响。共跳成分相比于跳跃成分更为稀少，但仍然对 RV 具有显著的影响。

表 9.10　共跳对股票现货市场 RV 的影响

参数	HAR-RV 模型			HAR-RV-CJI 模型		
	日	周	月	日	周	月
α_0	0.157*	0.267**	0.490***	0.182*	0.321***	0.538***
	(0.088)	(0.108)	(0.102)	(0.102)	(0.113)	(0.110)
α_d	0.303***	0.334***	0.149***	0.305***	0.339***	0.153***
	(0.067)	(0.082)	(0.028)	(0.067)	(0.081)	(0.026)
α_w	0.491***	0.243***	0.140*	0.488***	0.237***	0.135*
	(0.137)	(0.068)	(0.074)	(0.138)	(0.067)	(0.074)
α_m	0.091	0.227***	0.352***	0.090	0.227***	0.352***
	(0.095)	(0.070)	(0.065)	(0.095)	(0.070)	(0.064)
α_{cj}				−0.051	−0.113***	−0.100***
				(0.051)	(0.033)	(0.035)
$\bar{R}^2$	0.5381	0.5728	0.4475	0.5381	0.5738	0.4486

注：括号内为 Newey-West 调整后的标准误
*、**、*** 分别表示在 0.1、0.05、0.01 的水平下统计显著

表 9.11　共跳对股票期货市场 RV 的影响

参数	HAR-RV 模型			HAR-RV-CJI 模型		
	日	周	月	日	周	月
α_0	0.199***	0.326***	0.616***	0.235**	0.396***	0.681***
	(0.076)	(0.098)	(0.110)	(0.099)	(0.105)	(0.120)
α_d	0.269***	0.263***	0.140***	0.271***	0.268***	0.145***
	(0.074)	(0.056)	(0.020)	(0.076)	(0.055)	(0.020)
α_w	0.552***	0.394***	0.192**	0.549***	0.389***	0.187*
	(0.135)	(0.066)	(0.095)	(0.137)	(0.067)	(0.096)
α_m	0.062	0.148*	0.303***	0.062	0.148*	0.302***
	(0.062)	(0.076)	(0.067)	(0.062)	(0.076)	(0.067)
α_{cj}				−0.074	−0.144***	−0.134***
				(0.080)	(0.050)	(0.044)
$\bar{R}^2$	0.5391	0.6026	0.4457	0.5391	0.6033	0.4465

注：括号内为 Newey-West 调整后的标准误
*、**、*** 分别表示在 0.1、0.05、0.01 的水平下统计显著

表 9.12　宏观信息冲击对股票现货市场和期货市场共跳的影响

估计系数	PMI	PPI	CPI	CG	FI	TB	GDP	IVA	M2
β_{12}	-0.001 (0.843)	-0.023 (0.869)	1.183** (0.491)	0.078 (1.043)	-0.019 (0.792)	0.419 (1.078)	-0.060 (1.685)	-0.124 (0.704)	-1.069 (0.935)
β_{11}	0.002 (0.843)	-0.202 (0.798)	0.717 (0.700)	0.172 (1.239)	-0.115 (0.497)	-0.018 (1.118)	-0.060 (1.685)	0.015 (0.887)	-0.007 (1.684)
β_{10}	-0.495 (0.324)	-0.529 (0.536)	1.061** (0.537)	0.577 (1.456)	0.059 (1.109)	0.287 (1.119)	-0.385 (1.144)	-0.069 (0.797)	1.473* (0.810)
β_9	0.002 (0.843)	-0.023 (0.869)	0.088 (0.906)	0.317 (1.427)	0.124 (1.374)	-0.018 (1.118)	-0.060 (1.685)	-0.007 (0.872)	-0.007 (1.684)
β_8	-0.310 (0.489)	-0.135 (0.836)	0.012 (0.898)	0.317 (1.427)	0.124 (1.374)	-0.548 (0.844)	-0.060 (1.685)	-0.007 (0.872)	-1.759*** (0.607)
β_7	0.348 (0.524)	0.576 (0.567)	0.381 (0.855)	0.325 (1.434)	0.027 (0.973)	-0.018 (1.118)	0.597 (1.502)	0.160 (0.802)	-0.005 (1.688)
β_6	-0.156 (0.697)	-0.023 (0.869)	0.088 (0.906)	-0.028 (0.791)	0.059 (1.109)	-0.018 (1.118)	-0.060 (1.685)	-0.104 (0.740)	-0.002 (1.691)
β_5	0.002 (0.843)	-0.608 (0.482)	-0.370 (0.744)	-0.082 (0.644)	2.478* (1.296)	1.594*** (0.551)	-0.712 (0.741)	0.640** (0.313)	0.001 (1.714)
β_4	-0.310 (0.489)	-0.023 (0.871)	0.086 (0.903)	-0.342 (0.272)	0.218 (1.620)	-0.018 (1.117)	0.491 (1.681)	-0.352 (0.346)	0.001 (1.714)
β_3	0.135 (0.785)	-0.023 (0.871)	0.086 (0.903)	2.459*** (0.755)	0.759 (1.048)	-0.018 (1.117)	1.174 (0.944)	-0.252 (0.463)	0.001 (1.714)

续表

估计系数	PMI	PPI	CPI	CG	FI	TB	GDP	IVA	M2
β_2	−0.035 (0.812)	−0.449 (0.601)	−0.260 (0.802)	−0.440** (0.223)	−0.213 (0.298)	0.207 (1.132)	−0.868 (0.614)	0.485 (0.387)	0.001 (1.714)
β_1	0.214 (0.706)	−0.153 (0.829)	1.092** (0.521)	0.720 (1.408)	−0.082 (0.556)	0.979 (0.795)	−0.639 (0.820)	0.094 (0.844)	0.001 (1.714)
β_0	0.296 (0.601)	0.871** (0.419)	−0.461 (0.689)	1.028 (1.178)	0.071 (1.122)	−0.018 (1.116)	−0.073 (1.723)	0.023 (0.859)	0.001 (1.714)
β_{-1}	0.375 (0.507)	0.641 (0.538)	−0.758 (0.522)	2.155*** (0.729)	1.059 (0.768)	1.204* (0.686)	−0.564 (0.914)	−0.338 (0.359)	0.007 (1.711)
β_{-2}	−0.427 (0.358)	−1.018*** (0.366)	0.188 (0.895)	1.384 (0.933)	0.103 (1.260)	−0.229 (1.033)	−0.639 (0.820)	0.267 (0.625)	−1.429* (0.733)
β_{-3}	0.055 (0.838)	0.149 (0.857)	−0.668 (0.569)	0.130 (1.140)	0.148 (1.435)	−0.019 (1.116)	−0.072 (1.724)	−0.214 (0.519)	0.007 (1.711)
β_{-4}	0.010 (0.835)	−0.047 (0.885)	−0.072 (0.877)	2.382*** (0.745)	0.856 (0.940)	−0.021 (1.114)	−0.564 (0.914)	−0.327 (0.371)	0.007 (1.711)
β_{-5}	0.296 (0.601)	0.168 (0.849)	0.188 (0.895)	0.337 (1.448)	0.148 (1.435)	0.649 (0.971)	−0.072 (1.724)	−0.001 (0.846)	0.007 (1.711)
β_{-6}	0.434 (0.447)	−0.027 (0.888)	0.075 (0.901)	0.337 (1.448)	0.148 (1.435)	0.955 (0.806)	−0.072 (1.724)	−0.001 (0.846)	−0.801 (1.152)
β_{-7}	0.055 (0.838)	−0.261 (0.776)	−0.108 (0.867)	0.804 (1.350)	0.569 (1.310)	−0.020 (1.117)	−0.603 (0.863)	0.193 (0.730)	−1.428* (0.733)
β_{-8}	0.214 (0.706)	−0.027 (0.888)	0.696 (0.694)	−0.174 (0.468)	0.677 (1.153)	−0.020 (1.117)	2.166*** (0.675)	0.190 (0.735)	0.972 (1.160)

续表

估计系数		PMI	PPI	CPI	CG	FI	TB	GDP	IVA	M2
β_{-9}		0.010	−0.357	0.430	0.337	0.148	−0.020	−0.072	−0.001	0.011
		(0.835)	(0.697)	(0.823)	(1.448)	(1.435)	(1.117)	(1.724)	(0.846)	(1.717)
β_{-10}		0.296	−0.386	−0.696	0.337	0.148	1.773***	−0.072	−0.001	0.011
		(0.601)	(0.672)	(0.554)	(1.448)	(1.435)	(0.513)	(1.724)	(0.846)	(1.717)
β_{-11}		0.010	−0.027	0.696	1.132	0.554	0.797	−0.407	0.043	0.011
		(0.835)	(0.888)	(0.694)	(1.099)	(1.334)	(0.899)	(1.151)	(0.862)	(1.717)
β_{-12}		0.936***	−0.027	0.075	0.257	0.077	0.450	0.489	0.021	
		(0.358)	(0.888)	(0.901)	(1.365)	(1.150)	(1.071)	(1.682)	(0.858)	
μ		−4.648***	−4.649***	−4.650***	−4.657***	−4.647***	−4.652***	−4.652***	−4.646***	−4.648***
		(0.060)	(0.060)	(0.060)	(0.060)	(0.060)	(0.060)	(0.060)	(0.060)	(0.060)
$\ln L$		−8200.719	−8200.334	−8199.518	−8191.781	−8200.337	−8197.503	−8200.520	−8203.701	−8200.163

注：括号内为 t 统计量标准误；为了节省篇幅，这里省略了星期效应；$\ln L$ 为对数似然函数数值
*、**、*** 分别表示在 0.1、0.05、0.01 的水平下统计显著

综合来看，从多变量资产的收益率中提取共跳是非常重要的，共跳不仅影响到多变量资产的协方差，还在单一资产的 RV 预测中起到作用，因此得出结论，期货和现货市场中的共跳可以显著提高已实现协方差和 RV 的预测。

四、股票现货市场和期货市场共跳的来源

为了研究宏观经济消息和股票期现共跳的关系，估计 Logit 模型，估计结果如表 9.12 所示。结果显示，在股票现货市场和期货市场交易期间发布的九个宏观经济指标均对股票现货市场和期货市场的共跳产生显著的影响。在两个价格指数中，PPI 产生滞后和同期的影响，CPI 发布对共跳产生领先的影响，这可能是投资者更关心通货膨胀的关键度量指标——CPI 的缘故。PMI 和 GDP 对共跳产生滞后影响，而 FI 和 IVA 的发布对共跳具有领先影响。CG、TB 和 M2 不仅对股票现货市场和期货市场的共跳产生滞后影响，还存在领先影响，即在这三个宏观经济指标发布之前，两个市场的共跳就受到影响，这种影响一直持续到宏观信息发布后一段时间。消费和对外贸易是影响经济增长的两个重要因素，同时影响许多上市公司的长期业绩；M2 反映市场的流动性，影响股票现货市场短期的涨跌，这可能是 CG、TB 和 M2 对股票现货市场和期货市场共跳具有重要影响的原因。

第五节 本章小结

本章研究了股票市场和债券市场、股票现货市场和股票期货市场之间的共跳，共跳不同于单一资产的跳跃，单一资产的跳跃由一部分的共跳和一部分的特质性跳跃构成。共跳虽然个数较少，但往往更为重要，共跳带来的风险是系统性、不可分解的跳跃风险。

第一，通过对参数跳跃扩散模型和基于真实数据多次抽样的非参数模型进行蒙特卡罗模拟发现，已探测共跳的相关系数始终与真实共跳相关系数基本保持一致，共跳识别方法能够在可靠地识别共跳的同时不损害共跳的重要性质，从而可以有效地识别出共跳。

第二，股票市场和债券市场的共跳强度在一天中不同阶段的表现特征并不相同。最大的共跳强度发生在开盘阶段，随后共跳强度逐渐下降，但在午间收盘前共跳强度又再次增大，最后收盘前的共跳强度略高于下午其他时间。

第三，债券市场发生跳跃的概率远远高于股票市场的跳跃概率，为股市跳跃的四倍以上。股票市场的跳跃存在周内效应，其中，周一发生跳跃的可能性最大、周二最小。在债券市场跳跃的周内效应中周三跳跃概率最大、周一最小。从跳跃幅度来看，股票市场的平均跳跃幅度为债券市场的 20 多倍。两个市场共跳发生的概率为 0.214%，周一和周五发生共跳的概率高于周内其他时间。当股票市场发生跳跃时，两个市场更容易发生共跳。

第四，通过匹配股债共跳和宏观信息发布可以发现，两个市场的共跳更容易发生在信息日。经济指标国内生产总值（GDP）、货币供应量（M2）、消费者价格指数（CPI）、生产者价格指数（PPI）、采购经理指数（PMI）、固定资产投资同比增速（FI）、工业增加值同比增速（IVA）、贸易差额（TB）和社会消费品零售总额增速（CG）对共跳的发生存在显著的领先或者滞后影响，其中，九个宏观指标对股债共跳均具有领先影响，影响最多能提前 55 分钟，对共跳具有滞后影响的为 CPI、PPI、CG、TB 和 M2。宏观经济指标 CPI 和 PPI 对共跳的领先效应的影响系数多为正值，而对股债共跳的滞后效应的影响系数多为负值。反映经济增长驱动因素的指标 CG 和 FI 以及反映经济总量的指标 GDP 和 IVA 发布时，它们对股债共跳的提前影响均为正，宏观经济指标 M2、CG 和 TB 对股债共跳滞后效应的影响为正。

第五，当宏观信息指标发布时，可能同时发布多个宏观指标。当 CPI 发布时，PPI 同时发布的次数占 CPI 发布总次数的比重为 82.692%；当 GDP 发布时，IVA、CG 和 FI 同时发布的比重都在 90%以上。考虑同步信息变量时，宏观经济指标对股债共跳影响的显著性基本相同，总体结论基本保持一致。

第六，股票现货市场和期货市场的跳跃比较频繁，期货和现货分别呈现 2.275%和 1.899%的跳跃概率。期现共跳的比例为 0.986%，期现市场周一发生共跳的概率最高。当期货、现货市场发生跳跃时，有 40%～50%的概率发生共跳。

第七，通过构建模型研究期现共跳对已实现协方差与 RV 的影响，研究揭示，从多变量资产的收益率中提取共跳是非常重要的，共跳不仅影响多变量资产的协方差，还在单一资产的 RV 预测中起到作用。

第八，PPI 对期现共跳产生滞后和同期的影响，CPI 发布对期现共跳产生领先的影响，PMI 和 GDP 对共跳产生滞后影响，而 FI 和 IVA 的发布对共跳具有领先影响。CG、TB 和 M2 不仅对股票现货市场和期货市场的共跳产生滞后影响，还存在领先影响。

本章的研究结论对金融市场风险管理具有重要的意义。首先，投资者在进行投资决策分析时应充分考虑不同市场间跳跃发生的联动效应（即共跳）以及不同方向的意外信息冲击对资产价格跳跃的不同影响，采取合适的投资策略规避市场风险和提高投资收益。其次，本章发现市场的大幅变化主要与未预期到的"意外"宏观经济信息密切相关，特别是低于预期的信息更容易引起市场的跳跃和共跳风险，而跳跃和共跳风险难以通过衍生产品对冲，因此，建议在建立金融市场风险预警系统时加入宏观经济指标的非预期成分，构造分类指标和综合指标，制定全面的风险管理政策。最后，对于我国金融监管部门而言，应该认识到宏观经济信息冲击与资产市场价格跳跃之间确实存在一种动态反馈机制，但股票市场和债券市场的信息解读效率较低，信息不能及时地反映在价格跳跃上，因而研究如何提高市场对信息反应的灵敏性以促进资本市场的健康发展就显得尤为重要。

第十章 系统性、特质性跳跃与尾部依存关系

第一节 尾部风险与跳跃

尾部风险在投资和风险管理领域具有重要作用。自从 Mandelbrot（1963）、Fama（1965）提出了股市收益率存在"尖峰厚尾"特性之后，随后的理论和实证研究，如 Diebold 等（2000）、Longin（2000）、McNeil 和 Frey（2000）、Neftci（2000）、Embrechts 等（2013）都提供了具有说服力的证据证明了尾部事件的存在性及对金融市场的重要影响。全球金融危机和欧洲主权债务危机等事件的发生又一次激起了诸多学者对尾部风险的研究兴趣，如 Bollerslev 和 Todorov（2011a，2011b）、Kelly 和 Jiang（2014）。在 Jacod 和 Todorov（2009）、Mancini（2009）分别提出了资产间存在共同跳跃的证据之后，Bollerslev 等（2013）研究了跳跃对资产间尾部依存性的影响。与以往资产定价和衍生品定价文献相比，他们的实证研究发现了一些更重要的跳跃分布特征。然而仅仅基于发达的美国股市的实证结果并不能说明发展中国家股市的跳跃具有相似的影响。因此，有必要对尾部跳跃对风险规避投资者的影响这一关键问题进行更深入的探讨。本章将以中国股票市场为例，对发展中国家股市的跳跃尾部依存性问题进行研究，并与发达国家进行比较。

虽然中国经济改革始于 1978 年，然而以 GDP 测算中国经济以年均近 10%的速度增长，这使中国迅速成为世界第二大经济体。在整体经济迅速增长的同时，中国股市在高速发展，至 2014 年中国股市总市值迅速攀升至世界第二位。通过合格的境外机构投资者制度、人民币合格境外机构投资者制度和合格境内机构投资者制度的实施，中国逐渐开放国内资本市场，进而对全球资本市场的影响力与日俱增，因此了解中国市场的投资风险对于中外投资者都很重要。虽然美国股市跳跃已经被广泛研究，并在统计学和经济学中的很多研究均已证明其在解决资产定价问题中有重要应用，然而对中国股市跳跃相关领域的研究仍较为缺乏。尽管中国证监会为了保持市场稳定在 A 股市场上施加了诸如严禁卖空、T+1 交易制度等严格的交易限制，但中国股市仍存在较大或突然的日内价格波动。Zhou 和 Zhu（2012）、Wang 等（2013）已经证明了中国股市跳跃的存在性且在建模过程中考虑跳跃有助于模型解释能力的提升，然而本章将研究重点放在尾部跳跃风险而不是跳跃波动。

第二节 研 究 方 法

一、系统性跳跃与特质性跳跃

当通过个体跳跃方法[式（2.10）]识别出不同资产的跳跃后，利用高频已实现收益率 r_i 可以得到所有的跳跃时间集合：

$$\hat{\mathcal{J}}_{[0,T]} = \left\{ i \in \{0,1,\cdots,nT\} : |r_i| \geqslant J_i \right\}$$
$$J_i = \tau \sqrt{(\mathrm{BV}_{[i/n]} \wedge \mathrm{RV}_{[i/n]}) \times \mathrm{TOD}_{i-[i/n]n}} \, n^{-\varpi} \tag{10.1}$$

按照 Bollerslev 等（2013）的设定，$\tau = 2.5$、$\varpi = 0.49$，这意味着当所有高频数据中的收益率超过了其对应的 SV 局部估计值 2.5 个标准差时，就确认发生了价格跳跃。这个时间集合是对于特定资产的。将跳跃检验方法应用于任何资产都会产生一组自己的跳跃时间。当关注个股与总体市场之间的二元关系时，区分两组跳跃时间：一组用 $\hat{\mathcal{J}}_{[0,T]}^{\mathrm{ind}}$ 表示个股；另一组用 $\hat{\mathcal{J}}_{[0,T]}^{\mathrm{mkt}}$ 表示整个市场。

根据个股和市场共跳的实证证据和相关研究，以及在仅对系统性跳跃风险进行定价的资产定价理论的推动下，进一步将系统性跳跃与所有跳跃区分开来，并基于以下条件 $\hat{\mathcal{J}}_{[0,T]}^{\mathrm{ind}}$ 和 $\hat{\mathcal{J}}_{[0,T]}^{\mathrm{mkt}}$ 定义了三组跳跃时间：

$$\begin{aligned}
\hat{\mathcal{J}}_{[0,T]}^{\mathrm{sys}} &= \hat{\mathcal{J}}_{[0,T]}^{\mathrm{ind}} \cap \hat{\mathcal{J}}_{[0,T]}^{\mathrm{mkt}} \\
\hat{\mathcal{J}}_{[0,T]}^{\mathrm{idio}} &= \hat{\mathcal{J}}_{[0,T]}^{\mathrm{ind}} \setminus \{\hat{\mathcal{J}}_{[0,T]}^{\mathrm{ind}} \cap \hat{\mathcal{J}}_{[0,T]}^{\mathrm{mkt}}\} \\
\hat{\mathcal{J}}_{[0,T]}^{\mathrm{all}} &= \hat{\mathcal{J}}_{[0,T]}^{\mathrm{ind}} \cup \hat{\mathcal{J}}_{[0,T]}^{\mathrm{mkt}}
\end{aligned} \tag{10.2}$$

可见，系统性跳跃时间 $\hat{\mathcal{J}}_{[0,T]}^{\mathrm{sys}}$ 为个股和总体市场共同跳跃的时间；特质性跳跃时间 $\hat{\mathcal{J}}_{[0,T]}^{\mathrm{idio}}$ 为个股跳跃但总体市场没有跳跃的时间；所有跳跃时间 $\hat{\mathcal{J}}_{[0,T]}^{\mathrm{all}}$ 为个股和整个市场跳跃的时间。

二、跳跃尾部的理论基础

Bollerslev 和 Todorov（2011a）、Bollerslev 等（2013）给出了跳跃尾部的严格定义及尾部依存关系的理论框架。这里简要描述基本假设和概念。考虑单个资产和总体市场 t 时的对数价格为 $p_t^{(1)}$ 和 $p_t^{(0)}$。假设它们遵循两个通用的半鞅过程：

$$p_t^{(j)} = \alpha_t^{(j)} \mathrm{d}t + \sigma_t^{(j)} \mathrm{d}W_t^{(j)} + \int_{\mathbb{R}} x \mu^{(j)} (\mathrm{d}t, \mathrm{d}x), \ j \in \{0,1\} \tag{10.3}$$

其中，$\alpha_t^{(j)}$、$\sigma_t^{(j)}$、$W_t^{(j)}$ 为满足半鞅过程常用的假设；$\mu^{(j)}(\mathrm{d}t, \mathrm{d}x)$ 为随机跳跃测度，捕捉 $p_t^{(j)}$ 在区间 $\mathrm{d}t$ 且幅度为 $\mathrm{d}x$ 的跳跃。通过引入共跳的概念将两个跳跃测度

$\mu^{(0)}(\mathrm{d}t,\mathrm{d}x)$ 和 $\mu^{(1)}(\mathrm{d}t,\mathrm{d}x)$ 进行分解,即

$$\mu^{(1)}(\mathrm{d}t,\mathrm{d}x) \equiv \mu^{(1,0)}(\mathrm{d}t,\mathrm{d}x) + \mu^{(1,1)}(\mathrm{d}t,\mathrm{d}x)$$
$$\mu^{(0)}(\mathrm{d}t,\mathrm{d}x) \equiv \mu^{(0,1)}(\mathrm{d}t,\mathrm{d}x) + \mu^{(0,0)}(\mathrm{d}t,\mathrm{d}x)$$
(10.4)

其中,$\mu^{(1,0)}(\mathrm{d}t,\mathrm{d}x)$ 和 $\mu^{(0,1)}(\mathrm{d}t,\mathrm{d}x)$ 为 $p_t^{(1)}$ 和 $p_t^{(0)}$ 共同跳跃时 $p_t^{(1)}$ 和 $p_t^{(0)}$ 的跳跃测度;$\mu^{(1,1)}(\mathrm{d}t,\mathrm{d}x)$ 和 $\mu^{(0,0)}(\mathrm{d}t,\mathrm{d}x)$ 分别为 $p_t^{(1)}$ 和 $p_t^{(0)}$ 各自跳跃时的跳跃测度。对应于 $\mu^{(1,0)}(\mathrm{d}t,\mathrm{d}x)$、$\mu^{(0,1)}(\mathrm{d}t,\mathrm{d}x)$、$\mu^{(1,1)}(\mathrm{d}t,\mathrm{d}x)$ 和 $\mu^{(0,0)}(\mathrm{d}t,\mathrm{d}x)$ 的补偿量分别为 $v_t^{(1,0)}(x)$、$v_t^{(0,1)}(x)$、$v_t^{(1,1)}(x)$ 和 $v_t^{(0,0)}(x)$。

不失一般性,假设跳跃为正跳,即 $x>0$。对于 $v_t^{(1,0)}(x)$,可以表示成下面的因式分解:

$$v_t^{(1,0)}(x) = \phi_t^{(1,0)} v^{(1,0)}(x)$$
(10.5)

其中,$\phi_t^{(1,0)}$ 为右连续左极限路径的非负值随机过程;$v^{(1,0)}(x)$ 为跳跃幅度的正值测度。类似地,可以得到 $v_t^{(0,1)}(x)$、$v_t^{(1,1)}(x)$ 和 $v_t^{(0,0)}(x)$ 的因式分解。

将测度 $v^{(1,0)}(x)$ 应用于 $p^{(1)}$ 的系统性跳跃,定义固定门限为 $x>0$ 时的跳跃尾部强度 $\bar{v}^{(1,0)}(x) = \int_{u>x} v^{(1,0)}(u)\mathrm{d}u$,比率:

$$\frac{\bar{v}^{(1,0)}(u+x)}{\bar{v}^{(1,0)}(x)}$$
(10.6)

决定了超越值 u 的分布函数,在适度常规条件下为极值分布的吸引域。可以使用标准的极值方法如越界峰值方法做出统计推断。其他跳跃的尾部可以同样定义。

可以将单变量跳跃尾部扩展成双变量跳跃尾部。对于 $x=[x_1,x_2]$,令 $v_{\mathrm{sys}}^{(1)}(x)$ 表示边际为 $\int v_{\mathrm{sys}}^{(1)}(x)\mathrm{d}x_2 = v^{(1,0)}(x_1)$ 和 $\int v_{\mathrm{sys}}^{(1)}(x)\mathrm{d}x_1 = v^{(0,1)}(x_2)$ 的测度,那么 $v_{\mathrm{sys}}^{(1)}(x)$ 可以描述 $p_t^{(1)}$ 和 $p_t^{(0)}$ 共同跳跃时系统性跳跃的联合分布的特征。将上面的单变量尾部测度推广到向量 $x=[x_1,x_2]$ 中,得到相应的跳跃测度的尾部为

$$\bar{v}_{\mathrm{sys}}^{(1)}(x_1,x_2) = \int_{u_1 > x_1 \cup u_2 > x_2} v_{\mathrm{sys}}^{(1)}(u_1,u_2) \mathrm{d}u_1 \mathrm{d}u_2$$
(10.7)

对于一些固定的 $x_1>0$ 和 $x_2>0$,类似于单变量情形,比率:

$$\frac{\bar{v}_{\mathrm{sys}}^{(1)}(u+x)}{\bar{v}_{\mathrm{sys}}^{(1)}(x)}$$
(10.8)

完全决定了双变量超越值 u 的分布,这是多变量极值分布的吸引域。得到系统性跳跃数据后,可以使用多元极值理论来推断尾部的多元极值分布。

三、尾部依存系数及其估计量

考虑双变量收益率 (X,Y) 之间的尾部依存结构。为了专注于纯粹的依存特征,先消除 (X,Y) 的边际分布的影响,可以通过考虑 X 和 Y 的边际累积分布函数(分

别用 F_X 和 F_Y 表示) 来做到这一点。转换后的变体 $F_X(X)$ 和 $F_Y(Y)$ 是在[0,1]上的均匀分布。着眼于两个同分布的 $F_X(X)$ 和 $F_Y(Y)$，如 Joe (1997) 所讨论的，在排除边际分布影响的情况下，左（右）尾部依存系数 χ^- (χ^+) 表示了 X 和 Y 之间的尾部依存程度：

$$\chi^- = \lim_{u \to 0^+} \Pr\{F_X(X) < u \mid F_Y(Y) < u\}$$
$$\chi^+ = \lim_{u \to 1^-} \Pr\{F_X(X) > u \mid F_Y(Y) > u\} \quad (10.9)$$

从广义上讲，χ^- (χ^+) 的值是给定资产 Y 的极端低（高）收益率，资产 X 的极端低（高）收益率的概率，因为该资产的回报率极低（高）。随着 χ^- 的增加，资产 X 和 Y 联合崩盘的可能性更大，持有这两种资产的投资者很可能同时遭受这两种资产的巨大损失。因此，这些系数自然受到规避风险的投资者的关注，并且在理论和实证风险管理研究中通常用作联合尾部风险的度量。

为了便于说明，在本节中主要阐述上尾依存系数 χ^+，并将其符号简化为 χ。不失一般性，χ^+ 的结果可以通过将其应用于负收益率 $(-X,-Y)$ 来得到较低的尾部依存系数 χ^-。

给定观测数据对 $(x_i, y_i)_{i \in \mathcal{I}}$，其中，$\mathcal{I}$ 为观测值集合。χ 的估计由几个步骤组成。先估计边际分布 F_X 和 F_Y。以 F_X 为例，单变量密度估计方法结合了参数和非参数方法，并依赖于越界峰值方法来对极值进行建模。阈值 u_X 被选择为 $\{x_i\}$ 中的第 k 个最高观测值 $x_{(n-k+1)}$。当 X 位于 $(-\infty, u_X)$ 区域时，使用经验分布函数来估计 F_X，因为该区域内的观测数量通常足以保证这种非参数方法的准确性，同时保持其灵活性。当 $X \geqslant u_X$ 时，因为样本边界附近的数据很少，拟合参数为广义帕累托分布。在观测值 X_i 中分布函数 F_X 表示为

$$F_X(x) = \begin{cases} \dfrac{1}{n}\sum_{i=1}^{n} I_{\{X_i < x\}}, & x < u_X \\ 1 - \dfrac{k}{n}\left[1 + \dfrac{\xi_X}{\sigma_X}(x - u_X)\right], & x \geqslant u_X \end{cases} \quad (10.10)$$

其中，ξ_X 和 σ_X 为广义帕累托分布的形状和尺度参数，可以使用最大似然估计等方法进行估计。

当取得 F_X 和 F_Y 后，得到原始观测值 $(x_i, y_i)_{i \in \mathcal{I}}$ 的估计值：

$$\hat{x}_i = \frac{1}{1 - F_X(x_i)}, \quad i \in \mathcal{I}$$
$$\hat{y}_i = \frac{1}{1 - F_Y(y_i)}, \quad i \in \mathcal{I} \quad (10.11)$$

令 $\hat{R}_i = \hat{x}_i + \hat{y}_i$（$i \in \mathcal{I}$），Pickands 依存函数的初始估计量[①]为

$$\hat{A}(u) = \frac{2}{k}\sum_{i \in \mathcal{I}}[I_{\{\hat{R}_i > \hat{R}_{(n-k+1)}\}} \max\{(1-u)(\hat{x}_i/\hat{R}_i), u(\hat{y}_i/\hat{R}_i)\}], \quad u \in [0,1] \quad (10.12)$$

其中，$\hat{R}_{(n-k+1)}$ 为 $(\hat{R}_i)_{i \in \mathcal{I}}$ 集合中的第 k 个最高观测值。需要注意的是，$\hat{A}(u)$ 可能位于单位三角形约束 $\max(u, 1-u) \leqslant A(u) \leqslant 1$ 之外。确保其保持在约束范围内的一种可能的修改是

$$\bar{A}(u) = \max\{u, 1-u, \hat{A}(u) + 1 - (1-u)\hat{A}(0) - u\hat{A}(1)\}, \quad u \in [0,1] \quad (10.13)$$

最后，尾部依存系数的估计为

$$\chi = 2\{1 - \bar{A}(1/2)\} \quad (10.14)$$

四、高频尾部依存系数

借助计量经济学方法分离日内跳跃与连续变化，进而估计尾部依存系数。因此，先识别跳跃，然后估计其尾部依存性，以研究跳跃对尾部依存关系的影响。对于个股和市场的双变量日内收益率 $x_i = r_i^{\text{ind}}$ 和 $y_i = r_i^{\text{mkt}}$（原始高频回报 $\mathcal{I} = \{i \in \{0,1,\cdots,nT\}\}$、所有跳跃 $\mathcal{I} = \hat{\mathcal{J}}_{[0,T]}^{\text{all}}$ 和系统性跳跃 $\mathcal{I} = \hat{\mathcal{J}}_{[0,T]}^{\text{sys}}$），可以根据前面的方法估计得到相应的尾部依存系数。

第三节　跳跃尾部依存性的特征

一、数据描述和统计分析

本节所使用的中国股市日内数据来源于 CSMAR 高频数据库，使用沪深 300 指数作为中国股市代理变量。对于个股，基于 2023 年 12 月 31 日沪深 300 指数的成份股选择股票，按照 300 只股票在 2007 年 1 月 1 日至 2023 年 12 月 31 日的交易天数排序，选择交易天数最多的 50 只股票，选择的 50 只股票交易代码如表 10.1 第一列所示。对于新上市的股票，删除前 60 个交易日数据以避免新股上市初期价格非正常波动的影响。采样频率基于通常选择的 5 分钟对数收益率[②]。由于上交所交易时间为 9:30～11:30 和 13:00～15:00 两个时间段，每天的交易时间为 4 小时，因此每个交易日共有 48 个 5 分钟收益率数据。

[①] 参见 Beirlant 等（2004）研究中的式（9.56）。

[②] 由于股票价格在早上开盘和下午收盘时波动较大，美国股市的日内波动呈现"U"形结构，中国股市因存在两个开盘和收盘时间的日内波动而呈现双"U"形或"W"形结构。

表 10.1 描述统计分析

股票代码	交易日	偏度	峰度	CV	JV	系统性跳跃	特质性跳跃
000157	4054	0.250	3.304	4.689	1.959	744（0.0038）	4275（0.0220）
000568	4053	0.157	1.965	5.169	2.000	628（0.0032）	3705（0.0190）
000661	4062	1.041	17.326	6.825	2.707	374（0.0019）	4197（0.0215）
000725	4061	0.357	5.267	6.006	2.522	520（0.0027）	4402（0.0226）
000733	4091	−0.022	1.745	7.159	2.764	566（0.0029）	4045（0.0206）
000800	4084	0.197	2.160	6.422	2.805	617（0.0031）	4331（0.0221）
000877	4062	0.089	1.986	6.946	3.143	590（0.0030）	4176（0.0214）
000963	4078	0.095	2.119	5.866	2.631	415（0.0021）	4824（0.0246）
000983	4108	0.205	1.817	6.688	2.412	752（0.0038）	4008（0.0203）
002001	4101	0.074	2.492	5.862	2.121	556（0.0028）	3969（0.0202）
002007	4105	0.180	2.784	5.645	2.775	465（0.0024）	4677（0.0237）
600000	4082	0.340	5.278	3.072	1.081	1000（0.0051）	3700（0.0189）
600009	4115	0.048	2.982	3.946	1.552	602（0.0030）	4255（0.0215）
600011	4109	0.186	3.374	5.266	2.028	531（0.0027）	4634（0.0235）
600015	4103	0.271	5.383	3.483	1.153	920（0.0047）	4012（0.0204）
600016	4112	0.370	6.211	3.046	1.031	845（0.0043）	4160（0.0211）
600028	4119	0.091	5.586	3.516	1.150	584（0.0030）	4431（0.0224）
600030	4072	0.269	3.142	4.509	1.541	1218（0.0062）	3227（0.0165）
600031	4103	0.286	2.432	5.144	2.094	796（0.0040）	3954（0.0201）
600036	4104	0.325	3.401	3.370	1.106	1018（0.0052）	3356（0.0170）
600048	4108	0.192	2.026	6.163	2.149	706（0.0036）	3818（0.0194）
600085	4126	0.244	3.207	4.401	1.802	553（0.0028）	4075（0.0206）
600104	4052	0.222	3.005	4.373	1.519	679（0.0035）	3816（0.0196）
600111	4120	0.324	1.700	7.609	2.681	625（0.0032）	3873（0.0196）
600132	4067	0.043	2.081	6.897	2.909	495（0.0025）	4041（0.0207）
600176	4063	0.082	1.945	6.319	2.713	565（0.0029）	4273（0.0219）
600183	4111	−0.129	2.081	5.565	2.066	610（0.0031）	4239（0.0215）
600188	4110	0.156	1.787	7.293	2.677	759（0.0038）	3743（0.0190）
600196	4097	0.156	2.139	5.432	1.844	613（0.0031）	3839（0.0195）
600276	4122	0.184	2.568	4.262	2.084	521（0.0026）	4443（0.0225）
600362	4096	0.228	2.402	5.952	1.936	809（0.0041）	3587（0.0182）
600426	4109	−0.015	1.708	6.290	2.162	570（0.0029）	4094（0.0208）
600436	4101	0.226	2.860	4.694	2.034	473（0.0024）	4279（0.0217）
600489	4081	0.382	2.750	5.067	1.974	528（0.0027）	4125（0.0211）
600519	4120	0.288	2.466	2.929	1.073	629（0.0032）	3835（0.0194）
600570	4058	0.204	1.539	7.606	3.384	465（0.0024）	4497（0.0231）

续表

股票代码	交易日	偏度	峰度	CV	JV	系统性跳跃	特质性跳跃
600585	4110	0.206	2.533	4.349	1.978	724（0.0037）	4096（0.0208）
600588	4100	0.150	1.667	7.202	2.822	465（0.0024）	4326（0.0220）
600600	4119	0.275	3.367	4.374	1.890	532（0.0027）	4404（0.0223）
600660	4126	0.162	2.807	4.629	1.708	626（0.0032）	4165（0.0210）
600809	4111	0.011	1.703	6.303	2.440	520（0.0026）	4157（0.0211）
600837	4098	0.316	3.409	5.201	2.197	1094（0.0056）	3679（0.0187）
600845	4059	0.241	1.877	6.986	3.742	405（0.0021）	5209（0.0267）
600887	4086	−0.079	2.635	4.481	1.499	627（0.0032）	3547（0.0181）
601006	4110	0.023	5.724	3.512	1.194	598（0.0030）	4213（0.0214）
601111	4067	0.123	2.354	6.381	2.513	619（0.0032）	4193（0.0215）
601398	4097	0.337	8.570	2.387	0.758	565（0.0029）	4332（0.0220）
601628	4060	0.485	3.148	4.175	1.411	900（0.0046）	3599（0.0185）
601699	4100	0.145	1.611	6.820	2.474	678（0.0034）	3880（0.0197）
601988	4117	0.549	9.816	3.076	0.873	444（0.0022）	4117（0.0208）
最小值	4052	−0.129	1.539	2.387	0.758	374（0.0019）	3227（0.0165）
最大值	4126	1.041	17.326	7.609	3.742	1218（0.0062）	5209（0.0267）
P25	4072	0.095	1.986	4.349	1.541	528（0.0027）	3839（0.0196）
P50	4101	0.200	2.551	5.233	2.050	606（0.0031）	4121（0.0209）
P75	4110	0.286	3.367	6.381	2.631	724（0.0037）	4279（0.0220）
市场	4133	−0.395	3.991	1.553	0.354	3704（0.0187）	—

注：此表报告了中国股市50只个股和沪深300指数自2007年1月1日至2023年12月31日的描述统计结果，跳跃通过阈值检验识别；此表报告了日收益率的偏度、超额峰度、每日连续波动（CV）和跳跃波动（JV）的均值、系统性跳跃和特质性跳跃的次数及它们出现的频率（即表中括号内容，由每个序列的跳跃次数与高频收益率总数量的比值计算得到）；P25、P50和P75分别表示第25分位数、第50分位数和第75分位数

表10.1列出了50只股票和总市场指数的代码，第二列给出了各股票和市场的交易天数，个股交易天数为4052~4126天，总市场交易天数为4133天。第三列和第四列分别展示了沪深300指数和每只股票收益率序列的偏度和超额峰度及相应的五分位统计汇总。需要说明的是由于高频数据的峰度和偏度与低频数据不同（Neuberger，2012），因此本节峰度和偏度的计算采用的是基于低频日数据而不是高频数据的传统计算方法。可以明显看出，个股多呈现正偏尖峰形态。对于跳跃成分和连续成分的分解，将日内连续收益率的平方和作为由连续变化引起的每日波动（CV），日内跳跃收益率的平方和作为由跳跃引起的每日波动（JV）。表10.1的第五列和第六列分别报告了每只个股和总市场指数的每日CV和JV的均值。50只股票每日CV的均值的变化范围为2.387~7.609，股票间的每日CV均值的中位数为5.233，而每日JV均值的变化范围为0.758~3.742，股票间的每日

JV 均值的中位数为 2.050。而股票指数每日 CV 的均值为 1.553，每日 JV 的均值为 0.354，显著低于这些个股。比较个股的 JV 的中值和 CV 的中值可以发现，个股中跳跃约贡献了总波动的 28.148%，即 2.050/(2.050+5.233)，股票指数中跳跃约贡献了总波动的 18.563%。显然总市场指数的跳跃对总波动的贡献要低于个股中的跳跃对总波动的贡献，这主要是因为总体市场跳跃出现的频率较低、幅度也较小。尽管跳跃贡献的具体数值明显依赖于应用的实际跳跃检验，但是这部分的结论与美国股市完全一致（Bollerslev et al.，2008；Lee and Hannig，2010）。

当比较反映中国股市的表 10.1 与 Bollerslev 等（2013）的研究中反映美国股市的表 2 时，其他一些结论值得关注。Bollerslev 等（2013）分析 1997 年中期至 2010 年末美国市场中 50 只最大的资本化股票，尽管样本期与本节不完全相同，但都包含了各自市场上较大市值的股票。因此这两个市场的分析结果是可比的，能够揭示中国、美国两个市场的差异。Bollerslev 等（2013）报告了所选取的美国 50 只股票每日 CV 和 JV 均值的中值分别为 2.950 和 0.865，美国总市场指数每日的 CV 和 JV 的均值分别为 1.050 和 0.201，相应的结果均远小于中国市场，下降了 30%~60%，显示了美国市场的波动显著低于中国市场。

表 10.1 同时报告了每只个股的系统性跳跃和特质性跳跃发生的次数及频率（定义为经阈值检验为跳跃的次数占高频收益率总个数的比值）。表 10.1 第七列和第八列显示在本节的 50 只股票样本中一般 0.31% 的收益率和 2.09% 的收益率被认定为系统性跳跃和特质性跳跃。尽管系统性跳跃出现的频率远小于特质性跳跃，然而系统性跳跃的比例却是不可忽略的，据此可得出结论：跳跃风险包括不可分散的系统跳跃风险和公司特定跳跃风险。此外总体市场的跳跃强度要小于个股，与特质性跳跃可以在总体市场水平上进行分散化的假说一致。

二、跳跃尾部的非对称性

表 10.2 的第 I 列和第 II 列报告了使用原始股票收益率和总体市场收益率的 5 分钟高频数据估计的右尾部依存系数和左尾部依存系数，其中最显著的特征是非对称性。在这 50 只股票中，左尾部依存系数的中值 0.259，远高于右尾部依存系数的中值 0.185，其中 47 只股票左尾部依存性要强于右尾部依存性，左尾部依存系数与右尾部依存系数差值的范围为 −0.023~0.182。由于左（右）尾部依存系数 $\hat{\chi}^-$（$\hat{\chi}^+$）可以被解释为当市场经历大幅下跌（上涨）时，一只股票大幅下跌（上涨）的概率，这种 $\hat{\chi}^-$ 和 $\hat{\chi}^+$ 的非对称性意味着在日内水平，当市场短期下跌时，中国市场的个股比市场上升时更易于和总体市场同步。

表 10.2 的第 III 列和第 IV 列展示了由 5 分钟个股跳跃和市场跳跃数据计算的跳跃尾部依存系数，也就是说，仅利用了在时间集 $\mathcal{T}_{[0,T]}^{all}$ 内观察的收益率数据。可

以发现，这些估计的跳跃尾部依存系数不仅高于通过原始数据计算的跳跃尾部依存系数，而且非对称性更加显著，这说明跳跃尽管发生得不频繁，但在研究尾部依存性时相当重要。

表 10.2　尾部依存系数

代码	I	II	III	IV	V	VI	VII	VIII	IX	X
	高频收益率		所有跳跃		系统性跳跃		日收益率		去跳日收益率	
	$\hat{\chi}^+$	$\hat{\chi}^-$	$\hat{\chi}^+$	$\hat{\chi}^-$	$\hat{\chi}^+$	$\hat{\chi}^-$	$\hat{\chi}^+$	$\hat{\chi}^-$	$\hat{\chi}^+$	$\hat{\chi}^-$
000157	0.225	0.346	0.228	0.362	0.634	0.677	0.370	0.509	0.337	0.465
000568	0.183	0.208	0.197	0.224	0.574	0.637	0.290	0.419	0.224	0.367
000661	0.107	0.186	0.162	0.239	0.665	0.701	0.224	0.397	0.246	0.358
000725	0.137	0.285	0.149	0.344	0.664	0.712	0.293	0.475	0.289	0.356
000733	0.162	0.255	0.161	0.275	0.63	0.665	0.260	0.451	0.229	0.360
000800	0.192	0.374	0.202	0.383	0.664	0.724	0.311	0.465	0.293	0.382
000877	0.166	0.232	0.182	0.287	0.627	0.645	0.265	0.426	0.275	0.331
000963	0.111	0.159	0.126	0.210	0.639	0.676	0.244	0.378	0.211	0.326
000983	0.229	0.267	0.222	0.304	0.624	0.662	0.332	0.422	0.306	0.334
002001	0.163	0.251	0.151	0.303	0.619	0.712	0.254	0.451	0.239	0.380
002007	0.098	0.140	0.139	0.162	0.607	0.676	0.227	0.333	0.197	0.257
600000	0.265	0.299	0.353	0.372	0.646	0.704	0.445	0.480	0.353	0.437
600009	0.203	0.269	0.196	0.270	0.599	0.694	0.335	0.487	0.277	0.379
600011	0.196	0.260	0.184	0.261	0.601	0.692	0.252	0.397	0.238	0.298
600015	0.228	0.294	0.278	0.353	0.605	0.686	0.435	0.536	0.375	0.419
600016	0.273	0.297	0.324	0.378	0.598	0.658	0.437	0.531	0.375	0.468
600028	0.212	0.263	0.249	0.330	0.629	0.704	0.378	0.541	0.348	0.452
600030	0.288	0.364	0.326	0.432	0.627	0.697	0.444	0.605	0.375	0.530
600031	0.201	0.323	0.202	0.341	0.620	0.672	0.377	0.519	0.317	0.438
600036	0.282	0.272	0.334	0.345	0.574	0.662	0.445	0.487	0.353	0.438
600048	0.228	0.223	0.267	0.257	0.617	0.663	0.328	0.500	0.288	0.425
600085	0.149	0.295	0.168	0.352	0.609	0.715	0.282	0.474	0.253	0.418
600104	0.225	0.283	0.274	0.339	0.662	0.667	0.373	0.549	0.295	0.465
600111	0.177	0.287	0.203	0.327	0.651	0.708	0.281	0.465	0.265	0.411
600132	0.119	0.234	0.121	0.242	0.620	0.692	0.193	0.408	0.226	0.371
600176	0.173	0.262	0.186	0.311	0.644	0.681	0.301	0.432	0.302	0.352
600183	0.227	0.320	0.215	0.339	0.641	0.701	0.279	0.529	0.258	0.453
600188	0.189	0.294	0.172	0.334	0.587	0.671	0.306	0.483	0.290	0.392
600196	0.188	0.270	0.201	0.314	0.646	0.665	0.285	0.392	0.267	0.352

续表

代码	I	II	III	IV	V	VI	VII	VIII	IX	X
	高频收益率		所有跳跃		系统性跳跃		日收益率		去跳日收益率	
	$\hat{\chi}^+$	$\hat{\chi}^-$	$\hat{\chi}^+$	$\hat{\chi}^-$	$\hat{\chi}^+$	$\hat{\chi}^-$	$\hat{\chi}^+$	$\hat{\chi}^-$	$\hat{\chi}^+$	$\hat{\chi}^-$
600276	0.123	0.126	0.139	0.148	0.562	0.604	0.221	0.286	0.210	0.241
600362	0.217	0.359	0.203	0.403	0.639	0.734	0.347	0.540	0.344	0.458
600426	0.236	0.250	0.191	0.250	0.604	0.650	0.350	0.422	0.279	0.340
600436	0.128	0.213	0.134	0.251	0.648	0.673	0.235	0.368	0.220	0.314
600489	0.154	0.279	0.175	0.333	0.636	0.694	0.278	0.446	0.260	0.387
600519	0.145	0.159	0.183	0.211	0.600	0.651	0.256	0.319	0.233	0.302
600570	0.125	0.214	0.140	0.249	0.675	0.701	0.237	0.380	0.235	0.300
600585	0.155	0.193	0.216	0.249	0.602	0.671	0.317	0.450	0.263	0.370
600588	0.151	0.213	0.151	0.243	0.626	0.694	0.219	0.343	0.257	0.257
600600	0.152	0.272	0.175	0.278	0.596	0.639	0.267	0.448	0.217	0.332
600660	0.159	0.212	0.182	0.258	0.628	0.642	0.348	0.485	0.312	0.441
600809	0.176	0.228	0.177	0.257	0.601	0.653	0.264	0.396	0.233	0.351
600837	0.223	0.258	0.278	0.342	0.596	0.673	0.429	0.569	0.365	0.448
600845	0.066	0.155	0.094	0.191	0.605	0.679	0.236	0.380	0.200	0.308
600887	0.198	0.294	0.219	0.312	0.661	0.668	0.290	0.457	0.258	0.359
601006	0.259	0.280	0.262	0.368	0.655	0.701	0.422	0.487	0.349	0.413
601111	0.167	0.253	0.168	0.320	0.606	0.672	0.322	0.516	0.335	0.431
601398	0.233	0.211	0.300	0.314	0.641	0.687	0.356	0.479	0.319	0.420
601628	0.198	0.245	0.251	0.300	0.601	0.651	0.386	0.506	0.354	0.447
601699	0.180	0.231	0.216	0.265	0.615	0.675	0.315	0.420	0.311	0.340
601988	0.221	0.247	0.273	0.314	0.678	0.717	0.381	0.512	0.335	0.429
最小值	0.066	0.126	0.094	0.148	0.562	0.604	0.193	0.286	0.197	0.241
最大值	0.288	0.374	0.353	0.432	0.678	0.734	0.445	0.605	0.375	0.530
P25	0.152	0.214	0.168	0.251	0.602	0.663	0.260	0.408	0.238	0.340
P50	0.185	0.259	0.197	0.307	0.625	0.676	0.303	0.461	0.278	0.379
P75	0.225	0.287	0.249	0.341	0.644	0.701	0.370	0.506	0.335	0.437

注：该表报告了 2007 年 1 月 1 日至 2023 年 12 月 31 日中国股市个股与市场指数之间的尾部依存系数 $\hat{\chi}^+$ 和 $\hat{\chi}^-$；尾部依存系数由五类不同类型的收益率计算所得；P25、P50 和 P75 分别表示第 25 分位数、第 50 分位数和第 75 分位数

当仅关注系统性跳跃时，跳跃和原始数据之间的对比更加明显。表 10.2 的第 V 列和第 VI 列报告了仅使用个股与市场同时发生跳跃的 5 分钟收益率数据估计的尾部依存系数。结果发现，系统性跳跃尾部依存系数约是基于原始数据和所有跳

跃数据计算的尾部依存系数的两倍。例如，系统性跳跃 $\hat{\chi}^-$ 为 0.604~0.734，然而基于原始数据计算的 $\hat{\chi}^-$ 为 0.126~0.374。系统性跳跃 $\hat{\chi}^\pm$ 的中位数超过 0.6，说明当市场面临一个较大的收益率下跌（增加）时，一个股票同样会面临较大的收益率损失（增加）的概率超过 60%。系统性跳跃的右、左尾部依存性之间的非对称性尽管确实存在，但与原始数据相比不那么显著，比如，系统性跳跃的左尾部依存系数与右尾部依存系数差值的范围为 0.005~0.106。

一般来说，中国股市日内收益率的不同成分在导致尾部依存性等方面的作用是不同的，系统性跳跃明显引致了最大的尾部依存性。关于中国股市的这些结论与 Bollerslev 等（2013）研究美国市场的结论相一致。基于 Bollerslev 等（2013）对美国市场的研究，能够对比中国市场和美国市场尾部依存性的非对称性。特别地，Bollerslev 等（2013）通过日数据研究发现左尾部依存性要大于右尾部依存性，然而通过日内数据发现对于原始数据和跳跃数据均是右尾部依存性要大于左尾部依存性，这一研究结果有悖于以往许多研究已经充分证明的资产同步性在市场衰退期要比市场繁荣期更显著的结论①。本节分析发现中国市场在反方向上存在异常显著的非对称性。结合表 10.1 中国市场显著的高波动性特征，这些结果说明了在日内数据水平上，中国市场比美国市场更具风险性、特质性跳跃更具非对称性、系统性跳跃在引致非对称性方面发挥的作用较小。

三、高频跳跃对低频尾部依存性的影响

表 10.2 第Ⅶ列和第Ⅷ列报告了利用原始日数据计算的尾部依存系数。可能是在一天的数据采样频率下非同步交易问题得以缓解，进而提高了同期数据之间的依存性，这些尾部依存系数要高于基于 5 分钟数据计算的尾部依存系数。同样，由于系统性跳跃比日数据拥有更大的尾部依存系数，因此系统性跳跃比原始日数据具有更强的尾部依存性的结论在此依然成立。系统性跳跃左尾部依存系数的中值（0.676）显著高于日数据左尾部依存系数的中值（0.461）。另一个结论是不仅基于高频数据计算的尾部依存性存在非对称性，基于日数据计算的尾部依存性也存在非对称性。

下一步通过加总日内数据的非跳跃成分进而去除日数据的跳跃成分，获得去跳的日数据：

$$r_t^{\text{adj}} = \sum_{i=(t-1)M+1}^{tM} r_i^M \left\{ \left| r_i^M \right| \leqslant J_i^M \right\}, \quad t = 1, 2, \cdots, T \tag{10.15}$$

---

① 如 Longin 和 Solnik（2001）、Ang 和 Chen（2002）发现股票收益率下行时的相关性要高于上行时的相关性。Jondeau（2016）发现一些股票投资组合的尾部相依性在下行时要高于上行时。

先对每只个股和总市场的高频收益率序列进行跳跃检验,进而对所有序列运用上述去跳过程,得到通过跳跃调整的收益率 r_t^{adj}。然后,估计去跳日收益率的尾部依存系数,进而将它们与未去跳的日数据的尾部依存系数进行比较,表 10.2 中的第Ⅸ列和第Ⅹ列给出了估计结果。首先,这些去跳调整日数据的尾部依存性要比原始数据的小。$\hat{\chi}^-$ 的中值从 0.461 减小到 0.379,可以解释为约 17%的日数据尾部依存性是由日内跳跃引致的。其次,需要注意的是非对称性,尽管原始日数据和去跳调整日数据都具有非对称性,然而,去跳调整日数据的非对称性减小,进而可以得出结论:跳跃不但引起了较强的尾部依存性,而且导致了较强的非对称性。Poon 等(2004)、Bae 等(2003)支持通常资产间的时变波动可以大体上但不能完全解释尾部依存性这一观点。

第四节 跳跃尾部依存性的应用[①]

尽管已经在实证分析中证明了跳跃在引致尾部依存性方面具有重要作用,但还不能说明其在应用中的重要性。为了理解跳跃尾部依存性对投资者的影响,进一步研究将收益率分解为波动成分和跳跃成分是否有助于提升投资和风险管理水平。从以下两个方面着手,第一个是有关通常的风险测度如 VaR 和 ES 的估计。本节将研究忽略或低估跳跃尾部依存性对风险测度的影响。第二个是分析跳跃尾部依存性在市场中性基金评价文献中的"尾部中性"的应用(Patton,2009)。尽管一个投资组合和总体市场之间的日数据尾部依存性可以通过多空策略进行对冲,但本节将讨论当共同跳跃存在时,市场不利冲击的对冲效果以及基金尾部中性的表现。

一、投资组合风险评估

Poon 等(2004)证明了尾部效应对 VaR 和 ES 测度的投资组合风险估计具有显著的影响。基于他们的研究结论,这里将设计一个模拟实验以检验跳跃尾部对 VaR 和 ES 估计的影响。

数据生成过程采用 Bollerslev 等(2013)提出的双变量模型,为了模拟中国股票市场特性对参数进行了修正。假定市场价格 $p_t^{(0)}$ 和个股价格 $p_t^{(1)}$ 服从如下仿射跳跃扩散模型[②]:

[①] 本节结论主要来自 Li 等(2016)的研究。
[②] 假定 $p^{(0)}$ 表示市场,$p^{(1)}$ 表示个股,它们不仅限于表示价格,其他具有共跳的双变量过程,例如,Dungey 和 Hvozdyk(2012)研究的美国国债现货价格与期货价格,以及某公司股票与债券的日内价格,在投资组合管理中通过引入共跳来准确评估组合风险,这值得进一步研究。

$$p_t^{(0)} - p_0^{(0)} = \int_0^t \sqrt{V_s}\,dW_s^{(0)} + \sum_{s \leq N_t} Z_s^{(0)}$$

$$p_t^{(1)} - p_0^{(1)} = \int_0^t \sqrt{V_s}\,dW_s^{(1)} + \sum_{s \leq N_t} Z_s^{(1)} \qquad (10.16)$$

$$V_t - V_0 = 0.0128\int_0^t (2.209 - V_s)\,ds + \int_0^t 0.0954\sqrt{V_s}\,dB_s$$

其中，$W_s^{(0)}$ 和 $W_s^{(1)}$ 为上述价格过程的布朗过程，均独立于波动过程的布朗运动 B_s，且 $\mathrm{Corr}\left(W_1^{(0)}, W_1^{(1)}\right) = 0.4$。在给定 $\{V_t\}_{t \geq 0}$ 条件下，跳跃的计数过程 N_t 服从泊松过程 $\mathrm{Pois}\left(\frac{1}{2}\int_0^t V_s ds\right)$[①]。波动过程参数是按照 Eraker 等（2003）的方法进行设定的，它们反映了年平均波动近似等于 22.3%，接近于中国总体股票市场的样本波动。时变跳跃强度与波动存在条件正相关关系，且隐含了平均每天存在一个跳跃。跳跃大小的分布 $\left(Z_s^{(0)}, Z_s^{(1)}\right)_{s=1,2,\cdots}$ 假定是独立同分布的，累积分布函数可以通过 Copula 函数 $G(z_0, z_1) = C_\theta\left(F(z_0), F(z_1)\right)$ 进行设定，式中 $F(\cdot)$ 表示标准差为 0.91、均值为 0、在 0.2 以下截断的正态变量的累积概率分布函数；$C_\theta(u_0, u_1)$ 表示 Grumbel-Hougard Copula 函数，即[②]

$$C_\theta(u_0, u_1) = \exp\left(-\left[(-\log u_0)^{1/\theta} + (-\log u_1)^{1/\theta}\right]^\theta\right),\ u_0, u_1 \in [0,1] \quad (10.17)$$

参数 θ 直接控制系统性跳跃之间的极端依存性的程度，当 $\theta = 1$ 时，表示变量之间是独立关系；当 $\theta \to 0$ 时，表示是完全依存关系。另外，给定尾部依存系数 χ，相应的参数 θ 满足等式 $\theta = \log(2)/\log(2-\chi)$。

选取三个跳跃尾部依存系数值 $\chi \in \{0, 0.27, 0.58\}$ 分别代表尾部依存性的低水平、中间水平和高水平。注意 $\chi = 0$ 是许多实证研究中广泛选取的跳跃大小呈现多元正态分布的隐含尾部依存系数值，但实际上它低估了表 10.2 第Ⅴ列和第Ⅵ列报告的实际跳跃尾部依存系数。

$r^{M,(0)}$ 和 $r^{M,(1)}$ 分别表示总体市场和个股的收益率，其中，M 表示每天收益率观察值的数量。为了阐述方便，先将收益序列 $\left\{r^{M,(0)}, r^{M,(1)}\right\}$ 乘以 −1，将左尾问题转变为右尾问题，然后构建投资组合 $r^M(w) = wr^{M,(0)} + (1-w)r^{M,(1)}$，使用 VaR 和

[①] 为了引入杠杆效应，价格布朗运动 $\left(W_s^{(0)}, W_s^{(1)}\right)$ 和波动布朗运动 B_s 也可以是负相关的，这并不改变结论。本节采用的是无模型非参数框架，因此结果不依赖于对于隐含波动过程的具体假定，当然为了简化分析过程，假定它们是独立的。

[②] 这些参数与分析的实际数据相匹配，也和 Bollerslev 等（2013）、Jacod 和 Todorov（2009）所使用的参数接近。

ES 测度该投资组合在持有期 $1/M$ 尾部概率为 α 的尾部风险，即

$$\text{VaR}_\alpha^M(w) = \inf\left\{x \middle| \Pr\left(r^M(w) \leq x\right) \geq \alpha\right\}$$
$$\text{ES}_\alpha^M(w) = E\left\{r^M(w) \middle| r^M(w) > \text{VaR}_\alpha^M(w)\right\}$$

（10.18）

模拟过程按如下步骤进行。首先基于跳跃扩散过程，在欧拉时间上利用1分钟交易的增量的欧拉模式生成对数价格数据 $\{p_t^{(0)}, p_t^{(1)}\}$；其次对对数价格进行差分操作，计算对数收益率 $\{r_t^{(0)}, r_t^{(1)}\}$；最后基于一个给定的权重水平 w，计算投资组合的收益率 $r^M(w) = wr^{M,(0)} + (1-w)r^{M,(1)}$。通过这些已实现值 $r^M(w)$ 能够估计 $\text{VaR}_\alpha^M(w)$ 和 $\text{ES}_\alpha^M(w)$。设定日内观察量 $M \in \{48, 4, 1\}$，分别对应5分钟、1个小时和1天的持有期。设定尾部概率 $\alpha = \{0.001, 0.01\}$，权重 $w = \{0, 0.05, 0.1, \cdots, 1\}$。样本期 T 为 252×1000 天或者1000年。重复上述过程10次，报告10次模拟的平均 VaR 和 ES。

图10.1 模拟出不同情形下的投资组合 VaR。不同情形分别对应三种不同的跳跃尾部依存系数 $\chi^- = 0$（实线）、$\chi^- = 0.27$（点线）和 $\chi^- = 0.58$（短划线）；两种尾部概率 $\alpha = 0.001$ [图 10.1（a）、图 10.1（c）和图 10.1（e）]和 $\alpha = 0.01$ [图 10.1（b）、图 10.1（d）和图 10.1（f）]；三个不同的持有期：5分钟 [图 10.1（a）和图 10.1（b）]、1个小时 [图 10.1（c）和图 10.1（d）]和1天 [图 10.1（e）和图 10.1（f）][1]。比较这三个不同跳跃尾部依存参数取值的 VaR 可以发现跳跃尾部依存性影响着投资组合的尾部风险。在每一行的图形中当跳跃尾部依存系数较高时，VaR 则较高。如第一行显示了当 $\chi^- = 0.58$，等权重投资组合 $\text{VaR}_{0.001}^{48}(0.5)$ 近似等于1.21%，当 $\chi^- = 0$ 时，近似等于0.95%。对于5分钟的持有期，0.26%的 VaR 差异很重要，说明忽略跳跃尾部依存性会低估日内投资组合尾部风险。

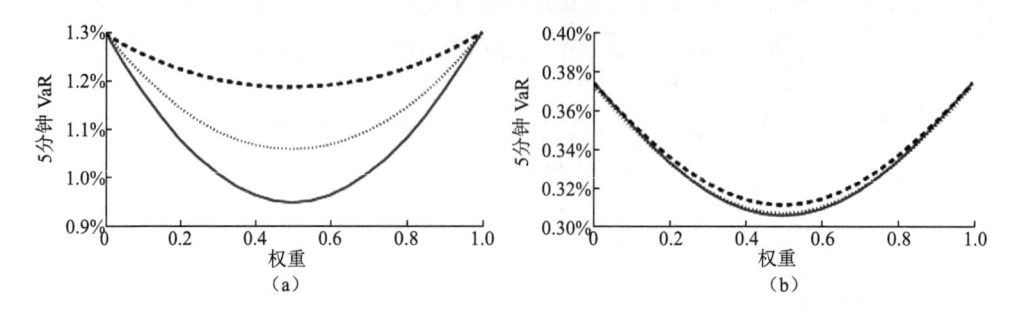

（a）

（b）

---

[1] 读者可能会注意到，这些曲线均是关于 $w = 0.5$ 左右对称的，这是为了重点分析跳跃的影响，将价格 $p^{(0)}$ 和 $p^{(1)}$ 设定为相同的波动率。$p^{(0)}$ 和 $p^{(1)}$ 波动率的不同取值不会影响跳跃尾部对于风险测度的影响，但是会使每个图中的三条曲线的差别变得模糊。

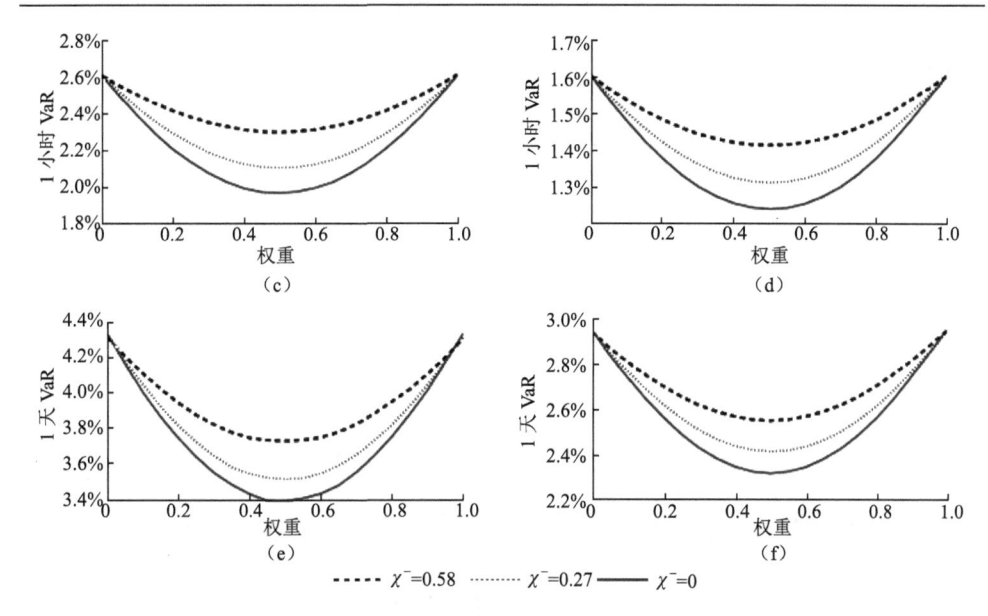

图 10.1　随市场指数权重变化的不同情形下的投资组合 VaR

另一个重要的发现是尾部依存性强度和持有期及尾部概率对于 VaR 变化的影响。比较不同持有期的数值差异可以发现，越长的持有期跳跃尾部依存性的影响下降。在日数据水平，当 $\chi^-=0$ 时，等权重投资组合的每日 VaR 会有 3.4%的差异，当 $\chi^-=0.58$ 时，则会有 3.8%的差异，这是因为加总高频收益率削弱了日内高频跳跃尾部依存性的影响。因此利用高频数据研究日内风险能够观察到实时的尾部风险。最后，通过比较不同尾部概率曲线的差异可以发现，当尾部概率较高时，投资组合跳跃尾部对投资组合尾部风险的影响相对较弱，或者说越是在极端情形下，跳跃的影响越强。

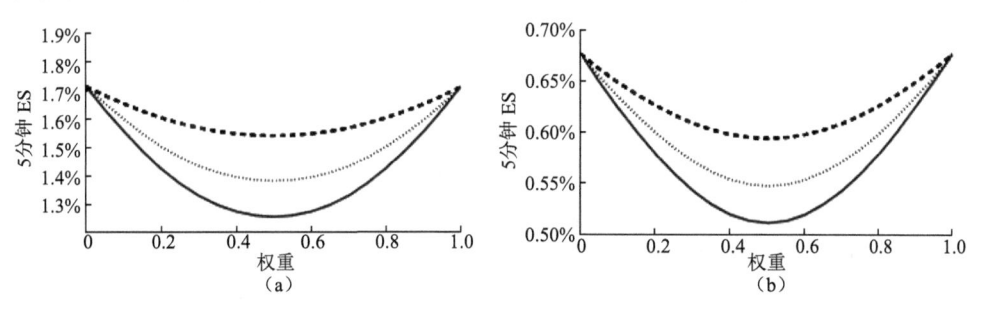

图 10.2 为随市场指数权重变化的不同情形下的投资组合 ES。对比图 10.2 和图 10.1，投资组合的 ES 变化规律和投资组合的 VaR 保持一致：不频繁的跳跃之间的尾部依存性会影响投资组合的风险测量，在较高频率和极端情形下，只有考虑资产间的跳跃尾部依存性，才能更好地刻画投资组合的尾部风险。

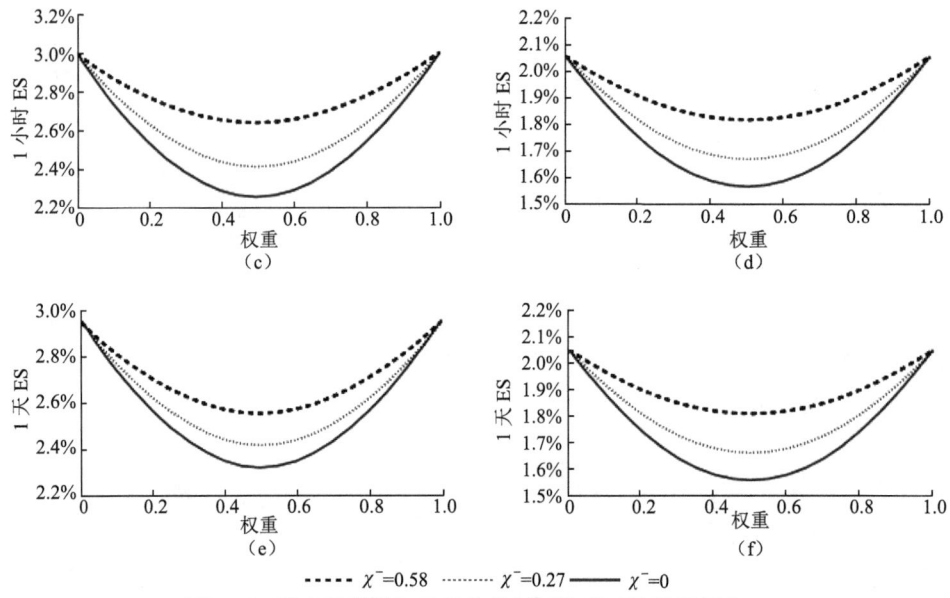

图 10.2 随市场指数权重变化的不同情形下的投资组合 ES

二、对冲基金尾部中性检验

尾部中性指资产收益率对总体市场的极端下跌不敏感。Patton（2009）对尾部中性做出了具体定义，并认为尾部中性是对冲基金的五个市场中性概念之一。利用月度对冲基金收益率，他发现若考虑尾部中性这一特例，许多的市场中性基金实际上并不是市场中性的。对尾部中性问题的统计描述可以表示为下列假设检验。

$$H_0: \chi^- = 0, \ H_a: \chi^- > 0 \qquad (10.19)$$

当原假设为真时，总体市场的极端低收益率对资产的极端负收益没有影响。相较于正的左尾部依存性的资产，一个风险厌恶投资者更喜欢尾部中性的资产。月度数据之类的低频数据能够充分估计长期投资者考虑的市场长期中性，然而只有日数据或者日内数据之类的高频数据才有助于揭示尾部风险的更多信息。本节该部分主要研究日内跳跃如何影响尾部风险及尾部中性的核心问题。

本节构建一个简单的实验，考虑一个由两只股票（代码分别为 600350 和 600717）组成的投资组合的尾部风险中性问题。假定 r^a 和 r^b 分别表示上述两只股票的收益率，令 $r(w) = wr^a + (1-w)r^b$ 表示由这两只股票构造的投资组合的收益率。尽管两只股票都和总体市场间具有很强的尾部依存性，但投资组合中的一只股票的极端下跌可以被另一只股票空头头寸的正收益抵消，因而使投资组合的收益对市场收益率的极端变化变得不再敏感。因此，当对权重取合适的负值时，投资组合就有可能达到尾部风险中性的目的。

第十章 系统性、特质性跳跃与尾部依存关系

本节采用自助法（Bootstrap）检验上述假设，为了解决序列依存问题（波动聚集或序列自相关）和股票内在的异方差问题，采用非重叠固定长度的分块Bootstrap方法。由于RV的自相关性一般会在22个交易日滞后衰减至0，因此本节选择一个长度为22个交易日的分块。虽然分块长度的选取较为粗糙，但是使用其他分块长度也证明了本节的结论。为了模拟尾部中性的原假设分布，对两组由投资组合和总体市场构成的分块分别抽样。单边100α的显著性水平下的Bootstrap临界值由Bootstrap样本中实证的$100(1-\alpha)$分位数进行估计。

图10.3绘制了随权重变化的左尾依存系数χ^-（实线）与5%的显著性水平的单边Bootstrap方法的临界值（虚线）。其中，图10.3（a）是由原始日数据计算的左尾依存系数，图10.3（b）是由5分钟日内系统性跳跃数据计算的系统性跳跃左尾部依存系数。

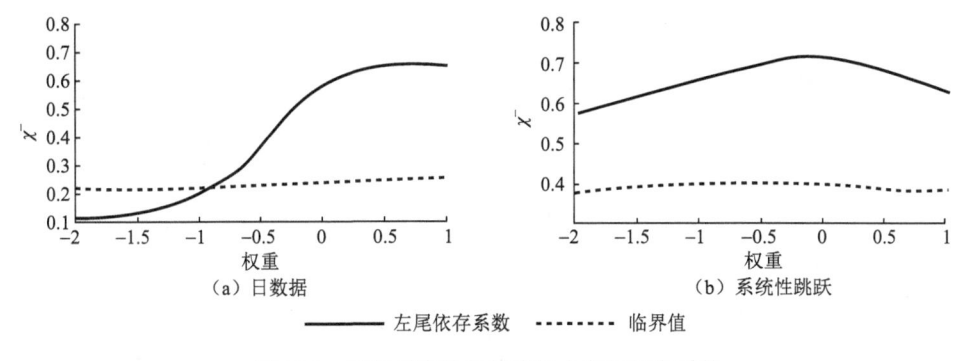

图10.3 随权重变化的投资组合左尾依存系数

首先，利用日数据检验尾部中性。图10.2（a）画出了可观测的日数据χ^-和在95%置信水平下的Bootstrap临界值随权重w的变化情况。值得注意的是，随着权重w从负值接近于0，χ^-呈现上升趋势。这主要是由于随着股票600350卖空比重下降，其对尾部依存的对冲效应也是递减的。在w正值区域相对平坦的曲线意味着多头投资组合的尾部依存系数，约为0.6。因此，减少尾部依存性只能通过在这两只股票的投资组合中建立多头和空头头寸。尾部风险中性的主要问题可以通过比较可观测的χ^-与原假设分布下Bootstrap方法得到的临界值而得到答案。当$w \leqslant -0.90$时，在临界值下可观测的χ^-的下降似乎说明了在0.05的显著性水平下，不能拒绝投资组合是风险中性的原假设；当股票权重在$-2.00 \leqslant w \leqslant -0.90$范围内，投资组合的变化受市场极端震荡的影响，是不显著的。

其次，当研究某只股票在系统性跳跃时间范围内时，这种尾部风险结果和风险中性结论是会发生改变的。图10.3（b）基于系统性跳跃时间内的高频数据描绘了由两只股票构造的投资组合和总体市场间的χ^-。通过观察可以得到几点结论：

第一，无论股票 600717 的权重如何变化，可观测的 χ^- 为 0.58 以上，说明尾部风险系数处于较高水平，这不像原始日数据，单一个股和总体市场间的系统性跳跃似乎不太可能通过简单的多空策略进行对冲；第二，可观测的 χ^- 在 $w=0$ 时达到最大值，并随着 w 偏离 0 点逐渐递减，可见对股票 600717 进行多空操作在某种程度上均会消减股票 600350 的跳跃对投资组合尾部风险的影响；第三，通过比较可观测的 χ^- 和尾部风险中性原假设条件下的临界值，可明确拒绝在系统性跳跃时间内投资组合为尾部风险中性的原假设，这与日数据的结论相反。这些系统性跳跃尾部与原始数据尾部显著的不同结果进一步印证了跳跃不易被标的资产的投资组合对冲的结论[①]。

第五节 稳健性分析

一、不同市值股票的尾部依存性

为了分析股票尾部依存性与股市市值的关系，将沪深 300 成份股按照市值排序，并取最高市值的 50 只股票和最低市值的 50 只股票，为保证有充足的系统性跳跃个数，要求所选择股票在样本期至少有 2000 个交易日。表 10.3 和表 10.4 分别报告了最高市值和最低市值的 50 只股票在五种收益率情况下的左尾依存系数和右尾依存系数。

表 10.3 高市值股票的尾部依存系数

代码	I	II	III	IV	V	VI	VII	VIII	IX	X
	高频收益率		所有跳跃		系统性跳跃		日收益率		去跳日收益率	
	$\hat{\chi}^+$	$\hat{\chi}^-$	$\hat{\chi}^+$	$\hat{\chi}^-$	$\hat{\chi}^+$	$\hat{\chi}^-$	$\hat{\chi}^+$	$\hat{\chi}^-$	$\hat{\chi}^+$	$\hat{\chi}^-$
000001	0.239	0.273	0.301	0.309	0.596	0.615	0.426	0.487	0.366	0.424
000333	0.221	0.297	0.195	0.320	0.624	0.648	0.308	0.481	0.269	0.403
000568	0.183	0.208	0.197	0.224	0.574	0.637	0.290	0.419	0.224	0.367
000625	0.134	0.265	0.146	0.322	0.577	0.685	0.258	0.507	0.290	0.407
000651	0.181	0.243	0.199	0.287	0.629	0.655	0.342	0.489	0.324	0.392
000725	0.137	0.285	0.149	0.344	0.664	0.712	0.293	0.475	0.289	0.356
000858	0.241	0.304	0.246	0.314	0.591	0.646	0.330	0.493	0.270	0.438
002304	0.183	0.212	0.153	0.190	0.551	0.633	0.264	0.319	0.242	0.288
002352	0.150	0.208	0.157	0.237	0.608	0.682	0.256	0.404	0.229	0.326
002415	0.159	0.222	0.164	0.250	0.626	0.654	0.224	0.337	0.210	0.276

[①] 由于跳跃风险对衍生品价格的影响是局部非线性的，因而很难通过预先设定的投资组合对冲掉跳跃风险。

续表

代码	I 高频收益率 $\hat{\chi}^+$	II 高频收益率 $\hat{\chi}^-$	III 所有跳跃 $\hat{\chi}^+$	IV 所有跳跃 $\hat{\chi}^-$	V 系统性跳跃 $\hat{\chi}^+$	VI 系统性跳跃 $\hat{\chi}^-$	VII 日收益率 $\hat{\chi}^+$	VIII 日收益率 $\hat{\chi}^-$	IX 去跳日收益率 $\hat{\chi}^+$	X 去跳日收益率 $\hat{\chi}^-$
002475	0.136	0.191	0.128	0.198	0.610	0.657	0.259	0.323	0.216	0.303
002594	0.188	0.271	0.229	0.307	0.622	0.709	0.232	0.389	0.237	0.342
002714	0.184	0.174	0.182	0.274	0.690	0.727	0.252	0.331	0.208	0.300
300059	0.221	0.232	0.195	0.286	0.584	0.682	0.340	0.377	0.311	0.315
300124	0.208	0.245	0.197	0.247	0.696	0.688	0.268	0.376	0.268	0.274
600000	0.265	0.299	0.353	0.372	0.646	0.704	0.445	0.480	0.353	0.437
600016	0.273	0.297	0.324	0.378	0.598	0.658	0.437	0.531	0.375	0.468
600028	0.212	0.263	0.249	0.330	0.629	0.704	0.378	0.541	0.348	0.452
600030	0.288	0.364	0.326	0.432	0.627	0.697	0.444	0.605	0.375	0.530
600036	0.282	0.272	0.334	0.345	0.574	0.662	0.445	0.487	0.353	0.438
600050	0.200	0.372	0.203	0.412	0.651	0.718	0.275	0.495	0.319	0.438
600104	0.225	0.283	0.274	0.339	0.662	0.667	0.373	0.549	0.295	0.465
600276	0.123	0.126	0.139	0.148	0.562	0.604	0.221	0.286	0.210	0.241
600309	0.204	0.274	0.216	0.315	0.596	0.686	0.342	0.499	0.306	0.403
600406	0.168	0.195	0.189	0.223	0.637	0.677	0.270	0.363	0.242	0.328
600436	0.128	0.213	0.134	0.251	0.648	0.673	0.235	0.368	0.220	0.314
600519	0.145	0.159	0.183	0.211	0.600	0.651	0.256	0.319	0.233	0.302
600809	0.176	0.228	0.177	0.257	0.601	0.653	0.264	0.396	0.233	0.351
600887	0.198	0.294	0.219	0.312	0.661	0.668	0.290	0.457	0.258	0.359
600900	0.187	0.289	0.184	0.352	0.600	0.690	0.304	0.429	0.303	0.409
601012	0.193	0.245	0.149	0.274	0.593	0.733	0.217	0.345	0.187	0.295
601088	0.246	0.309	0.249	0.325	0.613	0.650	0.383	0.501	0.317	0.412
601166	0.244	0.290	0.319	0.307	0.595	0.642	0.439	0.495	0.359	0.428
601225	0.216	0.372	0.204	0.327	0.702	0.728	0.264	0.432	0.284	0.359
601288	0.243	0.220	0.297	0.271	0.657	1.000	0.397	0.340	0.311	0.300
601318	0.255	0.299	0.338	0.326	0.606	0.654	0.433	0.502	0.401	0.451
601328	0.313	0.309	0.367	0.386	0.664	0.706	0.436	0.544	0.366	0.453
601398	0.233	0.211	0.300	0.314	0.641	0.687	0.356	0.479	0.319	0.420
601601	0.271	0.250	0.315	0.274	0.557	0.640	0.426	0.507	0.339	0.410
601628	0.198	0.245	0.251	0.300	0.601	0.651	0.386	0.506	0.354	0.447
601633	0.068	0.185	0.114	0.234	0.592	0.654	0.228	0.380	0.201	0.325
601668	0.243	0.411	0.225	0.477	0.609	0.735	0.330	0.436	0.282	0.371
601818	0.245	0.348	0.281	0.410	0.621	0.708	0.399	0.438	0.332	0.372
601857	0.162	0.223	0.208	0.297	0.584	0.632	0.342	0.472	0.332	0.422

续表

代码	I 高频收益率 $\hat{\chi}^+$	II 高频收益率 $\hat{\chi}^-$	III 所有跳跃 $\hat{\chi}^+$	IV 所有跳跃 $\hat{\chi}^-$	V 系统性跳跃 $\hat{\chi}^+$	VI 系统性跳跃 $\hat{\chi}^-$	VII 日收益率 $\hat{\chi}^+$	VIII 日收益率 $\hat{\chi}^-$	IX 去跳日收益率 $\hat{\chi}^+$	X 去跳日收益率 $\hat{\chi}^-$
601888	0.201	0.201	0.193	0.214	0.568	0.658	0.304	0.377	0.245	0.334
601899	0.137	0.285	0.173	0.332	0.631	0.726	0.312	0.504	0.277	0.411
601985	0.104	0.260	0.120	0.330	0.516	0.690	0.263	0.355	0.241	0.317
601988	0.221	0.247	0.273	0.314	0.678	0.717	0.381	0.512	0.335	0.429
601998	0.188	0.295	0.244	0.352	0.544	0.726	0.370	0.552	0.351	0.452
603288	0.180	0.248	0.234	0.220	0.627	0.656	0.281	0.433	0.243	0.349
最小值	0.068	0.126	0.114	0.148	0.516	0.604	0.217	0.286	0.187	0.241
最大值	0.313	0.411	0.367	0.477	0.702	1.000	0.445	0.605	0.401	0.530
P25	0.168	0.220	0.177	0.251	0.592	0.653	0.264	0.377	0.241	0.325
P50	0.199	0.262	0.206	0.311	0.609	0.675	0.310	0.465	0.290	0.382
P75	0.241	0.295	0.274	0.332	0.641	0.706	0.383	0.501	0.335	0.429

注：该表报告了2007年1月1日至2023年12月31日期间中国股市高市值个股与市场指数之间的尾部依存系数$\hat{\chi}^+$和$\hat{\chi}^-$；尾部依存系数由五类不同类型的收益率（股票原始高频收益率、股票跳跃、股票系统性跳跃、日收益率和去除跳跃后的日收益率）计算所得；P25、P50和P75分别表示第25分位数、第50分位数和第75分位数

表10.4 低市值股票的尾部依存系数

代码	I 高频收益率 $\hat{\chi}^+$	II 高频收益率 $\hat{\chi}^-$	III 所有跳跃 $\hat{\chi}^+$	IV 所有跳跃 $\hat{\chi}^-$	V 系统性跳跃 $\hat{\chi}^+$	VI 系统性跳跃 $\hat{\chi}^-$	VII 日收益率 $\hat{\chi}^+$	VIII 日收益率 $\hat{\chi}^-$	IX 去跳日收益率 $\hat{\chi}^+$	X 去跳日收益率 $\hat{\chi}^-$
000069	0.197	0.294	0.228	0.304	0.617	0.680	0.328	0.530	0.347	0.425
000157	0.225	0.346	0.228	0.362	0.634	0.677	0.370	0.509	0.337	0.465
000408	0.087	0.144	0.107	0.202	0.634	0.673	0.217	0.299	0.196	0.255
000425	0.143	0.281	0.146	0.330	0.624	0.696	0.308	0.471	0.284	0.370
000733	0.162	0.255	0.161	0.275	0.630	0.665	0.260	0.451	0.229	0.360
000786	0.165	0.305	0.202	0.338	0.630	0.684	0.335	0.498	0.290	0.409
000800	0.192	0.374	0.202	0.383	0.664	0.724	0.311	0.465	0.293	0.382
000876	0.183	0.301	0.175	0.340	0.671	0.689	0.324	0.498	0.274	0.410
000877	0.166	0.232	0.182	0.287	0.627	0.645	0.265	0.426	0.275	0.331
000983	0.229	0.267	0.222	0.304	0.624	0.662	0.332	0.422	0.306	0.334
002007	0.098	0.140	0.139	0.162	0.607	0.676	0.227	0.333	0.197	0.257
002074	0.118	0.161	0.145	0.199	0.626	0.689	0.231	0.421	0.225	0.333
002180	0.099	0.153	0.110	0.176	0.640	0.737	0.245	0.379	0.256	0.284
002202	0.217	0.324	0.204	0.340	0.594	0.718	0.332	0.443	0.270	0.363

续表

代码	I 高频收益率 $\hat{\chi}^+$	II 高频收益率 $\hat{\chi}^-$	III 所有跳跃 $\hat{\chi}^+$	IV 所有跳跃 $\hat{\chi}^-$	V 系统性跳跃 $\hat{\chi}^+$	VI 系统性跳跃 $\hat{\chi}^-$	VII 日收益率 $\hat{\chi}^+$	VIII 日收益率 $\hat{\chi}^-$	IX 去跳日收益率 $\hat{\chi}^+$	X 去跳日收益率 $\hat{\chi}^-$
002236	0.118	0.189	0.138	0.221	0.630	0.667	0.194	0.337	0.211	0.316
002271	0.116	0.193	0.145	0.213	0.618	0.680	0.225	0.436	0.197	0.334
002410	0.125	0.188	0.114	0.216	0.693	0.686	0.240	0.378	0.232	0.309
002555	0.168	0.229	0.174	0.268	0.690	0.733	0.198	0.312	0.178	0.248
002601	0.156	0.224	0.141	0.257	0.596	0.719	0.237	0.339	0.240	0.306
002603	0.131	0.199	0.131	0.203	0.613	0.688	0.183	0.341	0.215	0.292
002709	0.128	0.174	0.140	0.214	0.639	0.658	0.176	0.318	0.195	0.242
300033	0.150	0.199	0.140	0.231	0.588	0.704	0.274	0.307	0.245	0.252
300142	0.072	0.131	0.095	0.155	0.599	0.765	0.219	0.267	0.233	0.282
300223	0.138	0.146	0.136	0.182	0.593	0.692	0.192	0.305	0.231	0.279
300347	0.153	0.211	0.171	0.247	0.712	0.734	0.254	0.323	0.231	0.283
600010	0.149	0.313	0.173	0.328	0.590	0.702	0.240	0.506	0.285	0.442
600061	0.172	0.247	0.179	0.292	0.620	0.717	0.281	0.476	0.290	0.401
600132	0.119	0.234	0.121	0.242	0.620	0.692	0.193	0.408	0.226	0.371
600176	0.173	0.262	0.186	0.311	0.644	0.681	0.301	0.432	0.302	0.352
600183	0.227	0.320	0.215	0.339	0.641	0.701	0.279	0.529	0.258	0.453
600219	0.216	0.312	0.194	0.373	0.640	0.706	0.380	0.529	0.379	0.463
600233	0.140	0.249	0.153	0.281	0.650	0.675	0.233	0.458	0.263	0.414
600332	0.178	0.277	0.181	0.301	0.700	0.706	0.244	0.474	0.249	0.409
600362	0.217	0.359	0.203	0.403	0.639	0.734	0.347	0.540	0.344	0.458
600460	0.122	0.251	0.117	0.290	0.650	0.650	0.204	0.464	0.255	0.401
600489	0.154	0.279	0.175	0.333	0.636	0.694	0.278	0.446	0.260	0.387
600515	0.057	0.126	0.092	0.176	0.614	0.681	0.201	0.312	0.242	0.229
600606	0.189	0.267	0.215	0.301	0.648	0.674	0.317	0.531	0.322	0.412
600732	0.086	0.152	0.122	0.190	0.621	0.694	0.223	0.434	0.240	0.351
600754	0.127	0.239	0.145	0.273	0.619	0.651	0.256	0.435	0.232	0.316
600803	0.119	0.208	0.140	0.255	0.686	0.676	0.272	0.443	0.256	0.382
600875	0.179	0.300	0.180	0.318	0.655	0.713	0.316	0.416	0.279	0.355
601117	0.147	0.351	0.147	0.335	0.583	0.676	0.325	0.401	0.268	0.316
601607	0.203	0.253	0.176	0.274	0.614	0.678	0.288	0.409	0.266	0.342
601799	0.116	0.210	0.144	0.250	0.567	0.669	0.246	0.375	0.230	0.317
601808	0.179	0.275	0.188	0.309	0.555	0.641	0.308	0.431	0.288	0.338
601872	0.154	0.289	0.154	0.323	0.529	0.689	0.266	0.458	0.272	0.405
601877	0.059	0.175	0.079	0.211	0.601	0.664	0.213	0.341	0.187	0.279

续表

代码	I	II	III	IV	V	VI	VII	VIII	IX	X
	高频收益率		所有跳跃		系统性跳跃		日收益率		去跳日收益率	
	$\hat{\chi}^+$	$\hat{\chi}^-$	$\hat{\chi}^+$	$\hat{\chi}^-$	$\hat{\chi}^+$	$\hat{\chi}^-$	$\hat{\chi}^+$	$\hat{\chi}^-$	$\hat{\chi}^+$	$\hat{\chi}^-$
603806	0.127	0.196	0.143	0.212	0.667	0.657	0.203	0.305	0.213	0.252
603899	0.210	0.267	0.216	0.293	0.719	0.737	0.283	0.392	0.225	0.337
最小值	0.057	0.126	0.079	0.155	0.529	0.641	0.176	0.267	0.178	0.229
最大值	0.229	0.374	0.228	0.403	0.719	0.765	0.380	0.540	0.379	0.465
P25	0.119	0.193	0.139	0.214	0.613	0.674	0.223	0.341	0.229	0.292
P50	0.151	0.248	0.153	0.278	0.629	0.687	0.258	0.429	0.255	0.340
P75	0.179	0.289	0.186	0.323	0.648	0.706	0.308	0.465	0.284	0.401

注：该表报告了 2007 年 1 月 1 日至 2023 年 12 月 31 日期间中国股市个股与市场指数之间的尾部依存系数 $\hat{\chi}^+$ 和 $\hat{\chi}^-$；尾部依存系数由五类不同类型的收益率（股票原始高频收益率、股票跳跃、股票系统性跳跃、日收益率和去除跳跃后的日收益率）计算所得；P25、P50 和 P75 分别表示第 25 分位数、第 50 分位数和第 75 分位数

对于高市值的尾部依存关系，对比股票原始高频收益率、股票高频跳跃和股票系统性跳跃的左尾依存系数和右尾依存系数，左尾依存系数的中位数均高于右尾依存系数，其中，股票高频跳跃二者的差别最大，左尾依存系数约是右尾依存系数的 1.5 倍，当去掉特质性跳跃后，系统性跳跃仍然存在显著的非对称性。日收益率的左尾依存系数和右尾依存系数的非对称性高于去跳日收益率的非对称性，这是由于去除的跳跃成分包含了一定的非对称性。在表 10.4 的低市值股票的尾部依存关系中，五种收益率的非对称性特征和表 10.3 类似，因此，它们均和表 10.2 的左尾依存和右尾依存特征保持一致。对比表 10.2、表 10.3 和表 10.4 可以发现，不论是左尾依存系数，还是右尾依存系数，高市值股票的尾部依存系数均高于低市值的尾部依存系数，比如，高市值原始高频收益率的左尾（右尾）依存系数为 0.262（0.199），表 10.2 原始高频收益率的左尾（右尾）依存系数为 0.259（0.185），低市值的左尾（右尾）依存系数为 0.248（0.151）。全部高频跳跃、日收益率、去跳日收益率和原始收益率的尾部系数特征相同，不过系统性跳跃的表现相反，即低市值的尾部依存系数高于高市值的尾部依存系数，例如，高市值右尾系数为 0.609，低市值的依存系数为 0.629。这说明在一般情况下，市值越大，股票价格的变动或者跳跃越容易和市场同步变动，沪深 300 指数成份股中小市值股票和市场的同步性较弱一些。但是，当股票和市场同时出现跳跃时，往往对应于较强的利好或者利空信息冲击市场，这时小市值的股票价格的变动强于大市值的股票，因而小市值股票的依存系数高于大市值股票。

二、不同的参数设定和跳跃检验方法

这里考虑两个备选的跳跃检验方法。一是继续使用 Bollerslev 等（2013）的方法，但是将一些参数重新设定为 $\tau=2.0$ 和 $\varpi=0.45$。选择 $\tau=2.0$ 是由于跳跃一般要超过波动大小的两倍，选择 $\varpi=0.45$ 是依据 Aït-Sahalia 和 Jacod（2009）的理论结果，ϖ 需要近似于 0.5 以确保渐近性。二是 ABD 检验，这是一种识别高频跳跃的常用方法，本节根据 ABD 检验即式（2.6）在显著性水平为 $\alpha=0.05$ 的情形确定跳跃。

本节重复本章第二节关于跳跃尾部非对称性的尾部依存系数 χ 的估计式（10.14），得出左尾依存系数和右尾依存系数的估计值。表 10.5 的面板 A 概括了本章第三节 50 只股票尾部依存系数的估计结果。将跳跃识别方法的参数从 $\tau=2.5$、$\varpi=0.49$ 修改为 $\tau=2.0$、$\varpi=0.45$ 后，尾部依存系数的关系和非对称性仍然保持不变，即左尾依存系数大于右尾依存系数，股票下跌时和市场的关系高于上涨时。将跳跃识别方法由 Bollerslev 等（2013）的方法改为 ABD 检验以后，左尾依存系数仍然大于右尾依存系数，但对于跳跃这种差别略有增大，比如，所有跳跃的左尾依存系数中值与右尾依存系数中值之比由 1.455（0.294/0.202）提高到 1.610（0.314/0.195），系统性跳跃左尾依存系数与右尾依存系数之比由 1.087 提高到 1.095。总体来看，当采用不同的参数设定和不同的跳跃识别方法，研究结论保持不变。

表 10.5 尾部依存系数

统计量	I	II	III	IV	V	VI	VII	VIII	IX	X
	高频收益率		所有跳跃		系统性跳跃		日收益率		去跳日收益率	
	$\hat{\chi}^+$	$\hat{\chi}^-$	$\hat{\chi}^+$	$\hat{\chi}^-$	$\hat{\chi}^+$	$\hat{\chi}^-$	$\hat{\chi}^+$	$\hat{\chi}^-$	$\hat{\chi}^+$	$\hat{\chi}^-$
面板 A：Bollerslev 等（2013）方法，参数 $\tau=2.0$、$\varpi=0.45$										
P25	0.152	0.214	0.17	0.247	0.585	0.635	0.26	0.408	0.239	0.334
P50	0.185	0.259	0.202	0.294	0.598	0.650	0.303	0.461	0.280	0.370
P75	0.225	0.287	0.246	0.336	0.621	0.669	0.370	0.506	0.330	0.422
面板 B：ABD 检验										
P25	0.152	0.214	0.170	0.262	0.609	0.662	0.26	0.408	0.269	0.372
P50	0.185	0.259	0.195	0.314	0.624	0.683	0.303	0.461	0.294	0.403
P75	0.225	0.287	0.244	0.359	0.654	0.722	0.37	0.506	0.346	0.46

注：该表报告了 2007 年 1 月 1 日至 2023 年 12 月 31 日期间中国股市个股与市场指数之间的尾部依存系数 $\hat{\chi}^+$ 和 $\hat{\chi}^-$；尾部依存系数由五类不同类型的收益率（股票原始高频收益率、股票跳跃、股票系统性跳跃、日收益率和去除跳跃后的日收益率）计算所得；P25、P50 和 P75 分别表示第 25 分位数、第 50 分位数和第 75 分位数

三、不同的尾部依存系数计算方法

对于 χ 的备择估计量，本节研究了另外四种估计方法。第一种备选的尾部依存测度考虑使用由 Ledford 和 Tawn（1996）提出的尾部指数 η，它补充了当 $\chi=0$ 时 χ 估计量的渐进独立性，进一步验证 Poon 等（2004）的结论。根据 Ledford 和 Tawn（1996）的研究，

$$\lim_{u\to\infty}\frac{P(X>U_1(ux),Y>U_2(ux))}{P(X>U_1(u),Y>U_2(u))}=x^{-1/\eta},\quad x>0,\quad \eta\in(0,1] \tag{10.20}$$

其中，η 为一种残差尾部依存系数，$\eta=1$ 意味着渐近依存关系（即 $\chi\neq 0$ 的一种双变量分布），而 $\eta<1$ 则意味着渐近独立（即 $\chi=0$ 的一种双变量分布）。χ 和 η 系数在一起简洁概括了尾部依存的特点。在实际估计中，通过设定不同资产的截断水平 $\mathrm{tr}_T^{(j,0)}$，其中，$j=1,2,\cdots,M$，得到实际估计的跳跃个数，即

$$M_T^{+(j,0)}=\sum_{i\in\widehat{\mathcal{T}}_{[0,T]}^{(j,0)}}I\left(\psi^+\left(\Delta_i^n p^{(j)}\right)\geqslant \mathrm{tr}_T^{(j,0)}\vee \psi^+\left(\alpha_i^{(j)}n^{-\omega}\right)\right) \tag{10.21}$$

其中，$\psi^+(x)=\begin{cases}\mathrm{e}^x-1,& x\geqslant 0\\ 0,& x<0\end{cases}$。依据 Ledford 和 Tawn（1996）的研究，残差尾部依存系数估计量为

$$\hat{\eta}^{+(j,0)}=\frac{1}{M_T^{+(j,0)}}\sum_{i=0}^{M_T^{+(j,0)}-1}\log\left(\frac{T_{|\widehat{\mathcal{T}}_{[0,T]}^{(j,0)}|-M_T^{+(j,0)},|\widehat{\mathcal{T}}_{[0,T]}^{(j,0)}|}}{T_{|\widehat{\mathcal{T}}_{[0,T]}^{(j,0)}|-i,|\widehat{\mathcal{T}}_{[0,T]}^{(j,0)}|}}\right) \tag{10.22}$$

其中，$T_{i,|\widehat{\mathcal{T}}_{[0,T]}^{(j,0)}|}$ 为 T_i 的 i 阶统计量。对于每一个 $i\in\left|\widehat{\mathcal{T}}_{[0,T]}^{(j,0)}\right|$，$T_i=\frac{|\widehat{\mathcal{T}}_{[0,T]}^{(j,0)}|}{M_T^{+(j,0)}(i)\vee M_T^{+(0,j)}(i)}$。

第二种尾部依存测度采用由 Davis 和 Mikosch（2009）提出的 extremogram 方法，它是使用金融资产收益率序列构建非线性和厚尾随机波动模型得到的，将该估计量称为 χ_E，估计方法为

$$\widehat{\chi}_E^{(j,0)}=\frac{\sum_{i\in|\widehat{\mathcal{T}}_{[0,T]}^{(j,0)}|}I\left(\psi^+\left(\Delta_i^n p^{(0)}\right)\geqslant \mathrm{tr}_T^{(0,j)},\psi^+\left(\Delta_i^n p^{(j)}\right)\geqslant \mathrm{tr}_T^{(j,0)}\right)}{M_T^{+(j,0)}} \tag{10.23}$$

第三种和第四种测度为传统的 Kendall（肯德尔）τ 和 Spearman（斯皮尔曼）ρ。

表 10.6 报告了 extremogram 方法 χ_E、残差尾部依存系数 η、Kendall τ 和 Spearman ρ 这四个备选依存关系测度的估计结果。估计结果显示，四种备择估计方法依存系数的估计结果略不同于前文的 Pickands 尾部依存系数，比如，对于去

跳的日收益率，extremogram 方法和残差尾部依存系数高于 Pickands 尾部依存系数（除 χ_E 的右尾依存系数以外，它略低于 Pickands 右尾依存系数），Kendall τ 和 Spearman ρ 小于 Pickands 尾部依存系数。但是，在四种备择依存系数下，股票原始高频收益率、股票跳跃、股票系统性跳跃、日收益率和去除跳跃后的日收益率的左尾依存系数和右尾依存系数的关系仍然存在非对称性，即左尾依存系数大于右尾依存系数，因此，当改变尾部依存系数的估计方法，研究结论依然具有稳健性。

表 10.6 备择估计方法计算的尾部依存系数

统计量		I	II	III	IV	V	VI	VII	VIII	IX	X
		高频收益率		所有跳跃		系统性跳跃		日收益率		去跳日收益率	
		$\hat{\chi}^+$	$\hat{\chi}^-$	$\hat{\chi}^+$	$\hat{\chi}^-$	$\hat{\chi}^+$	$\hat{\chi}^-$	$\hat{\chi}^+$	$\hat{\chi}^-$	$\hat{\chi}^+$	$\hat{\chi}^-$
extremogram 方法 χ_E	P25	0.140	0.218	0.140	0.250	0.671	0.761	0.245	0.414	0.207	0.341
	P50	0.180	0.250	0.178	0.297	0.698	0.774	0.298	0.477	0.263	0.401
	P75	0.220	0.280	0.233	0.346	0.730	0.804	0.372	0.543	0.323	0.469
残差尾部依存系数 η	P25	0.849	0.857	0.773	0.782	0.764	0.762	0.716	0.905	0.697	0.844
	P50	0.908	0.910	0.842	0.811	0.798	0.796	0.758	0.927	0.745	0.906
	P75	0.945	0.964	0.888	0.848	0.836	0.824	0.792	0.968	0.786	0.953
Kendall τ	P25	0.162	0.167	0.128	0.158	0.312	0.388	0.122	0.275	0.114	0.226
	P50	0.200	0.203	0.172	0.206	0.354	0.431	0.157	0.331	0.148	0.263
	P75	0.251	0.243	0.200	0.249	0.395	0.466	0.203	0.369	0.196	0.309
Spearman ρ	P25	0.187	0.206	0.143	0.215	0.432	0.525	0.137	0.369	0.156	0.290
	P50	0.256	0.268	0.214	0.272	0.473	0.591	0.207	0.437	0.200	0.366
	P75	0.317	0.311	0.257	0.326	0.531	0.634	0.27	0.497	0.277	0.422

注：该表报告了 2007 年 1 月 1 日至 2023 年 12 月 31 日期间中国股市个股与市场指数之间的另外四种方法计算的尾部依存系数；尾部依存系数由五类不同类型的收益率（股票原始高频收益率、股票跳跃、股票系统性跳跃、日收益率和去除跳跃后的日收益率）计算所得；P25、P50 和 P75 分别表示第 25 分位数、第 50 分位数和第 75 分位数

第六节 本章小结

资本市场的尾部事件对市场波动、投资组合风险、经济波动的影响使它们显得特别重要。在本章中，使用中国股市沪深 300 指数及其成份股中 2007~2023 年的高频交易数据分析了跳跃尾部依存性的特征，并深入研究了跳跃尾部依存性对投资组合风险评估和对冲基金尾部中性检验的影响。

第一，通过分析个股的系统性跳跃和特质性跳跃发生的次数及频率，研究得

出，系统性跳跃和特质性跳跃发生的频率一般为 0.3%和 2.09%。股票跳跃风险包括不可分散的系统跳跃风险和公司特定跳跃风险。

第二，股票高频收益率的右尾部依存系数和左尾部依存系数存在非对称性，左尾部依存系数的中值 0.259，远高于右尾部依存系数的中值 0.185，左尾部依存系数与右尾部依存系数差值的范围为-0.023~0.182。股票的跳跃尾部依存系数不仅高于通过原始数据计算的跳跃尾部依存系数，而且非对称性更加显著，这说明跳跃尽管发生得不频繁，但在研究尾部依存性时相当重要。

第三，不同于发达国家如美国的股市（右尾部依存系数均大于左尾部依存系数），中国股市的尾部依存性呈现出不同的非对称性（左尾部依存性要强于右尾部依存性），尤其是对于跳跃尾部依存性。

第四，中国股市日内收益率的不同成分在导致尾部依存性等方面的作用是不同的，系统性跳跃明显引致了最大的尾部依存性。美国股市日数据左尾部依存性要大于右尾部依存性，而日内数据发现对于原始数据和跳跃数据均是右尾部依存性要大于左尾部依存性。中国市场在反方向上存在异常显著的非对称性，即左尾部依存性要强于右尾部依存性。结合中国市场显著的高波动性特征，这说明在日内数据水平上，中国市场比美国市场更具风险性、特质性跳跃更具非对称性、系统性跳跃在引致非对称性方面发挥的作用较小。

第五，中国股市日数据去跳调整（从每日数据中去除跳跃成分）后的研究发现，日数据的尾部依存性显著下降，跳跃对中国市场的尾部依存性有显著的解释能力，日内跳跃尽管仅占 2%的观测量，但解释了大约 17%的日数据左尾部依存性。跳跃不但引起较强的尾部依存性，而且导致了较强的非对称性。

第六，对从原始数据中分离跳跃的研究具有重要的经济意义，忽略跳跃的尾部依存性可能会低估风险，从而会得到关于投资组合中性分析的错误结论。忽略或低估跳跃尾部依存性会导致对风险测度的估计结果失真，这种失真的程度随着资产持有期和尾部事件概率的变化而变化。当共同跳跃存在时，市场的不利冲击不能通过同样的策略进行对冲。投资者若仅关注低频数据而忽视跳跃存在，将无法考虑到跳跃尾部依存性风险。

本章研究内容可以从现阶段研究的两个方向进行拓展：一个是放松静态尾部依存性的假定，通过动态模型估计跳跃尾部，研究时变的跳跃尾部特征及影响因素；另一个是扩展两变量框架，发展理论和方法处理多个资产间的多变量跳跃尾部风险。

参 考 文 献

陈国进, 刘晓群, 谢沛霖, 等. 2016. 已实现跳跃波动与中国股市风险溢价研究：基于股票组合视角. 管理科学学报, 19(6): 98-113.

陈国进, 王占海. 2010. 我国股票市场连续性波动与跳跃性波动实证研究. 系统工程理论与实践, 30(9): 1554-1562.

陈海强, 张传海. 2015. 股指期货交易会降低股市跳跃风险吗? 经济研究, 50(1): 153-167.

陈浪南, 孙坚强. 2010. 股票市场资产收益的跳跃行为研究. 经济研究, 45(4): 54-66.

陈浪南, 杨科. 2013. 中国股市高频波动率的特征、预测模型以及预测精度比较. 系统工程理论与实践, 33(2): 296-307.

陈淼鑫, 赖云清. 2019. 连续贝塔、非连续贝塔与股票风险溢酬. 统计研究, 36(2): 112-123.

胡素华, 张世英, 张彤. 2006. 资产价格的抛物线跳跃扩散模型. 系统工程理论与实践, 26(3): 1-10.

黄苒, 唐齐鸣. 2015. 含跳跃风险的公司贷款违约率测度：基于首达时模型的理论扩展. 管理科学学报, 18(7): 93-102.

简志宏, 李彩云. 2013. 系统性跳跃风险与贝塔系数时变特征. 中国管理科学, 21(3): 20-27.

刘建桥, 孙文全. 2010. 沪深 300 仿真股指期货价格不对称跳跃波动的实证分析. 数理统计与管理, 29(6): 1096-1103.

刘庆富, 许友传. 2011. 国内外非同步期货交易市场之间的跳跃溢出行为：基于风险事件的视角. 系统工程理论与实践, 31(4): 679-690.

柳会珍, 顾岚, 胡啸兵. 2014. 极端波动、跳跃和尾部风险：基于已实现波动率的股票市场风险动态预测. 数理统计与管理, 33(1): 158-169.

牛华伟. 2014. 利率带有跳跃情形下的信用衍生品定价研究. 管理科学学报, 17(4): 71-85.

欧丽莎, 袁琛, 李汉东. 2011. 中国股票价格跳跃实证研究. 管理科学学报, 14(9): 60-66.

彭红枫, 叶永刚. 2007. 中国铜期货最优套期保值比率估计及其比较研究. 武汉大学学报（哲学社会科学版）, 60(6): 863-868.

瞿慧, 陈静雯. 2019. 考虑跳跃波动与符号跳跃的 50ETF 期权定价研究. 管理评论, 31(9): 28-36.

佟孟华. 2011. 沪深 300 股指期货动态套期保值比率模型估计及比较：基于修正的 ECM-BGARCH（1,1）模型的实证研究. 数量经济技术经济研究, 28(4): 137-149.

万谍, 杨晓光. 2015. 跳跃风险的补偿特征研究. 管理评论, 27(9): 14-28.

王春峰, 郝鹏, 房振明. 2011. 基于跳跃特征的证券市场信息融入效率研究. 北京理工大学学报（社会科学版）, 13(1): 1-5.

王春峰, 姚宁, 房振明, 等. 2008. 中国股市已实现波动率的跳跃行为研究. 系统工程, 26(2): 1-6.

王骏, 张宗成, 赵昌旭. 2005. 中国硬麦和大豆期货市场套期保值绩效的实证研究. 中国农业大学学报, 10(4): 131-137.

王若昕, 马锋. 2021. 日内收益率预测：基于日内跳跃和动量研究. 系统工程理论与实践, 41(8): 2004-2014.

魏宇, 余怒涛. 2007. 中国股票市场的波动率预测模型及其 SPA 检验. 金融研究, (7): 138-150.

西村友作, 孙便霞, 门明. 2012. 全球金融危机下的股票市场波动跳跃研究：基于高频数据的中美比较分析. 管理工程学报, 26(1): 106-112.

杨科, 陈浪南. 2010. 跳跃对中国股市波动率预测的影响研究. 山西财经大学学报, 32(8): 39-48.

张顺明, 赵华. 2010. 金融经济学. 北京: 首都经济贸易大学出版社.

赵华. 2012. 中国股市的跳跃性与杠杆效应：基于已实现极差方差的研究. 金融研究, (11): 179-192.

赵华. 2016. 基于期现共跳的股指期货套期保值研究. 数理统计与管理, 35(5): 916-928.

赵华, 黄梨梨. 2012. 货币政策对中国股市连续性波动和跳跃性波动的影响研究. 投资研究, 31(3): 52-62.

赵华, 罗攀, 王思胤. 2023. 中国股市高频配对交易研究：基于 Lévy-OU 过程. 系统工程理论与实践, 43(8): 2251-2265.

赵华, 麻露, 唐菲婕. 2017. 跳跃、共跳和非预期宏观信息. 管理科学学报, 20(10): 17-30.

赵华, 秦可佶. 2014. 股价跳跃与宏观信息发布. 统计研究, 31(4): 79-89.

赵华, 王一鸣. 2011. 中国期货价格的时变跳跃性及对现货价格影响的研究. 金融研究, (1): 195-206.

赵华, 王一鸣, 王泪泉. 2013. 基于马尔可夫状态转换方法的套期保值. 系统工程理论与实践, 33(7): 1743-1752.

朱芸, 赵华. 2023. 基于跳跃回归模型的中国股市跳跃贝塔研究. 管理评论, 35(9): 3-12.

左浩苗, 刘振涛. 2011. 跳跃风险度量及其在风险：收益关系检验中的应用. 金融研究, (10): 170-184.

Aït-Sahalia Y. 2004. Disentangling diffusion from jumps. Journal of Financial Economics, 74(3): 487-528.

Aït-Sahalia Y, Cacho-Diaz J, Hurd T R. 2009. Portfolio choice with jumps: a closed-form solution. Annals of Applied Probability, 19(2): 556-584.

Aït-Sahalia Y, Cacho-Diaz J, Laeven R J A. 2015. Modeling financial contagion using mutually exciting jump processes. Journal of Financial Economics, 117(3): 585-606.

Aït-Sahalia Y, Jacod J. 2009. Testing for jumps in a discretely observed process. Annals of Statistics, 37(1): 184-222.

Aït-Sahalia Y, Jacod J, Li J. 2012. Testing for jumps in noisy high frequency data. Journal of Econometrics, 168(2): 207-222.

Andersen T G, Benzoni L, Lund J. 2002. An empirical investigation of continuous-time equity return models. Journal of Finance, 57(3): 1239-1284.

Andersen T G, Bollerslev T. 1997. Intraday periodicity and volatility persistence in financial markets.

Journal of Empirical Finance, 4(2/3): 115-158.

Andersen T G, Bollerslev T. 1998. Deutsche mark-dollar volatility: intraday activity patterns, macroeconomic announcements, and longer run dependencies. Journal of Finance, 53(1): 219-265.

Andersen T G, Bollerslev T, Diebold F X. 2007a. Roughing it up: including jump components in measuring, modeling and forecasting asset return volatility. Review of Economics and Statistics, 89(4):701-720.

Andersen T G, Bollerslev T, Diebold F X, et al. 2000. Great realizations. Risk, 13: 105-108.

Andersen T G, Bollerslev T, Diebold F X, et al. 2001. The distribution of realized stock return volatility. Journal of Financial Economics, 61(1): 43-76.

Andersen T G, Bollerslev T, Diebold F X, et al. 2003a. Modeling and forecasting realized volatility. Econometrica, 71(2): 579-625.

Andersen T G, Bollerslev T, Diebold F X, et al. 2003b. Micro effects of macro announcements: real-time price discovery in foreign exchange. American Economic Review, 93(1): 38-62.

Andersen T G, Bollerslev T, Diebold F X, et al. 2007b. Real-time price discovery in global stock, bond and foreign exchange markets. Journal of International Economics, 73(2): 251-277.

Andersen T G, Bollerslev T, Dobrev D. 2007c. No-arbitrage semi-martingale restrictions for continuous-time volatility models subject to leverage effects, jumps and i.i.d. noise: theory and testable distributional implications. Journal of Econometrics, 138(1): 125-180.

Andersen T G, Bollerslev T, Frederiksen P, et al. 2010. Continuous-time models, realized volatilities, and testable distributional implications for daily stock returns. Journal of Applied Econometrics, 25(2): 233-261.

Andersen T G, Dobrev D, Schaumburg E. 2012. Jump-robust volatility estimation using nearest neighbor truncation. Journal of Econometrics, 169(1): 75-93.

Ang A, Chen J. 2002. Asymmetric correlations of equity portfolios. Journal of Financial Economics, 63(3): 443-494.

Ang A, Chen J, Xing Y H. 2006. Downside risk. The Review of Financial Studies, 19(4): 1191-1239.

Ang A, Piazzesi M. 2003. A no-arbitrage vector autoregression of term structure dynamics with macroeconomic and latent variables. Journal of Monetary Economics, 50(4): 745-787.

Bae K H, Karolyi G A, Stulz R M. 2003. A new approach to measuring financial contagion. The Review of Financial Studies, 16(3): 717-763.

Baillie R T, Myers R J. 1991. Bivariate GARCH estimation of the optimal commodity futures hedge. Journal of Applied Econometrics, 6(2): 109-124.

Bakshi G, Cao C, Chen Z. 1997. Empirical performance of alternative option pricing models. Journal of Finance, 52(5): 2003-2049.

Balduzzi P, Elton E J, Green T C. 2001. Economic news and bond prices: evidence from the U.S. Treasury market. Journal of Financial and Quantitative Analysis, 36(4): 523-543.

Ball C A, Torous W N. 1985. On jumps in common stock prices and their impact on call option pricing. Journal of Finance, 40(1): 155-173.

Barndorff-Nielsen O E, Kinnebrock S, Shephard N. 2010. Measuring downside risk: realised semivariance//Bollerslev T, Russell J, Watson M. Volatility and Time Series Econometrics: Essays in Honor of Robert Engle. New York: Oxford University Press: 117-136.

Barndorff-Nielsen O E, Shephard N. 2004. Power and bipower variation with stochastic volatility and jumps. Journal of Financial Econometrics, 2(1): 1-37.

Barndorff-Nielsen O E, Shephard N. 2006. Econometrics of testing for jumps in financial economics using bipower variation. Journal of Financial Econometrics, 4(1): 1-30.

Bates D S. 1996. Jumps and stochastic volatility: exchange rate processes implicit in deutsche mark options. The Review of Financial Studies, 9(1): 69-107.

Beirlant J, Goegebeur Y, Segers J, et al. 2004. Statistics of Extremes: Theory and Applications. New York: John Wiley & Sons.

Bell D E, Krasker W S. 1986. Estimating hedge ratios. Financial Management, 15(2): 34-39.

Bibinger M, Winkelmann L. 2015. Econometrics of co-jumps in high-frequency data with noise. Journal of Econometrics, 184(2): 361-378.

Black F. 1976. Studies of stock price volatility changes//American Statistical Association. Proceedings of the 1976 Meetings of the Business and Economic Statistics Section. Washington: American Statistical Association: 177-181.

Black F, Scholes M. 1973. The pricing of options and corporate liabilities. Journal of Political Economy, 81(3): 637-654.

Bollerslev T, Cai J, Song F M, 2000. Intraday periodicity, long memory volatility, and macroeconomic announcement effects in the US Treasury bond market. Journal of Empirical Finance, 7(1): 37-55.

Bollerslev T, Law T H, Tauchen G. 2008. Risk, jumps, and diversification. Journal of Econometrics, 144(1): 234-256.

Bollerslev T, Li J, Patton A J, et al. 2020a. Realized semicovariances. Econometrica, 88(4): 1515-1551.

Bollerslev T, Li S Z, Todorov V. 2016. Roughing up beta: continuous versus discontinuous betas and the cross section of expected stock returns. Journal of Financial Economics, 120(3): 464-490.

Bollerslev T, Li S Z, Zhao B Z. 2020b. Good volatility, bad volatility, and the cross section of stock returns. Journal of Financial and Quantitative Analysis, 55(3): 751-781.

Bollerslev T, Todorov V. 2011a. Estimation of jump tails. Econometrica, 79(6): 1727-1783.

Bollerslev T, Todorov V. 2011b. Tails, fears and risk premia. Journal of Finance, 66(6): 2165-2211.

Bollerslev T, Todorov V, Li S Z. 2013. Jump tails, extreme dependencies, and the distribution of stock returns. Journal of Econometrics, 172(2): 307-324.

Broadie M, Chernov M, Johannes M. 2007. Model specification and risk premia: evidence from futures options. Journal of Finance, 62(3): 1453-1490.

Carr P, Geman H, Madan D B, et al. 2002. The fine structure of asset returns: an empirical investigation. Journal of Business, 75(2): 305-333.

Chakraborty A, Barkoulas J T. 1999. Dynamic futures hedging in currency markets. European Journal of Finance, 5(4): 299-314.

Chan W H, Maheu J M. 2002. Conditional jump dynamics in stock market returns. Journal of Business and Economic Statistics, 20(3): 377-389.

Chan W H, Young D. 2006. Jumping hedges: an examination of movements in copper spot and futures markets. Journal of Futures Markets, 26(2): 169-188.

Chatrath A, Miao H, Ramchander S, et al. 2014. Currency jumps, cojumps and the role of macro news. Journal of International Money and Finance, 40: 42-62.

Chernov M, Gallant A R, Ghysels E, et al. 1999. A new class of stochastic volatility models with jumps: theory and estimation. https://core.ac.uk/reader/7315561[2024-11-12].

Chiriac R, Voev V. 2011. Modelling and forecasting multivariate realized volatility. Journal of Applied Econometrics, 26(6): 922-947.

Christensen K, Podolskij M. 2007. Realized range-based estimation of integrated variance. Journal of Econometrics, 141(2): 323-349.

Christensen K, Podolskij M. 2012. Asymptotic theory of range-based multipower variation. Journal of Financial Econometrics, 10(3): 417-456.

Chuliá H, Martens M, van Dijk D. 2010. Asymmetric effects of federal funds target rate changes on S&P100 stock returns, volatilities and correlations. Journal of Banking and Finance, 34(4): 834-839.

Corsi F. 2009. A simple approximate long-memory model of realized volatility. Journal of Financial Econometrics, 7(2): 174-196.

Corsi F, Mittnik S, Pigorsch C, et al. 2008. The volatility of realized volatility. Econometric Reviews, 27(1/2/3): 46-78.

Corsi F, Pirino D, Renò R. 2010. Threshold bipower variation and the impact of jumps on volatility forecasting. Journal of Econometrics, 159(2): 276-288.

Corsi F, Renò R. 2012. Discrete-time volatility forecasting with persistent leverage effect and the link with continuous-time volatility modeling. Journal of Business and Economic Statistics, 30(3): 368-380.

Cremers M, Halling M, Weinbaum D. 2015. Aggregate jump and volatility risk in the cross-section of stock returns. Journal of Finance, 70(2): 577-614.

Cui J, Zhao H. 2015. Intraday jumps in China's Treasury bond market and macro news announcements. International Review of Economics and Finance, 39: 211-223.

Das S R. 2002. The surprise element: jumps in interest rates. Journal of Econometrics, 106(1): 27-65.

Das S R, Uppal R. 2004. Systemic risk and international portfolio choice. Journal of Finance, 59(6): 2809-2834.

Davis R A, Mikosch T. 2009. The extremogram: a correlogram for extreme events. Bernoulli, 15(4): 977-1009.

Diebold F X, Schuermann T, Stroughair J D. 2000. Pitfalls and opportunities in the use of extreme value theory in risk management. Journal of Risk Finance, 1(2): 30-35.

Dumitru A-M, Urga G. 2012. Identifying jumps in financial assets: a comparison between nonparametric jump tests. Journal of Business and Economic Statistics, 30(2): 242-255.

Dungey M, Hvozdyk L. 2012. Cojumping: evidence from the US treasury bond and futures markets. Journal of Banking and Finance, 36(5): 1563-1575.

Dungey M, McKenzie M, Smith L V. 2009. Empirical evidence on jumps in the term structure of the US Treasury Market. Journal of Empirical Finance, 16(3): 430-445.

Dungey M, McKenzie M, Smith V V. 2006. News, no-news and jumps in the US treasury market. Social Science Research Network Working Paper: 968194.

Ederington L H. 1979. The hedging performance and basis risk in stock index futures. Journal of Futures Markets, 34: 157-170.

Edison H J. 1997. The reaction of exchange rates and interest rates to news releases. International Journal of Finance and Economics, 2(2): 87-100.

Embrechts P, Klüppelberg C, Mikosch T. 2013. Modelling Extremal Events: For Insurance and Finance. Berlin: Springer Berlin Heidelberg.

Engelberg J, Sasseville C, Williams J. 2012. Market madness? The case of mad money. Management Science, 58(2): 351-364.

Engle R F, Granger C W J. 1987. Co-integration and error correction: representation, estimation and testing. Econometrica, 55(2): 251-276.

Engle R F, Kroner K F. 1995. Multivariate simultaneous generalized ARCH. Econometric Theory, 11(1): 122-150.

Eraker B, Johannes M, Polson N. 2003. The impact of jumps in volatility and returns. Journal of Finance, 58(3): 1269-1300.

Evans K P. 2011. Intraday jumps and US macroeconomic news announcements. Journal of Banking and Finance, 35(10): 2511-2527.

Fama E F. 1965. The behavior of stock-market prices. Journal of Business, 38(1): 34-105.

Fama E F, French K R.1992. The cross-section of expected stock returns. The Journal of Finance, 47(2): 427-465.

Fama E F, French K R. 1993. Common risk factors in the returns on stocks and bonds. Journal of Financial Economics, 33(1): 3-56.

Fama E F, French K R. 2015. A five-factor asset pricing model. Journal of Financial Economics, 116(1): 1-22.

Figlewski S, 1984. Hedging performance and basis risk in stock index futures. The Journal of Finance, 39(3): 657-669.

Ghosh A. 1993. Hedging with stock index futures: estimation and forecasting with error correction model. Journal of Futures Markets, 13(7): 743-752.

Gilder D. 2009. An empirical investigation of intraday jumps and cojumps in US equities.

https://www.efmaefm.org/0EFMAMEETINGS/EFMA%20ANNUAL%20MEETINGS/2009-Milan/papers/370.pdf#:~:text=Using%20the%20intraday%20jump%20test%20of%20Andersen%20et,and%20cojumps%20in%2072%20US%20equities%20are%20examined[2024-11-12].

Gilder D, Shackleton M B, Taylor S J. 2014. Cojumps in stock prices: empirical evidence. Journal of Banking and Finance, 40(1): 443-459.

Hansen P R. 2005. A test for superior predictive ability. Journal of Business and Economic Statistics, 23(4): 365-380.

Hansen P R, Lunde A. 2006. Realized variance and market microstructure noise. Journal of Business and Economic Statistics, 24(2): 127-161.

Harvey C R, Siddique A. 2000. Conditional skewness in asset pricing tests. Journal of Finance, 55(3): 1263-1295.

Heston S L. 1993. A closed-form solution for options with stochastic volatility with applications to bond and currency options. The Review of Financial Studies, 6(2): 327-343.

Huang X. 2018. Macroeconomic news announcements, systemic risk, financial market volatility, and jumps. Journal of Futures Markets, 38(5): 513-534.

Huang X, Tauchen G. 2005. The relative contribution of jumps to total price variance. Journal of Financial Econometrics, 3(4): 456-499.

Jacod J, Todorov V. 2009. Testing for common arrivals of jumps for discretely observed multidimensional processes. Annals of Statistics, 37(4): 1792-1838.

Jarrow R A, Rosenfeld E R. 1984. Jump risks and the intertemporal capital asset pricing model. Journal of Business, 57(3): 337-351.

Jegadeesh N, Titman S. 1993. Returns to buying winners and selling losers: implications for stock market efficiency. The Journal of Finance, 48(1): 65-91.

Jiang G J, Lo I, Verdelhan A. 2011. Information shocks, liquidity shocks, jumps, and price discovery: evidence from the U.S. treasury market. Journal of Financial and Quantitative Analysis, 46(2): 527-551.

Jiang G J, Oomen R C. 2008. Testing for jumps when asset prices are observed with noise: a "swap variance" approach. Journal of Econometrics, 144(2): 352-370.

Jiang G J, Yao T. 2013. Stock price jumps and cross-sectional return predictability. Journal of Financial and Quantitative Analysis, 48(5): 1519-1544.

Jin X, Maheu J M. 2013. Modeling realized covariances and returns. Journal of Financial Econometrics, 11(2): 335-369.

Joe H. 1997. Multivariate Models and Multivariate Dependence Concepts. New York: CRC Press.

Johannes M. 2004. The statistical and economic role of jumps in continuous-time interest rate models. Journal of Finance, 59(1): 227-260.

Jondeau E. 2016. Asymmetry in tail dependence in equity portfolios. Computational Statistics and Data Analysis, 100(8): 351-368.

Jorion P. 1988. On jump processes in the foreign exchange and stock markets. The Review of

Financial Studies, 1(4):427-445.

Kavussanos M G, Nomikos N K. 2000. Constant vs. time-varying hedge ratios and hedging efficiency in the BIFFEX market. Transportation Research Part E: Logistics and Transportation Review, 36(4): 229-248.

Kelly B, Jiang H. 2014. Tail risk and asset prices. The Review of Financial Studies, 27(10): 2841-2871.

King G, Zeng L C. 2001. Logistic regression in rare events data. Political Analysis, 9(2): 137-163.

Lahaye J, Laurent S, Neely C J. 2011. Jumps, cojumps and macro announcements. Journal of Applied Econometrics, 26(6): 893-921.

Ledford A W, Tawn J A. 1996. Statistics for near independence in multivariate extreme values. Biometrika, 83(1): 169-187.

Lee S S. 2012. Jumps and information flow in financial markets. The Review of Financial Studies, 25(2): 439-479.

Lee S S, Hannig J. 2010. Detecting jumps from Lévy jump diffusion processes. Journal of Financial Economics, 96(2): 271-290.

Lee S S, Mykland P A. 2008. Jumps in financial markets: a new nonparametric test and jump dynamics. The Review of Financial Studies, 21(6): 2535-2563.

Lee S S, Mykland P A. 2012. Jumps in equilibrium prices and market microstructure noise. Journal of Econometrics, 168(2): 396-406.

Li J, Todorov V, Tauchen G. 2017. Jump regressions. Econometrica, 85(1): 173-195.

Li S Z, Wang H, Zhao H. 2016. Jump tail dependence in the Chinese stock market. Emerging Markets Finance and Trade, 52(10): 2379-2396.

Li X D, Zhang B. 2013. Spillover and cojumps between the U.S. and Chinese stock markets. Emerging Markets Finance and Trade, 49(sup2): 23-42.

Li Z B, Liu L X, Liu X Y, et al. 2024. Replicating and digesting anomalies in the Chinese A-Share market. Management Science, 70(8): 5066-5090.

Lien D. 1996. Stochastic volatility and future hedging. Advances in Futures and Options Research, 10, 253-265.

Lien D, Luo X. 1993. Estimating multiperiod hedge ratios in cointegrated markets. Journal of Futures Markets, 13(8): 909-920.

Liu J, Stambaugh R F, Yuan Y. 2019. Size and value in China. Journal of Financial Economics, 134(1): 48-69.

Longin F M. 2000. From value at risk to stress testing: the extreme value approach. Journal of Banking and Finance, 24(7): 1097-1130.

Longin F, Solnik B. 2001. Extreme correlation of international equity markets. Journal of Finance, 56(2): 649-676.

Maheu J M, McCurdy T H. 2004. News arrival, jump dynamics, and volatility components for individual stock returns. Journal of Finance, 59(2): 755-793.

Maheu J M, McCurdy T H, Zhao X F. 2013. Do jumps contribute to the dynamics of the equity premium? Journal of Financial Economics, 110(2): 457-477.

Mancini C. 2009. Non-parametric threshold estimation for models with stochastic diffusion coefficient and jumps. Scandinavian Journal of Statistics, 36 (2), 270-296.

Mandelbrot B. 1963. The variation of certain speculative prices. Journal of Business, 36(4): 394-419.

Maneesoonthorn W, Martin G M, Forbes C S. 2020. High-frequency jump tests: which test should we use? Journal of Econometrics, 219(2): 478-487.

McCullagh P, Nelder J A. 1989. Generalized Linear Models. London: CRC Press.

McNeil A J, Frey R. 2000. Estimation of tail-related risk measures for heteroscedastic financial time series: an extreme value approach. Journal of Empirical Finance, 7(3/4): 271-300.

McQueen G, Roley V V. 1993. Stock prices, news, and business conditions. The Review of Financial Studies, 6(3): 683-707.

Merton R C. 1973. Theory of rational option pricing. The Bell Journal of Economics and Management Science, 4(1): 141-183.

Merton R C. 1976. Option pricing when underlying stock returns are discontinuous. Journal of Financial Economics, 3(1/2): 125-144.

Miao H, Ramchander S, Zumwalt J K. 2014. S&P 500 index-futures price jumps and macroeconomic news. Journal of Futures Markets, 34(10): 980-1001.

Myers R J, Thompson S R. 1989. Generalized optimal hedge ratio estimation. American Journal of Agricultural Economics, 71(4): 858-868.

Neftci S N. 2000. Value at risk calculations, extreme events, and tail estimation. Journal of Derivatives, 7(3): 23-37.

Neuberger A. 2012. Realized skewness. The Review of Financial Studies, 25(11): 3423-3455.

Park T H, Switzer L N. 1995. Bivariate GARCH estimation of the optimal hedge ratios for stock index futures: a note. Journal of Futures Markets, 15(1): 61-67.

Patton A J. 2009. Are "market neutral" hedge funds really market neutral? The Review of Financial Studies, 22(7): 2495-2530.

Patton A J. 2011. Volatility forecast comparison using imperfect volatility proxies. Journal of Econometrics, 160(1): 246-256.

Patton A J, Sheppard K. 2015. Good volatility, bad volatility: signed jumps and the persistence of volatility. Review of Economics and Statistics, 97(3): 683-697.

Pearce D K, Roley V V. 1985. Stock prices and economic news. Journal of Business, 58(1): 49-67.

Podolskij M, Ziggel D. 2010. New tests for jumps in semimartingale models. Statistical Inference for Stochastic Processes, 13: 15-41.

Poon S-H, Rockinger M, Tawn J. 2004. Extreme value dependence in financial markets: diagnostics, models, and financial implications. The Review of Financial Studies, 17(2): 581-610.

Press S J. 1967. A compound events model for security prices. Journal of Business, 40(3): 317-335.

Rangel J G. 2011. Macroeconomic news, announcements, and stock market jump intensity dynamics.

Journal of Banking and Finance, 35(5): 1263-1276.

Samuelson P. 1965. Rational theory of warrant pricing. Industrial Management Review, 6: 13-31.

Scott L O. 1997. Pricing stock options in a jump-diffusion model with stochastic volatility and interest rates: applications of Fourier inversion methods. Mathematical Finance, 7(4): 413-426.

Smith R L. 1987. Estimating tails of probability distributions. The Annals of Statistics, 15(3): 1174-1207.

Stein J L. 1961. The simultaneous determination of spot and futures prices. American Economic Review, 51(5): 1012-1025.

Tauchen G, Zhou H. 2011. Realized jumps on financial markets and predicting credit spreads. Journal of Econometrics, 160(1): 102-118.

Todorov V, Bollerslev T. 2010. Jumps and betas: a new framework for disentangling and estimating systematic risks. Journal of Econometrics, 157(2): 220-235.

Wang H, Yue M Q, Zhao H. 2015. Cojumps in China's spot and stock index futures markets. Pacific-Basin Finance Journal, 35: 541-557.

Wang K, Liu J W, Liu Z. 2013. Disentangling the effect of jumps on systematic risk using a new estimator of integrated co-volatility. Journal of Banking and Finance, 37(5): 1777-1786.

Winkelmann L, Bibinger M, Linzert T. 2016. ECB monetary policy surprises: identification through cojumps in interest rates. Journal of Applied Econometrics, 31(4): 613-629.

Yan S. 2011. Jump risk, stock returns, and slope of implied volatility smile. Journal of Financial Economics, 99(1): 216-233.

Yu J S, Daal E. 2005. A comparison of mixed GARCH-jump models with skewed t-distribution for asset returns. SSRN Working Paper :670502.

Zhang B Y, Zhou H, Zhu H. 2009. Explaining credit default swap spreads with the equity volatility and jump risks of individual firms. The Review of Financial Studies, 22(12): 5099-5131.

Zhou H, Zhu J Q. 2011. Jump risk and cross section of stock returns: evidence from China's stock market. Journal of Economics and Finance, 35(3): 309-331.

Zhou H, Zhu J Q. 2012. An empirical examination of jump risk in asset pricing and volatility forecasting in China's equity and bond markets. Pacific-Basin Finance Journal, 20(5): 857-880.